금강경 인생수업

불안과 걱정을 잠재우고 평온한 마음으로 사는 법

금강경
인생수업

우승택 지음

빌리버튼 billybutton

몸은 답을 알고 있다

『물은 답을 알고 있다』라는 책은 한국에 널리 알려진 책이다. 그리고 그 책의 주장은 유사과학으로 인정받은 주장이기도 하다. 사진으로 증거를 제시했기 때문이다. 그런데 금강경은 '몸은 답을 알고 있다.'를 증명하기 위해서 석가모니 부처가 설한 가르침이다. 21년 만에야 금강경의 가르침을 삶에 적용하기 시작한 나로서는 이 부처님의 가르침을 나의 삶에서 증명하기 위해 21년간을 참으로 격동적으로 살아왔다. 그렇게 21년이 흘렀다.

남에게 드러날 정도의 막대한 물질적 증거로 나의 삶으로는 금강경을 아직 증명하지 못하는 것을 인정한다. 그러나 나는 내게 필요한 그 어떤 것도 이제는 스스로 다 충족하는 법을 알게 되었다. 설사 나의 영혼이 필요로 하지 않더라도 나의 사적인 욕망에 이르는 것까지 말이다.

사람들은 각자 많은 문제와 병을 안고 살아가고 있다. 그런데 그 병病이 육체적이건, 심리적이건, 경제적이건 그것은 그 사람이 해결하지 못하고 있는 자신의 문제를 그의 영혼이 보여주고 있는 것이다. 그것이 영혼이 할 일이기 때문이다. 더 단도직입적으로 말하면 필자가 21년간 끙끙대던 모든 문제는 문제가 아니었다. 그것은 단지 나의 영혼이 지닌 불균형을 치유하기 위해 물질로 드러나고 상황으로 표출된 그의 간절한 바람이었다. 누구나 그렇듯이 우리 영혼은 저쪽 세상에서 이쪽 세상으로 올 때 깨어나지 못한 존재였기에 바라는 것도 소박했다. 지금 한국의 대부분 사람들이 가지고 있는 소원처럼 커다란 소원을 원래부터 계획하고 나왔던 영혼은 별로 없다. 필자의 소원은 최소한 나이 41세까지는 돈이나 경제가 아니었다. 그냥 봉급쟁이로서 정년퇴직하고 연금으로 살다가 죽는 것이 꿈이었다. 아마 모든 한국인들이 1998년까지는 그랬을 것이다.

그런데 언제부터인가 한국 사람의 꿈이 모두 돈으로 바뀌었다. 학자도 정치인도 의사도 과학자도 변호사도 사업가도 종교인도 모두 꿈이 돈이 되었다. 그런 것을 탓할 생각이 없다. 환경의 변화에 적응하는 것이니까. 그런데 그것을 조절하거나 충족시키거나 할 수 있는 능력이 있을까? 그것에 대한 답을 금강경에서 탐구하기 시작한 것이 21년이다. 그리고 결국 나는 그 방법을 찾아냈다. 답부터 밝히면 우리가 당면하고 있는 모든 개인들의 문제는 각자 자기 자신의 의식의 불균형을 반영할 뿐이라는 것이다. 즉 원하는 것이 이루어지지 못하고 있는 원인을 가르쳐주기 위한 어떤 도움이라는 것이 모든 아픔과 고통이라는 말이다.

대부분 힘들게 산다. 그 원인은 바로 '자기 자신과 소통하는 법을 새까맣게 잊고 사는 너무나 무심하고, 건방지고, 오만하고 게으른 그 자신의 문제'라는 것이다. 그렇다면 우리는 우리 자신과 소통하는 법을 새까맣게 잊고 살아왔던 자기 자신과 소통하는 법을 깨닫고 실천함으로써 문제를 해결할 수 있다. 그리고 확실히 밝힐 수 있는 것은, 금강경은 비록 우리가 깨닫지 못했더라도 바로 이 두 가지 원인과 이를 해결할 확실한 한 가지 방법을 제시하고 있다는 것이다.

바로 자신의 몸과 상황에 일어나는 영혼의 가르침을 제대로 보고 알아서 자신의 영혼과 소통하며 생활하는 '참된 인식'의 길을 가르쳐주고 있다는 것이다. 아래 그림을 보라. 어떤 사람은 컵만을 보고, 또 어떤 사람은 사람의 두 얼굴만을 본다. 그리고 자기가 인식한 그것만이 진실이라고 믿고 그 외의 것은 보지 못한다. 그런 상황에서 끊임없이 윤회만을 한다는 것이다. 자기 나름대로 인식의 불균형을 균형으로 맞추기 위해서 말이다. 그래서 우리의 육신은 너무나 소중하다. 자신이 현재 불균형 상태인지 균형 상태인지를 정확하게 알려주는 유일한 친구이자 선생이기 때문이다. 그래서 살아 있다는 것이 너무나 소중하다. 그 이유는 단 하나이다! '몸만이 답을 알고 있기 때문이다.' 이제 금강경 여행을 떠나보자. 아마도 이번 여행은 당신 인생에서 가장 보람 있는 여행이 될 것이다.

 아울러 이 여행의 끝에는 부처님 진신사리와 불자들이 좋아하는 포대화상의 원조 미타 가르마 존자의 진신사리 사진을 올려드린다. 현대 한국 사회의 모든 사람과 금강경을 공부하는

전 세계 사람들, 저 자신을 자신의 가슴에 심어 자신의 영혼에 쏙 집어넣어 의식 개혁을 하시는 모든 분들이 그가 누구인 줄 알고 그가 원하는 것을 이루게 할 수 있도록 만드는 엄청난 분들의 에너지체를 한국에 갖고 오신 동국 스님과 그 일행들, 또 그 자리에 필자도 따라갈 수 있게 도와주신 따밥사모 모든 회원님들께 감사의 인사를 드리고 싶습니다. 사두 사두 사두!

○ ○ ○

2장 마음이 부처를 만들고 마음이 부자를 만든다

1장

지금 나에게
가장
필요한 것

사리자 존자를 뵙고
금강경을 알게 되다

금강경은 수보리 존자(학문과 덕행이 뛰어난 부처의 제자를 높여 이르는 말)의 인생을 확 바꿔놓은 가르침이었다. 수보리 존자는 그의 영혼이 그의 몸에 들어와 삶을 선택할 때, 그 꿈은 이번 생에 모든 욕망을 버리고 '내가 있다' '나는 누구다'라는 것을 지키기 위해서 수많은 생애를 낭비한 것을 잘 알고 있었기에 그리고 그 자체만으로도 큰 고통이었기에 그는 그 고통을 벗어나고 싶었다. 그리고 그는 부처님을 만나 그 꿈을 성취했다.

필자는 이 금강경 원고를 탈고하고 스리랑카에 다녀왔다. 스리랑카에 대한 정보 부족으로 아쉽게도 수보리 존자를 만나 뵙지 못하고 한국에 돌아왔다. 그러나 영광스럽게도 반야심경 법화경 유마경에 출연하신 사리자舍利子 존자를 뵙고 돌아올 수 있었다. 이 사건은 나에게도 큰 복이 될 것이지만 이 금강경을 수지하고 있는 당신에게는 엄청난 복덕과 행운을 가지고 올 것이다. 그 이유는 당신은 지금 당신의 나이가 몇 살이건 그것과 상관없이 당신이 이루지 못하고 있던 꿈을 이제 성취할 수 있게 되기 때문이다. 금강경은 그런 가르침을 전해주는 경전이다.

필자가 21년 전에 금강경 해설서를 쓸 때는 그렇다는 말만 들었고, 그래도 그 복덕으로 21년간 작은 꿈이 달성되고 먹고는 살았지만 나의 영혼은 그 본래의 갈증이 해소되지 않았음을 알려주기 위해 나의 삶에 경고를 울리고 있었다. 인간은 자신에게 일어나는 일을 의식으로만 인식할 수 있는 것이 아니다. 무의식으로도 인식할 수 있다. 자신이 그 열망을 계속 유지할 수 있다면… 그렇게 무의식은 정말 가고 싶지 않던 스리랑카로 나를 가게 했다. 나는 거기서 사리자 존자를 만났다.

자 이제 당신의 인생을 폭발시킬, 아니 당신의 영혼이 수도 없이 당신에게 보냈던 경고신호를 무시하고 살아온 당신에게, 그

16

리고 그 대가로 과거가 끌어당김으로써 생긴 두려움, 회한, 후회, 죄의식, 억울함, 분함, 좌절 등을 가슴속에 덮어둔 채로 그냥 '사람 사는 것이 정말 이런 것인가?'라며 거의 포기하고 사는 당신에게 희망 정도가 아닌 확신의 길이 열릴 것이다. 당신에게 필요한 것은 열린 마음과 당신 영혼에게 '한 번도 너를 돌아보지 않아서 미안하다.'는 사과와 그 영혼이 이제 다시 자신의 원대한 꿈을 세워 이번 생으로 모든 것을 다 마칠 수 있는 그 아뇩다라삼먁삼보리심의 마음을 격발시키게끔 당신의 삶에 펼쳐지는 모든 것에 대한 그동안의 '그릇된 인식'을 '바른 인식'으로 바꾸어주는 일을 아침 세수하듯이, 아침 칫솔질 하듯이 그렇게 매일 하겠다는 결심만 하면 된다.

1. 法會因由分(법회인유분):
금강경 법회가 열리게 된 인연

如是我聞(여시아문): 이와 같이 내가 들었다.
一時(일시): 어느 때
佛在舍衛國祇(불재사위국): 부처님께서 사위국
樹級孤獨園(기수급고독원): 기수급고독원에 계실 때였다.

興大比丘衆(여대비구중): 비구 스님들

千二百五十人俱(천이백오십인구): 천이백오십 인과 더불어

爾時 世尊食時(이시 세존식시): 마침 세존께서는 공양 때가 되어

着衣持鉢(착의지발): 가사를 입으시고 발우를 들고

入舍衛大城(입사위대성): 사위성으로 가서

乞食於其城中(걸식어기성중): 성 안에서 걸식하기를

次第乞已(차제걸이): 한 집씩 차례차례 밥 공양을 받으셨다.

還至本處(환지본처): 그렇게 탁발을 마치시고 본래 계시던 기원정사로 돌아와

飯食訖(반사흘): 공양을 마치신 뒤

收衣鉢(수의발): 가사와 발우를 다시 다 거두시고

洗足已(세족이): 발을 씻으신 다음

敷座而坐(부좌이좌): 자리를 마련하고 앉았다.

✳ 스리랑카

자 이제 시작한다. 당신들은 이제 부처님과 그의 제자들이 출

연하는 한 편의 금강경 영화를 당신의 의식 속에 떠올리길 바란다. 출연자는 부처님 제자 1,250명과 사위성 안의 일반 대중이 엑스트라로 참여한다. 주인공은 수보리 존자라고 해도 좋다. 그런데 그는 출연자이기도 하지만 관객이기도 하다. 나중에 관객이 늘어 하늘의 천신들 아수라들 그리고 비구니 스님들과 재가불자까지 늘어난다고 금강경 21분에 나와 있다. 그리고 영화의 대본과 감독은 석가모니 부처님이다. 그는 감독이자 출연자이자 간혹 관객이기도 하다. 그런데 관객으로서 수준이 부처님과 수보리 존자는 두 분 다 육체의 눈은 두 개이지만 부처님의 눈은 두 개를 넘어 수천만 개가 된다. 그런데 이것을 눈치챈 자가 있었으니 그 사람이 바로 수보리 존자다. 왜냐하면 부처님이 제자들 데리고 밥을 빌어 자시는 것을 최소한 14년에서 35년은 지켜보았을 텐데 하필 오늘 아침에서야 똑같은 탁발을 하고 오신 부처님에게… "부처님 당신은 참으로 희유하십니다."라는 말을 하기 때문이다.

수보리 존자는 눈치가 빨랐다. 아니 어쩌면 당신들보다 엄청나게 늦었을지도 모른다. 필자보다는 빠르다. 필자도 금강경을 접한 지 21년이 지나 사리자를 뵙고 나서야 알게 되었다. 수보리 존자는 무엇을 본 것일까?

바로 탁발이 성사되는 과정을 알게 되었다. 금강경 첫머리에 탁발이 나오는 것은 중생들에게 필요한 것을 충족시키는 법을 가르쳐 주기 위함이다. 그것이 돈이건 건강이건 행복이건… 그 법을 가르쳐주는 것이 금강경이다. 생각해보라! 당신 같으면 알 거지 제자들 1,250명을 데리고 마을로 나가서 그들 모두에게 아침을 먹일 수 있겠는가? 주민들에게 어떤 폭력이나 협박도 없이 말이다. 더군다나 부처는 그 당시 신흥종교의 교주로서 기존 종교의 신도들로부터 엄청난 미움을 받고 있는 중이었음을 직시하라!

부처님의
스태프들

앞에서 필자는 금강경 인생역전 여행을 떠나는 여러분에게 No.1으로 필요한 것이 '열린 마음'이라고 했다. No.2로는 지금까지 그리고 세세생생 윤회만을 할 수밖에 없었던 당신의 영혼에게 사과하라는 말을 했다. 그리고 마지막으로 그 영혼의 꿈을 원대하게 키워주는 서원을 격발시키는 일을 하기만 하면 된다고 했다.

그런데 '열린 마음이란 게 뭐지?' 하는 분이 있을 것이다. 독자 여러분께 미리 말했다. 이 금강경을 당신들의 삶에 적용하여 당신 인생의 기적을 만들려면 (사실 기적도 아니고 그냥 공식일 뿐임을 당신도 알게 된다.) 금강경을 영화처럼 의식적으로 생각하라고 한 말이다. 이 영화에서 대본과 감독, 그리고 주요 출연자 또 관객까지 1인 3역을 하는 사람 중에 영화의 내용을 바꿀 수 있는 사람은 오직 하나 부처님이다. 그런데 수보리 존자는 출연자와 관객, 그것도 영화에 출연하는 자신의 역할이 너무 슬퍼서 슬픔을 가지고 영화를 보는 관객. 그렇게 1인 2역만을 하고 있다. 수보리 존자는 대본을 쓰고 감독을 하는 역할도 하고 싶었을 것이다. 그래야 출연자인 자기 삶의 내용을 바꿀 수 있으니까 말이다. 그러면 당연히 관객인 자신도 슬픈 마음이 아니라 즐거운 마음이 될 것도 알았을 것이다. 그래서 부처님이 그 노하우를 가르쳐 주시겠다고 하니 이렇게 말한다. "(세존 원요욕문): 세존이시여, 바라옵건대 너무나도 즐거운 마음으로 듣겠습니다."

그런데 수보리 존자가 1인 3역을 자신도 하고 싶다는 이 말을 이해하려면 우리는 우리 자신에 대해서도 정확히 알 필요가 있다. 우리도 각자의 삶을 영화처럼 살아간다. 이것은 임사체험자들의 증언이나 아니면 우리가 죽으면 당장 확인할 수 있는 엄연한 사실이기도 하다. 그런데 우리 역시 출연자와 관객 역할만 하다가 죽는 것 아닌가? 우리도 우리 인생의 대본을 고쳐 쓰고 출연자로서 자신의 역할도 좀 폼 나게 바꾸고, 또 자신의 삶을 지켜보는 관객으로서도 더 즐거워야 하지 않겠는가? 그러면 어떻게 해야 하는가? 바로 우리 자신의, 잠자고 있는 극작가 감독자로서의 자기 자신이 되어야 한다. 그것을 하기 위한 공부가 선가禪家에서는 전해져 내려오고 있다. 바로 '자기를 보는 공부'이다.

자기를 보는 공부를 하려면 자신에게 3명의 자기가 내재되어 있음을 알아야 한다. 1) 지금 알고 있는 나, 2) 간혹 자신의 삶과 현실을 돌아다보는 나, 3) 그리고 영혼의 핵심부에서 일어나기에 간혹 느끼기도 하는 누군가 나의 삶을 지켜보고 있는 듯한 또 하나의 나. 그 3명의 나 중에 세 번째 나를 선가에서는 '지켜보는 나'라고 한다. 이 지켜보는 나를 서양에서는 창조주 하느님이라고도 한다. 그들은 그렇게 끊임없이 밖에서 하느님을 찾으면서도 어떨 때는 진실을 말하기도 한다. 바로 '내 안의 하느님'이라는 말이다. 물론 이 말은 불교 신도들에게도 똑같이 일어난다. 그런데 정말 불쌍한 사람들은 불교 신자들이다. 기독교의 성경에는 없지만 불교의 팔만대장경 중 각종 경전에는 그렇게 삶이라는 영화의 대본과 감독의 일을 하는 '지켜보는 나'의 세계를 상세하게 묘사하고 있기 때문이다. 그것을 불국토라고 한다. 그런데 이 지켜보는 나에게는 수많은 천사들 천신들이 항상 같이한다. 이들은 우리 모든 삶의 영화를 만들어 내는 보이지 않는 영화제작 스태프들이다. 불교에서는 이 스태프들의 역할이 상세하게 알려져 있다. 이 스태프들이 각자의 영화에 경쾌한 음악을 놓기도 하고, 희망으로 설레는 장면을 보여주기도 하고, 위기가 닥쳐오는 공포의 감정을 일으키는 배경을 만들어내기도 한다. 그리고 그들을 보살菩薩이라고 부른다. 그래서 보살들이 하는 일은 불국토를 장엄하게 한다고 하는 것이다. 금강경 제10분에도 장엄정토의 이야기가 나온다. 수보리가 부처님에게 묻는 것은 바로 이 보살의 역할, 다시 말해 '부처님의 일을 바로 옆에서 돕는 스태프의 일을 왜 우리에게는 주지 않으시나요?' 하며 항변하는 장면이다.

그런데 우리는 아직 수보리 존자처럼 지켜보는 자신을 느끼지 못하고 있다. 그러나 당신은 지금 알게 되었다. 수보리 존자도 아직 문제가 있다. 자신의 삶에 출연하는 자신의 역할을 바꾸고 싶은 것은 우리와 마찬가지다. 문제는 관객으로서의 수보리 존자의 의식 수준이다. 자신의 영화를 인식하는 수준이 자신이 알고 있는 자신의 수준이다. 이래서는 1인 3역을 할 수 없다. 그래서 금강경에서 부처님은 수보리 존자에게 관객으로서의 수보리를 고쳐주시는 교육을 본격적으로 하신다. 그런데 이것이 21년 (부처님이 반야부 경정을 설하신 기간이 21년) 걸렸다는 것이 통설이다. 교육의 핵심은 삶과 세상을 '제대로 보는 법'이었다. 즉 수보리 존자의 '그릇된 인식'을 '바른 인식'으로 바꾸어 원래대로 돌려놓는 것. 그래서 보는 자의 인식을 지켜보는 자의 인식과 튜닝을 하여 화음이 일어나게 하는 것이었다. 그것이 금강경의 핵심 강의 내용이다. 결국 필자가 독자분들에게 말하는 '열린 마음'이란 아직 인식하지 못하는 자신의 두 번째 나인 '보는 나'와 세 번째 나인 '지켜보는 나'에 마음을 열라는 것이다. 그래야 우리가 기존에 알고 있는 나도 알고 세상도 알고 있는 현재 수준의 나인 '보이는 나'에게 다른 배역을 줄 수 있기 때문이다. 이것이 자기를 보는 공부의 시작이다.

2. 善現起請分(선현기청분): 수보리 존자의 발심

時長老須菩提(시장로수보리): 그때 수보리 장로가

在大衆中(재대중중): 대중들 가운데 서 있었는데

卽從座起(즉종좌기): 자기 자리에서 즉각 일어나더니

偏袒右肩(편단우견): 오른쪽 어깨로 옷을 걸쳐 예를 갖추고

右膝着地(우슬착지): 오른쪽 무릎을 꿇어 땅에 대고

合掌恭敬(합장공경): 합장하며 공손히

而白佛言(이백불언): 부처님께 여쭈었다.

希有世尊(희유세존): "제가 세존을 뵈오니 참으로 희귀한 어른이십니다. 세존이시여.

如來 善護念諸菩薩(여래 선호념제보살): 여래께서는 모든 보살들만을 잘 보살펴 주시고

善付囑諸菩薩(선부촉제보살): 모든 보살들에게만 보직을 주시며 당부하시곤 합니다.

世尊(세존): 세존이시여,

善男子善女人(선남자선여인): 우리 선남자와 선여인들도

發阿樓多羅三邈三菩提心(발아뇩다라삼먁삼보리심): 그렇게 보살들처럼 만물을 창조하고, 모든 일을 다 해 나갈 수 있는 '아뇩다라삼먁삼보리의 마음'으로 살고 싶습니다.

應云何住(응운하주): 그런데 그렇게 보살들처럼 그런 지혜의 마음을 우리 마음에서 격발해 내려면, 마땅히 어떻게 생각하고

云何降伏其心(운하항복기심): 어떻게 지금의 우리 마음가짐을 다스려야 합니까."

佛言(불언): 부처님께서 말씀하셨다.

善哉善哉(선재선재): "착하고 착하도다.

須菩提(수보리): 수보리야

如汝所說(여여소설): 그대 말과 같이

如來(여래): 여래는

善護念諸菩薩(선호념제보살) : 모든 보살들만을 잘 보살피고 보호하며

善付囑諸菩薩(선부촉제보살): 보살들에게만 모든 일을 운용하는 것을 맡기고 당부하는 것이 사실이다.

汝今諦聽(여금체청): 너는 이제 자세히 듣거라.

當爲汝說(당위여설): 내 그대를 위해 설하리라.

善男子善女人(선남자선여인): 너희들 선남자와 선여인들도

發阿樓多羅三邈三菩提心(발아뇩다라삼먁삼보리심): 보살들과 같이 마음에 원하는 바를 다 현상계에 드러낼 수 있는 그러한 아뇩다라삼먁삼보리심이 자라 나와 살고 싶다면

應如是住(응여시주): 마땅히 너희는 너희 자신의 두 마음 중 한 마음에 머물러야 할 것이며

如是降伏其心(여시항복기심): 이렇게 지금까지의 너희들

스스로에게 일던 그 마음은 항복받아야 하느니라."

唯然(유연): "예 당연히 그렇게 하겠습니다.
世尊 願樂欲聞(세존 원요욕문): 세존이시여, 기꺼이 듣겠습니다."

✱ 스리랑카

스리랑카 불교에는 보살이 언어적으로는 존재하지 않았다. 간혹 보살 같은 형상을 한 불상들이 있어서 물어보았더니 천신天神들이라고 했다. 그러나 천신들 중에도 산신들 중에도 용왕들 중에도 보살급은 존재한다. 도덕경 제1장에는 "도道를 도라고 부를 수는 있으나, 어디서나 도라고 불리지는 않으며, 각종 이름 명名도 항상 어디서도 그 이름은 아니지만 그렇게 이름 부를 수는 있다."라는 유명한 말이 나온다. 그러니 보살인들 어떻고 천신인들 어떠랴 하겠지만 천만의 말씀이다. 보살들은 청하지 않아도 스스로 일을 하거나 부처님의 위촉을 받아 일을 한다. 물론 주요 천신들도 그렇기는 하다.

그러나 가장 중요한 것은 그들이 하는 작용의 동기에 대한 차이

점이 전혀 다르다는 것이다. 마치 스님이건 학생이건 회사원이 건 가게 점원이건 공무원이건 의사이건 판사건 그 조직에 들어 가게 된 동기가 무엇이었는지에 따라 그 사람의 향후 행동이 달 라지는 것과 같다. 그래서 여기에 심각한 주의 사항이 있다. 금강 경 제2분의 이 이치를 모르고 깨달음을 얻은 사람 중에 깨달은 다음에 경제적 파탄을 당하여 사찰이 경매에 들어가거나 자신의 몸에 원하지 않던 일을 당하기도 한다.

왜 그럴까? 금강경 제2분에서 수보리 존자가 하는 말처럼 선 남자 선여인들은 이 공부의 동기가 자신들이 본래의 자기로 살 려면 어떻게 하느냐? 즉 지금 '보이는 나'로만 살던 내가 '지켜보 는 나'로 살려면 '보는 나'는 어떤 안목을 가져야 하느냐? 이 마음 이 바로 아뇩다라삼먁삼보리의 마음이기 때문이다. 이것이 어느 정도 되어야 그다음에 부처님에게 보직을 받을 수 있다. 보살들 은 부처님에게 보직補職을 받은 존재들이다. 그러나 신神들은 다 르다. 그들은 [(선호념제보살): 모든 보살들만을 잘 보살피고 보 호하며 (선부촉제보살): 보살들에게만 모든 일을 운용하는 것을 맡기고 당부하는 것이 사실이다.] 같은 부처님 나라의 정식 직원 이 아니다. 물론 임시직도 아니다. 그런데 슬프게도 몇몇 깨달음 을 얻으신 분들이 직원 자체가 아닌 천신들 용신들 산신들 심지어 능력 있는 조상신들과 일을 시작하였다가 그 끝이 참 슬프게 끝나는 것을 많이 보았다. 쉽게 말해 보살들은 인간들과 거래를 하지 않는다. 더구나 협상도 안 한다. 수보리 존자는 "정식 직원이 되려면 어떻게 해야 하나요?"라고 묻는 것이다. 그래서 수보리 존자는 3명의 자기 중에 어떤 자기의 마음은 지키고, 어떤 자기의 마음은 항복받아야 하는지 묻는다. 그런데 부처님은 항상 수보리 존자의 기대와는 다른 답을 하신다. 그래서 수보리가 부처님 노하우 배워 체득하여 자기 것으로 하는 데 21년이나 걸렸나 보다. 21년이 되어도 이것을 배워 자기 것으로 만드는 데 실패한 제자들이 5,000명이 넘는다. 그래서 그들을 다 돌려보내고 나서야 묘법연화경을 가르쳐주신다. 금강경은 그렇게 중요한 것이다.

제3분

부처님 인사고과의
비밀

이 금강경 제3분을 옛 선배들이 大乘正宗分(대승정종분) 즉 대승불교의 핵심적인 정통 사상을 담고 있는 부분이라고 한 이유를 아는가? 물론 잘난 척하고 이렇게 묻는 필자도 21년 걸렸다. 그것도 스리랑카를 다녀와서…. 그 이유는 다름 아닌 '세상과 자신의 삶을 제대로 인식하고 보는 법'을 가르치기 때문이다. 그렇다면 "우리들의 모든 인식에 어떤 문제라도 있어요?"라고 누가 반론을 제기한다면 나는 이렇게 말하겠다.

"당신은 이 세상이 행복하고 편안하게 보이나요? 당신과 당신 가족의 삶은 행복한가요? 그런데도 당신은 그냥 사람 사는 게 다 그렇다고 당신 자신을 위로하며 사는 것 아닌가요? 그러다가 아프고 병원 가고 간혹은 법정에도 가고, 형제끼리 부모 재산 가지고 다투고 이혼 하며 다투고, 자녀들이 두렵기도 하겠지요. 그러다가 어느 날 요양원에 가고 그리고 냉장고에 잠시 들어갔다가 불구덩이에 태워져 없어지겠지요. 그런데 다 그렇게 사는 것이 올바르게 살았다고 할 수 있나요? 더구나 당신은 당신 꿈을 다 이루지도 못하고 그렇게 죽어버리겠죠?

 더구나 당신이 한국의 50대 이상이라면 어릴 적 닭, 토끼, 물고기, 돼지, 소들과 친하게 지낸 적은 없나요? 예전에는 나무를 베거나 땅을 파거나 혹은 집에서 기르다가 잡아먹는 닭이나 돼지를 보면 그들에게 미안한 마음이라도 가지기는 했는데 요즘 동물들은 평생을 흙 한번 밟아보지 못하고 그들은 마치 어떤 영혼도 없는 존재처럼 다루어지며 물질로 대하다가 그냥 물질로 죽음을 맞이하는데 당신이 만약 교회를 다니고 절을 다닌다면 그들의 소리 없는 영혼의 속상함을 당신 부처님과 하느님은 듣지를 못할까요? 그리고 아무런 감정 없이 단지 우리들의 편의를 위해 수없이 베어지는 산과 들의 나무, 풀 등은 영혼이 없다고 생각하나요? 그렇다면 그것은 당신의 의식이 물질 수준에 머물러 있다는 말입니다. 그런데 어떻게 꿈에라도 '지켜보는 나'와 '보는 나'의 인생 혁명을 기대하신다는 말입니까?"

아마 차가운 말을 뱉을지도 모른다. 그러면서 내 인생은 왜 이런지 모르겠다면서 사회를 욕하고, 정치인을 욕하고 부모를 원망하고 자식을 탓하면서 답을 찾을 생각은 안 하고 문제 어렵다고 투덜대는 당신이 당신과 당신 자녀들의 미래를 당신보다 더 어둡고 힘든 곳으로 가는 길을 만들고 있는 것을 모르겠냐고 말할지도 모른다.

당신이 지금 처한 상황은 당신의 모든 의식이 투사된 영화다. 출연자는 당신이고, 대본은 당신의 '지켜보는 나'가 당신 영혼 속에 담긴 모든 감정을 다 고려해서 당신의 '보이는 나'에게 그 역할을 맡긴 것이다. 하긴 유명 배우 중에 자신에게 맡겨지는 배역이 너무나 마음에 안 들고, 앞으로의 배역도 나아질 기미가 없다고 자살해버린 뉴스를 당신도 기억할 것이다. 사실은 그 사람이 우리 자신이다.

그래서 이 금강경 제3분에서 부처님이 우리들의 '보이는 나'의 그릇된 인식에서 나오는 우리 자신의 삶에 대한 평가를 항복받아야 한다고 말씀하신다. 그리고 보살들이 자신들이 하고 있는 일에 대해서 보살들 자신이 하는 생각 즉 세상을 보는 '바른 인식'을 가르쳐주신다. 대승불교의 핵심은 전부 다 '보이는 나'들만 나오는 영화의 화면에 잡힌 상(相)들을 그것이 단지 영화의 한 영상임을 알고 있기에 그 상을 진실로 아는 멍청이 같은 관객들의 '그릇된 인식 수준'을 보살들처럼 '바른 인식'을 할 수 있게끔 그냥 먼저 답을 가르쳐주는 부분이 금강경 제3분이다.

3. 大乘正宗分(대승정종분): 대승은 '지켜만 보고 있는 나'의 삶의 시작

佛告須菩提(불고수보리): 부처님께서 수보리에게 말씀하셨다.

諸菩薩摩訶薩(제보살마하살): "모든 보살마하살은

應如是降伏其心(응여시항복기심): 마땅히 다음과 같은 마음가짐으로

所有一切(소유일체): 존재하는 모든 일체 모든 것들

衆生之類(중생지류): 그 갖가지 태어나고 죽는 이 세상의 생명들 중에서

若卵生(약난생): 알에서 깨어난 것이거나

若胎生(약태생): 태로 생긴 것이거나

若濕生(약습생): 축축한 습기로 생긴 것이거나

若化生(약화생): 중도에 변(化)하여 생긴 것이거나

若有色若無色(약유색약무색): 눈에 보이는 형상이 있건

若有相若無相(약유상약무상): 그 존재들이 생각을 하건 하

지 않건

若非有相非無相(약비유상비무상): 생각이 있는 것도 아니

고, 생각이 없는 것도 아닌 모든 존재들을

我皆令入(아개영입): 내가 모두

無餘涅槃(무여열반): 번뇌가 전혀 없는 열반에 들게 하여

而滅度之(이멸도지): 모두 두려움을 멸하고 행복, 사랑으

로 살게 제도하리라.

如是滅道(여시멸도): 이와 같이 두려움을 없애고 사랑으로

제도하기를

無量無數無邊衆生(무량무수무변중생): 한량없고 가없는

중생들에게 다 전한 후

實無衆生得滅度者(실무중생득멸도자): 실로 우리들 보살

의 덕으로 그렇게 적멸의 도를 얻은 중생은 단 한 존재도

없다고 할 것이다.

何以故(하이고): 왜 그럴까? 어째서 그런 생각을 보살들은 하는 것일까?

須菩提(수보리): 수보리야, 그 이유는

若菩薩(약보살): 만약 어떤 보살이

有我相(유아상): '내가 있다!'라는 '아상'과

人相(유아상인상): '나 아닌 그들이 있다!'라는 '인상'이 있고

衆生相(중생상): 공간에 의식이 제한된 '중생상'이 있고

壽者相(수자상): 그의 의식이 시간에 얽매이는 '수자상'이 있다면

卽非菩薩(즉비보살): 그는 보살일 수가 없기 때문이니라."

✳ 스리랑카

금강경에는 형태를 달리하고 있지만 그 근본에너지는 각자의 '지켜보는 나'의 앵글에서는 하나가 되는 모든 존재들이 등장한다. 사람들처럼 탯줄을 끊고 나오는 포유류 동물부터 물고기와 파충류 그리고 새와 같이 알에서 물질의 몸을 받는 영혼들, 심지어 물질적인 형태는 없지만 의식으로 이루어진 귀신 영혼 같은

의식체들의 영혼, 돌과 자동차, 의자, 카펫, 책상 같은 생각이 있는 것도 아니고 없는 것도 아닌 그런 물질들의 에너지체 (이미 드 브로이 물질파의 발견처럼 개별 물질도 각자의 고유한 의식 아닌 의식이 있음이 밝혀졌다.) 그렇게 9가지의 다른 형태를 지닌 영혼의 존재들을 중생이라고 수보리 존자에게 표현하셨다.

그리고 그들 각자가 자기와 주변을 인식하는 4가지 안목을 설명했는데, 인간의 육신을 포함하여 어떤 물체가 '지금의 자기'라는 영화에 출연한 그 배우의 겉모습만을 그들의 모두라는 것을 아상我相이라고 했다. 그리고 출연자 중에 자기가 아닌 다른 출연자들 혹은 그 다른 출연자들이 소유한 집이나 차, 멋진 애인 그 출연자의 영화 속 지위 등에 대해서 자기가 갖게 되는 생각, 감정은 인상人相이라고 수보리 존자에게 말했다. 아마도 그렇게 표현해야 수보리 존자가 받아들일 수 있을 것이라고 생각하셨을 것이다. 그런 맥락에서 모든 존재들을 중생상이라고 하셨고, 결국 그렇게 살다가 혹은 존재하다가 어느 날 직위도 없어지고 변하고 늙고 사라지고 죽고 하는 시간에 묶인 존재이기에 수자상이라고 하셨을 것이다. 그래야 수보리 존자가 납득하고 이해, 포용할 수 있었을 테니까…

그런데 말이다. 만약 수보리 존자가 아닌 우리 현대인들에게는 뭐라고 하셨을까? 바로 자화상自畵像이라고 하셨을 것이다. 혹은 상사병相思病 증세라고 하셨을 것이다. 자화상은 자기가 그린 자기 그림이다. 그 사람의 생각과 감정이 어떻든 그것이 그린 사람 몫이다. 그리고 상사병은 무엇인가? 그 병은 아무도 못 고친다. 그냥 자기 생각이 만든 병이 상사병이다. 그걸 누가 고친다는 말인가? 부처님은 이렇게 제대로 자신과 자신의 삶과 상황을 읽는 '제대로 바르게 인식하는 법, 참되고 진실 되게 인식하는 참된 인식'을 시작하시려나 보다.

필자는 금강경 제1분에서 '자기를 보는 공부를 하실 준비'를 하라고 했다. 자신에게 3명의 자기가 내재되어 있음을 알아야 한다고도 했다. 3명의 자기란 다음과 같다.

1. '보이는 나'인 지금 알고 있는 나.
2. '보는 나'인 간혹 자신의 삶과 현실을 돌아다보는 나.
3. 그리고 영혼의 핵심부에서 일어나기에 간혹 느끼기도 하는 누군가 나의 삶을 지켜보고 있는 듯한 또 하나의 나. '지켜보는 나'라고 했다.

부처님은 여기서 우리의 가장 큰 문제라고 보신 것이 바로 두 번째 '보는 나'이다. 이 사람들이 보니 자기 자신을 간혹이라도 보기는 하는데 무엇을 보아야 하는지 모르니, '바른 인식'을 못 하는 것일 뿐 우리 모두 엄청난 능력의 존재인 '지켜보는 나'를 쳐다보지도 않고, 있는지도 모르고 심지어 몸을 빼앗기며 죽을 때까지 한 번도 활용 못 하고 있는 것을 지적하시는 것이다. 그래서 이것을 집중적으로 가르치시기 시작한다.

제4분

알거지 1,250명에게
보시를 하라고 하시다니…

금강경 제4분은 아주 황당하게 시작한다. 왜냐하면 여러분도 이미 여러분 의식 속의 금강경 영상을 통해서 부처님 제자 알거지 1,250명이 아침밥을 먹을 식자재가 없어 떼거지로 마을로 몰려가 그날의 일용할 양식을 구해서 식사 한 끼 때우는 것을 알기 때문이다. 그런데 부처님은 그 알거지 1,250명의 총대를 메고 "온갖 보배와 귀한 재물로 화려하게 차려입고 폼 나게 베풀고 다니기만 하는 보살들처럼 되려면 어떻게 해야 되나요?"라고 물었는데…. 글쎄 그 대답이 가관이다. 보시를 하라고 하시는 것이다. 알거지들에게 말이다. 그러면서 그렇게 보시를 하면 복이 엄청나게 많이 생겨서 보살들처럼 된다는 것이다. 그런데 도대체 알거지 비구 스님들이 무엇을 가지고 있는 것을 보셨기에 그런 말씀을 하신 것일까? 필자가 경험을 말해본다.

금강경의 지금 가르침에 옛 선현들이 붙인 이름은 묘행妙行무주無住다. "어떤 마음에 머물러야 되느냐?"라는 질문에 부처님은 머무름이 없는 마음에 머물라고 하신다. 그 마음에서 묘한 행동이 자연스럽게 나오는데 그 행동이 보시布施라는 것이다. 머무름이 없는 마음이란 어떤 마음일까? 거기서는 어떤 행동이 나올까? 필자의 경우에는 정말 묘한 행동이 나왔다.

필자는 2024년 4월 17일부터 21일 사이에 스리랑카를 다녀왔다. 스리랑카 공항에 도착해서 200불을 스리랑카 돈으로 환전하였다. 스리랑카 화폐 단위인 스리랑카 1루피는 한국도 450원 정도와 같았다. 길거리 음식점에서 코카콜라 한 병이 테이블 챠지 포함 100루피였다. 한국에서 일한 사람들이 많아서인지 한국의 문화가 알려져서인지, 한국인에 대한 스리랑카인들의 태도는 너무나 사랑스러웠다. 눈이 마주치면 웃음을 보내왔고, 특히 할머니들과 어린아이들이 보내오는 미소는 나를 가만히 두지 않았다. 내가 가진 돈은 200불 한국 돈으로 25만 원이었으니 스리랑카 돈으로는 5만 루피 정도 가지고 있었던 것 같다. 나는 너무나 사랑스러운 인사를 보내오는 아이들에게 1,000루피 한국 돈 5,000원을 주었다.

정말 나는 왜 주었는지도 모르게 주었다. 한국에 와서 생각해보니 그들은 미소와 웃음이라는 형태로 내게 사랑을 주었고, 나는 돈이라는 형태로 그들에게 사랑을 준 것이 아닐까 싶었다. 나는 원래 그렇게 살던 사람이 아니다. 그런데 스리랑카에서는 나도 모르게 그렇게 지냈다. 나의 평소와는 다른 묘한 행동 즉 묘행妙行을 했는데 굳이 생각해보면 내 마음이 눈에 보이는 어떤 형상에 머물지 않는 무주無住와 비슷하다는 생각을 한국 와서는 했다. 물론 나는 아이들에게만 그랬다. 그리고 나이가 든 할머니에게만 그랬다. 당연히 아이들과 할머니들은 경계심이 많이 없다. 젊은 여성들이나 젊은 남성들 그리고 할아버지들에게 돈이라는 형태로 사랑을 주지는 않았다. 그래서 나의 보시는 상에서 벗어나지 못한 사랑임을 고백할 수밖에 없겠다. 오직 사랑과 기쁨만이 있는 마음, 청정한 그 마음은 생각 이전의 자리다. 그런데 그 자리는 오직 사랑하는 마음만이 넘치는 자리다. 아무리 불교식 언어로 청정심을 표현하려고 해도 사랑이라는 말 밖에 다른 표현이 없는 것 같다. 물론 남녀 간의 사랑이나 부모 자식 간의 사랑,

그리고 유행가에 나오는 사랑과는 본질적 차이가 많은 사랑이다. 그 자리는 어떠한 생각으로도 갈 수 없다. 그냥 모든 생각, 판단, 평가 등을 다 내려놓았을 때 자신도 모르게 그 자리에 서 있는 자신을 느낄 수 있는 것 같다. 그 자리에는 내가 없다. 환경과 하나가 된 것이다. 누군가가 찾아와 피해를 입혔다고 고백하는 사람들이 많다. 많은 부분 사실이다. 피해를 입힌 사람들은 자신이 필요한 것을 구하기 위해 어디든, 누군가에게든 찾아가는 법이다. 그런 것을 조심하라고 부모와 세상은 우리에게 가르쳤다.

어떤 이는 돈을, 어떤 이들은 음식을, 어떤 이는 사람 소개를, 어떤 이는 길을 물을 것이다. 그런데 그 사람이 필요로 하는 것, 그 사람이 당신에게 달라고 하는 것이 어떤 모습을 하고 있든, 그는 '사랑'을 원하고 있는 것이다. 우리는 그에게 사랑을 주면 된다. 그게 보시다. 그런데 사람들은 보시를 오직 한 가지 형태, 돈이나 물질로만 생각한다. 적어도 나는 그랬다. 그러니 주면 줄어든다고 생각하는 것은 당연했다. 그 생각을 버리고 그냥 어찌 되건 일단 주라는 소리가 아니다. 돈을 줄 수 없을 때 까칠까칠한 마음에서 나오는 거절이 아니라, 솔직한 사랑을 주라는 것이다. 얼마나 나는 냉랭하게 살아왔던가? 그러면서 무슨 500억을 벌어 사업밑천을 만들겠다고 설치며 살았는지…. 무명의 나를 생각해보니 한

숨밖에 안 나온다. 그런데 그것은 나의 잘못이 아니다. 나의 영혼이 나를 포기하지 않고 그래도 사랑하는 마음에 단 한 번만이라도 진실을 보아달라고 보낸 눈짓이었음을 나는 이제 안다. 그래서 20년 만에 금강경을 다시 공부하는 것이다.

금강경에서 부처님이 알거지 1,250인에게 보시하라고 한 것은 '사랑'이다. 물론 필자는 이 사랑의 정체를 확실하게 개념을 잡는 데 7개월이나 걸렸다. 그런데 모든 것을 다 해결할 수 있는 황금열쇠, 바로 그 사랑 중 최고의 사랑이 바로 '지켜보는 나'라는 사실을 당신은 이제 알았다. 이제 당신의 인생을 앞에서 끌고 다니던 당신의 영혼이 안도의 긴 한숨을 쉴 것이다. '야~ 이번 생에 내가 가지고 온 이 몸뚱이는 정말 쓸 만한데… 마음에 들어 이제 내가 경고를 많이 줄 필요가 없겠다. 나도 모르는 것을 이 친구가 알았구면 나는 이제 집으로 갈 수 있겠다!'라고 말할 것이다.

4. 妙行無住分(묘행무주분):
지켜만 보던 나는 엄청난 보시를 할 수 있는 거부였다

復次須菩提(부차수보리): "그리고 또 수보리야,

菩薩於法(보살어법): 그렇게 보살은 마땅히 주어 목적어 동사로 표현되는 사람들이 그렇다고 알고 있고, 신들도 그렇다고 알고 있는 어떤 법에도

應無所住(응무소주): 자기의 마음이 머물러 있지 않는

行於布施(행어보시): 그런 보시를 행하고 있는 존재들이니라.

所謂不住色(소위부주색): 그래서 그들은 분명히 눈에 보이는 물질적 형색에 집착함 없이

布施(보시): 보시를 끊임없이 하는데

不住聲香味觸法(부주성향미촉법): 그들의 보시는 눈에 보이는 존재가 눈에 보이건 보이지 않는 존재건 대상이 소리이건, 냄새이건, 맛이건, 느낌이건, 생각이건…

布施(보시): 그런 느낌에 묶여서 보시를 행하는 것이 아니니라.

須菩提(수보리): 수보리야!

菩薩應如是布施(보살응여시보시): 너희 선남자 선여인들도 보살처럼 마땅히 이와 같이 하되

不住於相(부주어상): 그 보시는 그렇게 감각기관으로 포착

되는 그 어떤 상이되 내어서는 안 되는 보시여야 하느니라.

何以故(하이고): 왜냐하면

若菩薩 不住相布施(약보살 부주상보시): 만약 보살이 상 없이 보시를 행하기만 한다면

其福德 不可思量(기복덕 불가사량): 그 복덕은 헤아릴 수 없이 막대하게 크기 때문이다.

須菩提(수보리): 수보리야,

於意云何(어의운하): 그대는 어찌 생각하는가?

東方虛空(동방허공): 동쪽 하늘의 허공이

可思量不(가사량부): 능히 헤아릴 수 있겠는가 없겠는가.”

不也(불야): “헤아릴 수 없습니다.

世尊(세존): 세존이시여.”

須菩提(수보리): “그렇다면 수보리야,

南西北方(남서북방): 남쪽, 서쪽, 북쪽의

四維上下虛空(사유상하허공): 그리고 동서남북 4유와 상하와 허공을

可思量不(가사량부): 헤아릴 수 있겠는가, 없겠는가?”

不也(불야): "헤아릴 수 없습니다.

世尊(세존): 세존이시여."

須菩提(수보리): "수보리야,

菩薩 無住相 布施福德(보살 무주상 보시복덕): 그렇게 보살이 자신의 감각기관에 포착되는 상(相)을 넘어 그 상(相) 너머 상(相)을 행하는 보시의 복덕은

亦復如是(역부여시): 마치 그와 같이 보시를 한다는 것은

不可思量(불가사량): 마치 우주 전체를 줌과 우주 전체를 받음의 원리와 같아서, 그 과보는 생각도 헤아릴 수 없는 것이 되기 때문이니라.

須菩提(수보리): 그러므로 수보리야,

菩薩(보살): 너희들이 새로운 보살이 되고 싶다면

但應如所敎住(단응여소교주): 단지 나의 이 가르침대로만 행해야 할 것이니라."

✹ 스리랑카

스리랑카에서 탁발 나오신 스님들에게 승공을 할 기회가 있었

다. 스님들에게 공양을 올릴 기회는 한국에서도 많이 있었다. 그때는 솔직히 물질적으로 갑甲의 위치에 있는 내가, 물질적으로을乙의 위치에 계실 수밖에 없는 스님들에게 보시를 하고 있다는 뿌듯함이 있었다. 그런데 스리랑카에서 탁발 스님들께 공양을 올릴 때 내 기분은 주머니에 천 원짜리 몇 장 들고 있는 내가 수백억 은행 잔고를 가지고 있는 부자들에게 보시를 하고 있다는 느낌이 들었다. 그렇게 나는 나를 처음으로 제대로 본 것이었다.

　아니 어쩌면… 스리랑카에 가서야 상相이 없는 보시를 하는 존재는 지금 내 의식 수준의 나로서는 불가능한 것임을 알게 되었는지도 모르겠다. 물론 지금의 '보는 나'의 인식 수준으로 많이 어려울 것이다. 그렇다고 '지켜보는 나'가 보시를 할 수는 없다. 만약에 어떤 '지켜보는 나'가 나타나 보시를 한다고 한다면 당신은 OK 할 것이다. 그것이 무엇인가? 바로 거래다. 상대가 있는 것은 모두 거래며 흥정이다. 당신은 그 보시로 인해 파산할지도 모른다. 앞에서 말한 스님이 분명 깨어나셨음에도 그렇게 경제적 고통을 당하시는 것은 바로 '거짓 지켜보고 있던 나'에게 속으신 것이었다. 지켜보는 나는 절대 상황을 바꾸는 일에 개입하지 않는다. 그러면 그 스님은 무엇에 속으신 것일까? 깨달으신 후에 새로이 알게 된 자기 자신에게 속으신 것이다. 그런데 문제가 있었다. 깨달은 나도 상황을 바꾸는 일에 개입하지 않는다. 그러면 깨달은 나는 무엇을 하는 것일까? 바로 '상황에 대한 인식'을 바꾼다. 즉 보이는 나의 인식에서 지켜보는 나의 인식으로 바꾸어 상황을 인식하시는 것을 모르셨던 것이다. 그래서 보살들이 등장하지 않았고 청하지 않아도 나타나기 마련인 보살, 천신, 용신, 산신들이 아닌 거짓된 무명 존재들과 흥정을 하신 것이다.

나는 스리랑카에서 숭산스님의 'I don't Know'를 무의식적으로 가지고 있었는지도 모르겠다. 그것뿐만이 아니다. 그렇게 스리랑카 불교 즉 남방불교 근본불교에 대해서 '오직 나는 모를 뿐'이었다. 사실 그래서 나 자신이 진정으로 원하는 것이 무엇이었는지를 알 수 있었는지도 모르겠다. 내가 무의식적으로 바라던 것을 그들이 갖고 있다는 느낌이 작동했으리라. 이것은 내게 중요한 느낌이었다. 왜냐하면 살아오면서 내가 필요하다고 느낀 것이 사실 실제로 필요한 것이 그다지 많지 않았기 때문이다. 실제로 내가 원했던 물질을 갖는 방법은 그것을 갖게 되는 지혜였음을 나는 너무나 늦게 알았다. 그러나 죽기 전에 알기라도 해서 다행이기도 하다. 그러나 나는 하나 더 알고 있다. 지혜라는 것은 아는 것으로는 아무 효력이 없다. 그 지혜의 맛을 먹어봐야 되는 것이다. 그래서 더 길을 가야 한다.

우리 삶의 모든 문제를
풀 수 있는 공식公式

금강경의 가르침을 마음이 아닌 자기의 인식 상태에 항상 지니고 살면, 그리고 삶의 경계에 부딪힐 때마다 이 금강경 4구게만이라도 자기의식에 되살려 대상과 상황을 보는 연습을 하면 모든 문제가 해결되고 복을 받을 것이라는 가르침을 얼마나 바로 믿었던가? 그 금강경 4구게가 나오는 금강경 제5분이다. 凡所有相(범소유상) 皆是虛妄(개시허망) 若見諸相非相(약견제상비상) 卽見如來(즉견여래). 이것이 바로 '참된 인식, 바른 인식'의 요체이기 때문이다. 그런데 우리 인생의 혁명을 일으키기 위해서 금강경 4구게 같은 답을 찾을 수 있는 공식公式이 도움이 되기는 하지만, 원리를 모르면 삶의 기본문제 정도는 풀 수 있겠지만, 우리의 업력業力이라는 것도 카르마의 법칙이라는 물리학적 공식이 통용되는 힘을 가지고 있기에 반작용이 나타난다. 그런데 우리의 카르마는 공식 따위로 풀 수 있는 기본문제를 내지 않는다. 아주 복잡한 응용문제를 낸다. 수보리 존자도 4구게 공식만 알고 답만 그럴듯하게 할 뿐 부처님의 응용문제에 꼼짝을 못한다. 심지어 이제는 알았다고 감동하고 실컷 울고 나서는 다른 사람 걱정하더니 또 다른 응용문제를 받더니 나가 자빠진다.

필자는 최근 몇 달간 바라고 기다리는 일이 일어나지 않고, 마음속에서 불안감과 미래에 대한 두려움이 있을 때 다음 두 가지 방법을 구사하며 금강경에서 배운 대로 나름대로 여법하게 세상을 보라면서 지금껏 살아왔다. 그러나 세상에서 제일 문제를 많이 일으키는 것이 바로 '나름대로' 아니던가? 필자도 예외는 아니어서 항상은 아니어도 이번 일이 늦어지면 어떡하지? 그렇게 두려움을 지니고 있는 나 자신을 마음으로 의식으로 똑바로 정면으로 나의 영혼이 있으리라 생각되던 나의 가슴을 관觀하며 '아제 아제 바라아제 바라승아제 모지 사바하'를 나의 감정을 전해주는 영혼에게 들려주는 방법이었다.

또 다른 하나는 앞에서 말한 사구계를 나의 영혼에 들려주는 것이었다. 필자의 경험으로 약 2~3분만 하면 그 감정이 녹아서 전체 속으로 흘러가 사라짐을 느낄 수 있었다. 그러면 당장은 다시 그런 걱정이 떠오르지 않는다. 물론 다음 날이나 몇 시간이 지나 다시 나오긴 하지만 그때 다시 해 주면 된다. 그런데 이렇게 한다고 문제가 해결되는 것일까? 답은 그렇다! 물론 소파나 침대에서 이불을 뒤집어쓰고 있으면서 문제가 해결된다고 믿는다는 것은 다른 사람들에게 욕을 먹거나 조롱당하거나 어떤 형태의 비난과 비웃음을 당할 일이기는 하다. 그런데 왜 이렇게 하면 문제가 된다고 하는가? 의문이 들 것이다. 답은 이렇다.

우리가 어떤 두려움이나 걱정이나 불안이 생길 때, 자기 영혼이 그 불안과 두려움의 감정이 자기 존재를 드러낸 것을 인정해 주어야 한다. 어차피 지금의 영혼은 깨달은 존재가 아니다. 그냥 답이 뭔지도 모르면서 자신의 감정의 불균형을 균형을 잡겠다고 내 몸을 만들어 들어온 존재가 자기의 영혼인 것이다. 어쩌면 자기 영혼은 그 감정을 느끼면서 어떤 배움을 얻기 위해 이번 생에 몸을 만들어 이 체험을 미리 계획했던 것일 수 있다. 그런데 우리는 이 감정의 '존재의 권리'를 대부분 무시하거나 회피하거나 기분 전환의 명목으로 덮어버리곤 한다.

우리는 두려움과 걱정을 직면하여야 한다. 자신의 영혼이 그 감정을 충분히 느낄 때까지…. 물론 우리는 그 과정에서 참회 혹은 회개를 하게 된다. 그리하여 그 감정에 영혼이 충분히 만족하였을 때 우리 영혼은 그런 체험을 할 또 다른 체험을 당기지 않는다. 그렇게 하면 그다음에 일어나는 일은 뭘까? 뒤에 나오겠지만 보살과 천신들이 작업 개시 준비를 한다. 게다가 우리는 우리의 울적한 감정, 두려움, 불안 등을 정당하게 그 존재의 권리를 부여하며 대했다. 그들은 정당하게 대접을 받고 있는 것이다. 그래서 그런 감정과 함께 그런 상황이 해결됨을 당신은 보게 될 것이다. 그것이 법등명이다. 그렇게 세상의 작동원리에 대한 이치를 알게 될 때 당신은 여래如來를 보게 되는 것이다.

나 자신을 회고해보면 이런 것을 실행하지 않은 채 초파일마다 이 절 저 절에 초파일 등을 많이 달고, 또 크리스마스 때마다 그렇게 많은 촛불을 켜며 본격적으로 신들과의 거래를 하면서도 그것이 영적으로 무척이나 수승해진 내가 된 것처럼 나를 칭찬하고 위로하고는 했다. 그러다가 내 계획대로 일이 성사되지 않을 때, 사실 거의 매번 그랬지만, 내 정성을 그렇게 받고서도 나를 돌보지 않는 신들을 탓하고 하늘을 탓하는 그 어리석음에서 나도 독자 분들도 이젠 벗어나야 할 것이다. 아마 시간이 그렇게 많이 남지도 않았을 것이다. 당신 나이가 몇 살이건….

　그렇게 부처님이 금강경에서 앞으로 가르쳐 주실 '자신의 늙어 가는 몸과 상황에 대한 바른 인식'을 하지 않으면 수보리 존자처럼 21년간 1:1 가르침을 받는 복도 없는 우리는 당신들이 무슨 편법을 동원하든지 간에 그것은 여리실견이 아니라 여업허견如業虛見, 즉 자신의 업대로 허상을 볼 수밖에 없기 때문이다. 그러면 우리의 영혼은 그것을 체험하고는 그것이 진실이 아님을 알고 나서는 당신에게 그 사실을 알려주기 위해 당신이 대실망을 할 수밖에 없는 결과를 내어놓을 것이다. 당신은 당신 영혼을 이길 수가 없다. 영혼은 일에는 관심이 없고 모든 감정만을 기록 저장한다. 당신의 세세생생 만난 모든 사람들, 행했던 모든 일들을 블록으로 만들어 그 각 생의 블록들을 블록체인으로 연결해 모든 기록이 삭제 불능, 변조 불능, 위조 불능의 상태로 저장하고 있는 존재가 바로 당신의 영혼의 정체다. 그 이유는 자신이 보고 느끼는 것은 모두 영혼이 보고 느끼는 것이다. 영혼은 감정을 갖고 있다가 상황마다 그 감정을 분출한다. 감정은 호르몬을 동반한다. 이런 공부를 안 한 사람 중에 호르몬을 극복할 수 있는 사람이 몇이나 될까?

그러니 아무것도 믿지 말라. 특히 자신을 믿으면 안 된다. 3명의 자신을 확실히 알 때까지는, 쉬운 말로는 자신이 깨어나기 전에는… 혹은 당신의 인식 주체를 '바른 인식'으로 새로 확립할 때까지는.

5. 如理實見分(여리실견분): 당신이 보는 대로 세상이 존재하는 것이 아니다

佛告須菩提(불고수보리): 그때 부처님께서 다시 수보리에게 말하였다.

須菩提 於意云何(수보리어의운하): "수보리야, 그대는 어찌 생각하느냐.
可以身相(가이신상): 나의 눈에 보이고 생각으로 떠올리는 외모를 가지고
見如來不(견여래부): 여래를 만나 볼 수 있다고 생각하느냐?"

不也(불야): "아닙니다.

世尊(세존): 세존이시여.

不可以身相(불가이신상): 겉으로 드러난 몸의 형상으로는

得見如來(불가이신상득견여래): 여래를 볼 수 있다고 할 수 없습니다.

何以故(하이고): 왜냐하면

如來所說身相(여래소설신상): 여래께서 설하신 여래 몸의 형상이란

卽非身相(즉비신상): 눈에 보이거나 귀로 듣거나 생각으로 떠올릴 수 있는 형상적 외모가 아니기 때문입니다."

凡所有相(범소유상): "무릇 형상을 보거나 떠올릴 수 있는 것은

皆是虛妄(개시허망): 모두 다 허망한 것이니

若見諸相非相(약견제상비상): 설사 만나고 접하게 되는 모든 상이 실상이 아님을 알면

卽見如來(즉견여래): 그대들은 모두 곧 여래를 보게 되리라."

✱ 스리랑카

부처님 진신사리를 스리랑카에서 받아오는 일은 쉬운 여정이 아니었다. 8시간 30분 비행기를 타고 가서 공항 근처에서 저녁을 먹은 후 다시 4시간 버스를 타고 어딘가로 이동하였다. 현지 시각 새벽 1시였다. 공항에서 저녁을 먹으면서 스리랑카 불교 TV 방송국 사장을 만났다. 그의 이름이 수보리였다. 나는 그에게 부처님 사리舍利가 영어로 무엇이냐고 물었다. 그는 'Buddha's relics(부처의 유물)'이라고 했다.

유물? 유적? 한국에서 사리는 영롱한 빛을 발하는 다이아몬드나 어떤 보석 같은 것이라는 상相이 있던 나로서는 조금 충격이었다. 그리고 실제로 부처님 진신사리를 눈으로 보았을 때 보석이 아니라 어린아이 이빨 조각 같아서, 대부분의 한국 사람들이 사리라는 것에 대해서 지니고 있던 상相이 진실 된 상이 아님을 알았고, 또 부처님 사리를 부처님 사후 300년 이후부터 실제로 보고 접했던 사람들의 사리에 대한 언어와도 다르다는 것을 알았기에 비록 물질의 형태만을 지닌 사리이기는 했지만 그 부처님 몸에서 발산하는 진동 주파수를 온몸으로 감응하며 나는 여래를 볼 수 있었다.

여기서 우리 독자분들을 위해 모의고사를 한번 보아야겠다. 물론 중간고사도 볼 것이다.

지금 당신이 한국의 중소기업 사장이라고 생각하라. 그런데 지금 당장 직원들 30명인데 그들에게 주어야 할 돈 1억 원 중에 5천만 원이나 부족하다고 생각하라. 당신은 어떻게 하겠는가?

1. 여기저기 돈을 수소문하러 다닌다. 은행에는 이미 갈 수도 없다.
2. 그래도 5천만 원이 있으니 일단 이번 달 월급을 반만 주고 밀린 월급을 다음 달에 주겠다고 하니 직원들이 그런 적이 한두 번이 아니어서 통할 것 같지도 않다.
3. 5천만 원 중에 일부라도 찾아서 스님이나 목사님 심지어 용한 무속인이라도 찾아서 굿을 해 볼 결심을 한다.
4. 전화해서 혹은 만나서 돈 빌려줄 사람 없으니 1천만 원어치 로또 구입을 해 본다. 혹은 인터넷에 코인이나 주식으로 10배 불려준다는 사람을 찾아 나선다.

어떻게 하겠는가?

이미 짐작하겠지만 위의 답 4개 중에는 정답이 없다. 그러나 정답이 무엇인지 당신은 모를 것이다. 그러나 너무 걱정하지 마라. 금강경 2만 번 읽었다고 신문에 한 페이지 대문짝만하게 나온 사람도 모르고 있었으니까….

왜 위의 4개의 답 중에는 정답이 없는가? 그 이유는 간단하다. 자신의 앞에 펼쳐진 상황을 만들어 낸 극작가와 감독이 누구인지 모르기 때문이다. 또 당신은 당신 앞에 펼쳐진 상황이 당신이 출연한 금강경 영화라는 것을 새까맣게 잊고 있다. 그래서 당신은 영상 속으로 뛰어들어 당신의 배역을 고치려 하고 있거나 영화가 상영되는 스크린을 찢어 없애거나 전원을 끌 생각을 하고 있는 것이다. 여전히 모든 상이 허망한 상이고 그러한 모든 상이 사실은 없는 상이라는 것을 밝히는 금강경 따위는 당신의 안중에도 없다. 당신은 '보이는 나'로만 살고 있기 때문이다. 그리고 당신의 상황을 연출해낸 극작가와 감독이 당신의 '지켜보는 나'라는 사실을 더더욱 모른다.

그런데 감독을 모르는 것은 아무런 상관이 없다. 왜냐하면 극작가이자 감독은 당신의 '보는 나'의 인식을 '그릇된 인식'에서 '참된 인식'으로 바꾸는 일을 시작하면 부르지 않아도 '지켜보고 있던 나'는 보살들과 천신들을 대동하고 나타나서 모든 그 불균형 상황을 균형 상황으로 바꿀 것이기 때문이다. 이것이 금강경 제5분의 핵심이다. 필자의 모든 문제도 이것을 하지는 않았다는 것이다. 또 금강경 혹은 금강경 4구게의 수지를 자신의 생각이 뇌가 몸이 하는 것이 아니라 자신의 영혼이 금강경의 가르침을 수지해야 한다는 것을 나도 몰랐고 사람들도 모르고 있다는 사실이다. 참 분명하게 알 것이 있다. 1인 3역을 하는 자기를 보는 공부 처음 단계에서는 '지켜보는 나'가 즉각 나타나는 게 아니다. 물론 지켜보고 있기만 하던 나는 항상 우리와 같이 있다. 문제는 지켜보는 나가 지금의 나의 상황에 개입하게끔 해야 한다는 것 아니겠는가? 그것은 '보는 나'를 당신이 본격적으로 모든 상황에 같이하기 시작 할 때, 그래서 그릇된 인식에서 참된 인식으로 세상과 상황과 나와 주변을 인식하는 인식의 방법이 '바른 인식'으로 내비게이션을 설치하기 시작했을 때 '지켜보기 시작하는 나'가 등장한다는 것이다. 그리고 그 후에 자신이 원하는 시각에 '지켜보는 나'에게 말할 수 있다. "이 일은 네가 처리해 줘!"라고···. 이게 답이다.

그러니 우리는 금강경 공부로, '지켜보기 시작하는 나'와의 만남을 위해 마치 생텍쥐페리의 어른들의 위한 동화로 널리 알려진 『어린 왕자』에서처럼 여우와 어린 왕자 사이의 관계처럼 서로 익숙해지는 과정이 필요하다. 그 과정이 뒤에 나오겠지만 '주위를 잡고 있는 수행'이다. 물론 이 수행은 자기를 보는 공부와 달리 금강경 원문에서는 나오지 않는 수행법이다. 그러나 한국의 선방뿐 아니라, 전 세계의 모든 사찰 심지어 성당에서도 숲에서도 많은 수행자들이 하고 있는 방법이다. 그런데 그들이 모두 주위를 잡고 있는 수행을 하는 것 같지는 않다. 이 방법을 가장 잘하시는 분들이 신라시대와 고려 광종의 균여대사에 이르기까지 한 시대를 풍미하였던 한국의 화엄종 계열의 스님들이었다. 특히 스님도 아니고 재가자도 아닌 원효성사가 가장 확실하였다. 원효성사는 그 과정을 금강삼매경의 마지막 부분인 금강삼매경을 수지하는 공덕에 남겨두셨다.

그렇다, 나도 사실 못 믿었었다,
내 안의 나를

금강경을 믿고 이 가르침대로 살면 어떻게 될까? 일단 믿기가 참 어렵다. 그 이유는 우리가 살던 방식과 너무 다르기 때문이다. 그런데 이번에 스리랑카에 갔을 때였다. 18명이 갔는데 그중 다섯 분은 스님이셨고, 나를 포함한 불자들이 일곱 명이었고, 불교방송국에 근무하는 분들이 세 분이었다. 나머지 세 분은 기독교인이었다. 그 기독교인 중에 한 분은 연세가 73세이시고 오랫동안 경찰로 근무하시다가 지금은 경기도 안산시 대부도에서 이장직을 맡고 계셨다. 버스를 타고 여러 곳을 이동하는 중에 나는 금강경 제1분부터 위에서 공부한 제5분까지를 설명했다. 그리고 나서 내 자리에 앉았는데 그 이장님이 내 곁으로 오셔서 이렇게 말했다.

"나는 원래 결혼 전까지는 우리나라 시골 출신 사람들이 대부분 그렇듯이 그냥 불교에 가까운 사람이었습니다. 그런데 결혼을 하려니 지금 와이프가 기독교를 같이 믿지 않으면 결혼을 안 하겠다고 해서, 결혼 후에 교회를 다니겠다는 조건으로 집사람하고 결혼한 지 지금 50년 가까이 됩니다. 그런데 나는 방금 교수님이 말씀하신 그 금강경이라는 것은 전혀 모르지만 부처님 말씀이 100% 다 맞는 가르침이라는 것을 압니다. 물론 나는 남에게 지금 들은 것을 설명할 수는 없겠지만 부처님이 그런 말씀을 금강경에 남기셨군요."

금강경 제6분인 정신희유분, 다시 말해 "금강경 1분부터 5분까지 부처님이 말씀하신 내용을 믿는 사람이 거의 없을 것입니다!"라는 수보리 존자의 말에 거의 공감하던 나로서는 정말이지 깜짝 놀랄 일이었다. 아마도 일본에서 50년간 변호사를 하면서 다루었던 일들의 원고와 피고 즉 소위 가해자와 피해자 사이의 보상을 세상 사람들이 다 그렇다고 알고 있는 사회법으로 다루어 본 사람이 그 사람들의 이후 인생사에서 펼쳐지는 결과까지 추적한 후『운을 읽는 변호사』라는 책을 펴낸 나시나카 스토무 씨처럼 경찰에서 여러 가지 사건들을 지켜본 분의 체험에서 나온 지혜일 것이라고 생각을 하기는 했다.

그런데 부처님이 그것이 아니라는 말은 아니지만 나의 판단은 잘못된 것이라고 했다. 지금까지의 이런 말을 듣고 '아 이 가르침대로 살아야겠다. 이 방식이 맞다.'라고 생각하는 사람은 과거의 어느 생에 한두 번 불교 가르침에 인연이 있는 사람이 아니라 수없이 많은 생에서 수없이 많은 깨달음을 얻은 사람들에게 나름대로 사랑과 이해와 존경을 해 온 사람이라는 것이다. 그런데 그 이장님이 그랬다. 듣자마자 나에게 찾아오신 것이었다. 물론 그분이 인상이 참 편안하기는 했다. 그렇다고 그분이 아상, 인상, 중생상, 수자상이라는 자기 생각이 만들어낸 자화상들을 다 버린 사람일까? 아마도 그랬을 것이다. 그런 분들은 많이 만나보았기 때문이다.

그러나 생각해보라! 그 어떤 누가 아상이 전혀 없을 수 있나? 평생 나 기준으로 살았는데? 방법이 있다. 새로운 나가 내가 알고 있던 나보다 훨씬 유능하며 모든 일을 다 할 수 있는 전지전능한 존재라는 것을 느끼기 시작하면 아상을 놓게 된다. 즉 참된 인식 바른 인식을 하는 법을 자기 자신에게 가르쳐 보이는 내가 자신의 인식 주체가 아니라, 아직은 만나지 못했고 확인 안 된 존재지만 전지전능하다고 하는 지켜보는 나에게 인식 자체를 맡겨버리는 것이다. 그게 유일한 방법이다. 물론 지켜보는 나와 협상이나 거래할 생각을 한다면 그것은 100% 실패할 것이다. 오직 '보는 나'의 인식을 바꾸면 그뿐이다.

 또 어떻게 나와 남을 구분하는, 내 편과 남의 편을 구분하는 인상이 없을 수 있나? 미운 놈, 원수 같은 몸, 평생 다시는 보고 싶지 않은 놈들이 누구나 있다. 그런데 그 끔찍한 패거리 문화에서 점점 더 증세가 심해지는 인상을 내려놓을 방법이 있다. 그 사람의 지켜보는 나와 나의 지켜보는 나가 하나임을 알 때, 그리고 그 하나임을 알고 그렇게 상대방을 대했을 때 자신에게 돌아오는 일이 얼마나 큰 것이라는 것을 알면 그렇게 할 수 있다. 다시 말해서 금강경 제4분의 묘행무주의 가르침처럼 이 가르침을 실천했을 때 지켜보는 나가 만들어낼 수 있는 그 잠재력과 그것이 단지 잠재력의 힘뿐만이 아니라 물질세계에서 실제로 만질 수 있고 볼 수도 있는 결과로 나타나는 실질적인 것을 체험하면 그렇게 된다.

모든 만물을 내 몸처럼 대한다고? 그러면 이제 고기도 못 먹고 풀도 베면 안 된다는 말이야? 아니다. 그것이 절대 아니다. 고기도 먹고 회도 먹고 풀도 베고 다 할 수 있다. 그러나 그 존재들도 자기 영혼의 완성을 향해서 끝없이 진화해야 하는 존재라는 것을 느껴보자. 그리고 그 영혼들도 체험을 한다. 인간에게 먹이로 자신의 몸을 제공하는 체험도 그 존재들에게는 중요한 것이다. 그러나 전혀 걱정할 일은 없는 것이 그렇게 먹는 우리와 먹히는 그들의 체험이 나중에는 공동체험이 되어 그들 두 영혼의 진화에 기여한다는 사실을 알자. 그래서 "중생상을 없앨 수 있나?"라는 질문에는 "있다!" 정도가 아니라 "꼭 해야 한다."라고 말하고 싶다. 그리고 이것은 아주 쉽다. 태초에 동물이 생기기 전에 풀과 나무와 숲과 강과 하늘이 먼저 생겼다. 보통 말기 사망 선고를 받은 환자들이 바닷가로 가면 일찍 죽기도 하는데, 산으로 숲으로 가면 다시 살아나는 경우가 제법 많다. 왜일까? 태초의 근원에너지가 자신의 신체에너지와 공명하기 때문이다. 숲에는 수많은 중생들이 살고 있다. 그렇게 나무와 풀과 꽃과 벌레와 흙과 그 존재의 실상이 하나임을 알고, 의식을 진전시켜 동물들과 사람들 심지어 숲의 정령들에게도 태초 에너지를 느끼면 사람들에게도 그렇게 대할 에너지 즉 능력이 생긴다. 사람들의 본성을 대하기 시작할 때다.

아주 중요한 아니 독자들이 듣고 싶어 하던 질문을 하겠다. 수자상을 버릴 수 있나? 있다. 그리고 수자상을 극복하면 당신이 그동안 손해보았던 모든 돈이 다시 어디서 누구를 통해 들어오건 다 돌아오게 되어있다. 돈의 정체는 뭘까? 부족함이다. 가족 사랑의 정체는 뭘까? 부족함이다. 시간의 정체는 뭘까? 부족함이다. 행복과 건강의 정체는 뭘까? 부족함이다. 그 부족감은 어떻게 사라지게 하는 것일까? 금강경 가르침 말고 그 어떤 방법도 없다. 왜냐하면 부족과 풍족은 음과 양처럼 짝으로 동시에 동전 양면처럼 같이 존재하는 것이기 때문이다. 방법은 딱 하나! 기둥 두 개인데도 기둥 하나인 문이라고 써둔 일주문 안으로 들어가라! 바로 그 자리가 '지켜보는 나'를 만날 수 있는 곳이다. 물론 절의 일주문에 들어간다고 만난다는 소리가 아니다. 당신의 인식이 그렇게 이익과 손해 죽일 놈 살릴 놈의 두 개의 갈라진 인식을 금강경의 가르침대로 위의 그 이장님의 체험이나 일본인 변호사의 체험처럼 '바른 인식'을 통해 가해자와 피해자가 본래 없음을 깨닫게 되는 순간! 그 의식의 자리가 바로 일주문 안의 자리이기 때문이다. 그래야 시간의 부족이 없는 영원한 현재로 들어갈 수 있다. 영원한 현재로 들어가면 당신은 돈도 더 많이 벌고, 승진도 빨리 하고, 건강도 빨리 다시 찾을 수 있다. 일주문 안에서는 모든 것이 보살들과 천신들의 힘으로 불균형이 균형으로 갖추어지기 때문이다.

6. 正信希有分(정신희유분):
지켜보는 자신의 무한 능력을
믿는 사람은 아주 드물다

須菩提白佛言(수보리백불언): 수보리가 부처님께 여쭈었다.

坡有衆生(파유중생): "이 수없이 많고 많은 중생들이

得聞如是(득문여시): 자신의 믿음으로 나오는 상을 항복받고 이와 같은

言說章句(언설장구): 오늘 부처님의 금강경 말씀이나 경전을

生實信不(생실신부): 진실이라고 믿는 마음을 일으키는 사람이 있겠습니까?"

佛告須菩提(불고수보리): 부처님께서 수보리에게 말씀하시되

莫作是說(막작시설): "그런 소리를 하지 말아라.

如來滅後(여래멸후): 여래가 이 세상을 떠난 뒤

後五百歲(후오백세): 5백 세가 지나가도

有持戒修福者(유지계수복자): 진짜 자기 자신을 지키기 위한 계를 지니고 복을 닦는 자만 있으면

於此章句(어차장구): 이 같은 가르침과 계송에서도

能生信心(능생신심): 능히 믿는 마음을 일으키고

以此爲實(이차위실): 그것을 진실이라고 여기게 될 것이다.

當知是人(당지시인): 그대는 알아야 하느니라. 그런 사람

得如是無量福德(득여시무량복덕): 이루 헤아릴 수 없는 복들은

不於一佛二佛三四五佛(불어일불이불삼사오불): 한두 부처님 혹은 셋, 넷, 다섯 번의 삶에서 만난 부처님에게만

而種善根(이종선근): 그 가르침에 귀의하고 선근을 심은 것이 아니라

已於無量(이어무량): 이루 헤아릴 수 없을 만큼

千萬佛所(천만불소): 천만 부처님 밑에서

種諸善根(종제선근): 갖가지 선근을 심었기 때문에

聞是章句(문시장구): 이 경전을 듣고 보거나

乃至一念(내지일념): 문득 잠깐 그때의 그 '앎'의 기억이 발

하는 생각만 떠올라도

生淨信者(생정신자): 그의 영혼 깊은 곳에서 각성이 일어나는 청정한 믿음을 일으킨다는 것을 마땅히 알아야 하느니라.

須菩提(수보리): 수보리야

如來悉知悉見(여래실지실견): 여래는 이런 것을 다 잘 알고 보므로

是諸衆生(시제중생): 그렇게 지금 내 가르침에 믿음을 다시 찾는 중생들은 복덕을 누리게 될 수밖에 없는 것이니라.

何以故(하이고): 왜냐하면

是諸衆生(시제중생): 그들 중생들은

無復 我相人相衆生相壽者相無(무부 아상 인상 중생상 수자상): 다시는 자기 자신의 감각기관이 만들어내는 자화상의 종류인 아상·인상·중생상·수자상 따위가 본래 없음을 알게 되고

法相(법상): 내 법, 내 가르침을 자신의 이미지로 나름대로 해석한 법의 상도 없고

亦無 非法相(역무비법상): 사람들이 만들어 낸 세상 법에

도 묶이지 않느니라.

何以故(하이고): 왜냐하면

是諸衆生(시제중생): 이 여러 중생들은 이미

若心取相(약심취상): 만약 마음에 상이 있다고 그 믿음을
따라가면

卽爲着 我人衆生壽者(즉위착 아인중생수자): 곧 자기 자신
의 감각기관이 만들어내는 자화상인 아상·인상·중생상·
수자상에 얽매이게 될 것을 바른 기억으로 알아내게 될
것이기 때문이다.

若取法相(약취법상): 그렇다고 지금 나의 법만이 맞다는
생각에 묶여

知我說法(지아설법): 나의 설법이 이런 것이라는 각자 해
석한 그 가르침의 법상에 집착해도

卽着我人衆生壽者(즉착아인중생수자): 곧 아상·인상·중생
상·수자상에 얽매이게 될 것인데

何以故(하이고): 어떻게 생각하느냐?

若取非法相(약취비법상): 두 눈 뜨지 못한 그릇된 인식 위
에 세워진 비법상에 집착한다면

卽着我人衆生壽者(즉착아인중생수자): 곧 자기 자신의 감각기관이 만들어내는 자화상인 아상·인상·중생상·수자상에 얽매이게 된다는 것을 알기 때문이니라.

是故(시고): 그러므로 그대들이여!

不應取法(불응취법): 마땅히 법에 집착하지 말 것이며

不應取非法(불응취비법): 당연히 진실의 법이 아닌 세상 법에는 절대 집착하지 말아야 한다.

以是義故(이시의고): 이치가 이러하므로

如來常設(여래상설): 나 여래는 늘 말하기를

汝等比丘(여등비구): 너희 비구는

如筏喻者(여벌유자): 나의 이 가르침도 뗏목의 비유와 같음을 알아차려

法尙應捨(법상응사): 나의 법마저도 버려야 하거늘

何況非法(하황비법): 어찌 시대 따라 상황 따라 변하는 세상 법에 너의 삶을 맡길 수가 있다는 말이냐?"

✹ 스리랑카

하다 보니 엄청난 말을 했다. 바로 '영원한 현재'라는 말이다. 영

원한 현재에 머물기 위해서는 과거의 모든 감정적 끌어당김에서 자기를 해방시켜야 한다. 회한, 죄책감, 억울함, 후회… 그리고 이것을 녹여 없애는 방법이 금강경의 어법語法인 '억울함은 억울함이 아니다. 단지 억울함이라고 너 자신이 그렇게 너에게 이름 붙여 말하는 것일 뿐이다.' 한자로는 [시是 비非 단지但只 명名]으로 이루어지는 금강경 제10분부터 줄곧 나오는 부처님의 어법이다.

이 어법이 나중에 현장법사에 의해 불교의 '공空'으로 한 방에 정리되었다.

그렇다면 그렇게 참된 인식 바른 인식을 하여 그 모든 것을 공으로 보는 주체는 누구인가?

바로 '지켜보는 나'이다. 지켜보는 나가 어떻게 나의 새로운 인식 주체가 될 수 있을까? 혹시라도 걱정이 되어 말하지만 지켜보는 나를 자신의 새로운 인식 주체로 삼겠다고 결심하면 100% 가짜 사이비 지켜보는 나가 나온다. 이 말은 금강경 제26분에 나오는 아주 중요한 말이기도 하다. 지켜보는 나가 일을 하게 하는 방법은 오직 하나뿐이다. 바로 자기를 보는 공부를 하여 밀가루 반죽처럼 같이 뭉쳐있던 나를 '보는 나'와 '보이는 나'를 마치 밀가루와 물을 나누듯이 나눔을 하면, 다시 말해서 당신의 감정을 지켜보는 '참된 인식을 할 수 있는 보는 나'를 바로 세우면 그때 '지켜보기 시작하던 나'가 슬슬 나오기 시작한다. 그때부터 당신 인생에 기적을 초대하는 것이다. 그리고 그 순간이 영원한 현재이다.

딸아이에게 이상한 소리를 들었다. 요즘 자기 친구들은 월말에 신용카드 결제할 돈이 없어도 그냥 카드를 긁는다는 것이었다. 그러면서 이렇게 말한다고 한다. "월말 결제는 월말의 나에게 맡기면 돼." 실제 그 아이들의 월말에 무슨 상황이 벌어졌는지 나는 모른다. 그리고 그 아이들이 그 말을 알고 사용하는지 그냥 멋으로 사용하는지도 나는 모른다. 그러나 분명하게 아는 것이 있다. 그들의 말이 진짜 진실 된 금강경의 가르침이라는 것을 안다. 만약 그 아이들이 그 말을 그 아이들 영혼 핵심부 깊숙한 곳에서 나와 그렇게 말한다면 반드시 그 말은 이루어지게 되어있기 때문이다. 그리고 그 말 속에 영원한 현재의 정확한 의미가 숨겨져 있기 때문이다. 월말은 없다. 카드 긁는 시점의 지금 이 순간이 있고, 월말의 지금 이 순간만이 있을 뿐이기 때문이다. 이 말은 아주 어렵게 들릴 수 있지만, 지금과 월말의 수자상을 벗어난, '지켜보는 나'는 그럴 수 있겠구나 정도로 이해해도 도움이 될 것 같다.

그래서 그런지 우리 부모세대인 왜정시대 6.25 등의 난리통에 태어난 우리 부모들 중의 대다수는 지구에 살던 사람들이고, 소위 베이비부머라고 하는 한국의 50~70대 사람들은 지구상에 살던 사람, 호랑이 늑대 등 인간에 의해 멸종되어 그 영혼이 다시 몸을 받을 수 없어 할 수 없이 인간으로 태어난 사람, 간혹 천상에서 살던 사람들이 섞여 있고, 1986년 이후에 태어난 소위 MZ세대들은 천상에서 살다가 자신 영혼의 마지막 대미를 장엄하게 꾸미기 위해 몸을 받아 나온 존재들이라는 말이 어쩌면 맞을지도 모르겠다는 생각을 간혹 한다. 이 말은 충청북도 구인사에서 천태종을 창종하신 상월조사님의 말씀이기도 하다.

제7분

금강경을 공부해도
그릇된 환희심은…

통상적으로 전해지는 금강경은 32분이 제일 마지막이다. 그러나 독자분들은 처음으로 33분짜리 금강경을 보시게 될 것이다. 그 이유는 지금 공부하는 금강경 무득무설분이 32분 다음에 다시 나오기 때문이다. 왜 그런가? 아마도 당신은 금강경을 다 들은 다음, 엄청난 환희심으로 이제 이 세상의 모든 일도 다 해결할 것 같은 자신감을 갖게 될 것이다. 그러나 필자 경험상 그 순간이 가장 위험하다. 인공지능 시대가 왔다고 좋아도 하고 걱정도 하지만 걱정하는 사람들은 100% 지적인 힘으로 다른 사람들보다 우위에 있던 사람들일 것이다. 그런데 금강경을 공부한 사람은 어떤 인공지능보다도 우위에 서게 된다. 왜냐하면 인공지능은 한 분야의 모든 정보의 총합이라고 하지만 욕심 많고 숨기기 좋아하는 모든 지적인 인간들이 자기 정보를 인공지능에 투입하지 않을 것이기 때문이다. 그리고 인공지능은 어떤 의도를 가진 분야, 바둑이면 바둑, 기술이면 기술, 역사면 역사 그러한 정보의 바다이다. 그러나 대부분의 정보는 어떤 의도를 가진 자들의 정보일 것이다. 즉 유위법有爲法하에서의 정보라는 말이다.

그런데 부처님의 지혜인 아뇩다라삼먁삼보리는 의도된 목적하에서 생긴 지혜가 아니다. 그리고 부처님이 하시는 모든 말도 특정 대상의 의도적인 타깃층을 위해서 하신 말씀이 아니다. 그래서 부처님이 갖게 되신 지혜는 무유정법 명 아뇩다라심먁삼보리 즉 '아뇩다라삼먁삼보리라고 이름 붙일 수 있는 그런 지혜는 없다.'라는 것이다. 또한 "부처님이 '이렇게 말했다!'라고 이름을 붙일 그런 말을 하신 적이 없다."라며 무유정명 여래가설이라는 말도 나온다. 그런데 독자 분들이 금강경을 32분까지 다 공부하신 다음, "아 알았다! 이제 나도 이렇게 해야지!" 그러면서 산도 지나가고 태풍도 뚫고 가고 운명아 비켜라 내가 간다! 그렇게 새로이 일을 시작하면 필자처럼 반드시 부상을 당하게 된다고 미리 말씀드리고 싶다. 그래서 본 금강경은 32분 다음에 이 7분을 다시 공부할 것이다.

 다음 금강경 8분에는 우리의 잠자던 '지켜보는 내'가 나의 새로운 주체가 되어 세상을 살게 되는 의법출생분이 시작된다. 그래서 그런지 금강경의 각 분명을 붙이신 눈 밝은 도인들이 후배들을 위해 걱정하는 것이 참 많으셨던 것 같다. 왜냐하면 여래의 세계 즉 지켜보는 나와 보살들이 같이 있는 공간은 우리 언어로 소통되는 의식세계가 아니기 때문이다. 그래서 부처님은 '나는 말을 하기는 하지만 아무런 말을 한 것이 없다!'라고 밝히시는 것이다. 이런 이치를 모르는 분들이 의법출생한 다음에 부처님에게 수기를 받았다고 하고, 예수님을 만났다고 하고 옥황상제를 만났다고 하는 것이기 때문이다.

7. 無得無說分(무득무설분):
원래 내 안의 지켜보는 나는
우리 언어로 소통하지 않는다

 須菩提 於意云何(수보리 어의운하): "수보리야, 너의 생각은 어떠하냐?

如來得阿褥多羅三邈三菩提耶(여래득아녹다라삼먁삼보리야): 나 여래가 창조의 지혜, 전지전능의 지혜인 '아녹다라삼먁삼보리'를 얻었다고 생각하는가?

如來有所說法耶(여래유소설법야): 또 여래가 설한 법이 있다고 생각하는가?"

須菩提言(수보리언): 수보리가 대답하였다.

如我解佛所說義(여아해불소설의): "부처님께서 말씀하신 뜻은

無有定法(무유정법): 에고의 부처가 아닌 셀프의 부처 즉 지켜보는 나의 부처의 작용인

名阿褥多羅三邈三菩提(명아녹다라삼먁삼보리): 그 창조의…지혜, 실지실견, 전지전능의 지혜인 '아녹다라삼먁삼보리'이기에 세상의 언어로 명명할 그 무엇은 없습니다.

亦無有定法(역무유정법): 그러한 이유로 말로 할 수 없는 그 세상의 언어를

如來可說(여래가설): '여래께서 이렇게 말했다!'라고도 저는 말할 수 없습니다.

何以故(하이고): 왜냐하면

如來所說法(여래소설법): 여래께서 설하신 법은 지켜보는 나가 설한 법이기에

皆不可取(개불가취): 다 귀로 마음으로 이해할 수 있는 것이 아니며

不可說(불가설): 말할 수도 없으며

非法(비법): 또한 절대법도 아니며

非非法(비비법): 그렇다고 이분법적 양극성의 상대법도 아니기 때문입니다.

所以者何(소이자하): 그 까닭은

一切賢聖(일체현성): 모든 성스럽고 현명한 사람들도 모두 말로 안 되고 글로 안 되는 지켜보는 나의

皆以無爲法(개이무위법): 무위의 법으로써 나타내기 때문입니다."

✸ 스리랑카

본래 금강경의 법法은 진리의 절대법이다. 반면 금강경의 비법非法은 항상 반대편 극성을 갖는 상대법이다. 이 말은 독자 분들이 10번은 읽고 가셨으면 좋겠다. 왜냐하면 비법을 알아야 진짜

정법을 사용할 수 있기 때문이다. 예를 들면 사람들은 여러 이유로 싸우고 다툰다. 그러면 마음에 어떤 응어리가 남는다. 그 응어리를 마음에 들면 유지하려고 하거나 강화하려고 하고, 마음에 들지 않으면 바꾸려고 하거나 없애려고 한다. 무슨 수를 써서라도 말이다. 그러면 당신의 미래는 고통으로 반드시 돌아올 것이다. 그 세상에서 변호사들이 의사들이 혹은 똑똑하다는 사람들이 둘 중의 하나를 고르라고 선택하는 인간세상의 모든 법은 정답이 아니다. 그래서는 당신은 사주가 맞건 안 맞건 별자리 운세가 정확하건 아니건 당신은 변할 수가 없다.

어찌 되었건 우리는 우리의 언어로 소통이 되지 않는 여래와 통해야 한다. 여래를 보거나, 만나거나, 그 여래의 힘을 쓰려면 여래와 자신이 통通해야 한다. 그런데 여래는 바뀌지 않는다. 방법은 하나다. 우리가 여래의 언어를 알아들을 수 있는 경지로 바뀌는 것뿐이다. 그리고 그것은 무엇을 배우는 것도 아니다. 본래 근원의 우리가 알고 있는 방법이기 때문이다. 그래서 태곳적부터 우리가 지니고 있는 '앎'의 기억을 끄집어내면 되는 것이다. 그것을 끄집어내는 이치는 오직 하나, 자기 생각의 힘을 하나의 대상에 주는 것이 아니고, 그 대상이 사실 범소유상 개시허망이어서 우리 인식에 잡히는 모든 상이 진실 된 상이 아닌 실체 없는 것이니 평가, 판단, 비판하지 말고 그대로 그냥 눈에 담아두고 귀에 담아둔 채 인식만을 바꾸라는 것이다. 그것을 '바로 본다!'라고 인간의 언어로 표현한 것이다.

반야심경에는 '조견 오온'이라는 말이 나온다. 20여 년 전 오온五蘊이 뭐냐고 물으니 네 몸과 마음이라고 누가 가르쳐 주었다. 그래서 "내 몸과 마음을 어디에 비추어보라는 것인데요?"라고 물으니 그는 이렇게 말했다. "니 마음에 비추어보는 거지 어디에 비추겠어?"

그 퉁명스러운 말은 정답이기는 했고, 말은 그럴듯했지만 나의 문제를 해결하지는 못했다. 그러나 독자 여러분들은 걱정할 것 없다. 여러분들은 이제 조만간 필자가 21년간 준비한 거울을 드릴 것이다. 하늘 거울 이른바 천경天鏡이다. 관세음보살 관자재보살은 그 하늘 거울에 자신의 몸과 마음, 마음 중에서도 느낌, 생각, 지금도 어떻게 하고 싶은 행동, 지난날의 감정 조각들을 비추어보면 모든 것이 공空이라고 했다. 그리고 그것이 공인 덕택에 모든 고액苦厄을 풀어 해결할 수 있다고 했다.

그러니 우리는 우리가 풀고 싶은 상황을 그리고 바라는 것들을 일단 보는 나로 가슴에 올려놓고 관觀하고, 한 걸음 더 내디뎌 그 상황과 현재의 답답한 처지를 참된 인식을 통해서 그렇게 보기만 하면 어떻게 될까?

다 해결된다!

누가 그렇게 해주는데요?

그 상황을 만들어냈던 당신의 영혼이 그 상황을 거두어들인다.

어떻게요?

당신의 지켜보는 나가 당신으로 하여금 지켜보는 나의 존재를 알게 하려고, 항상 순간순간의 이익과 손해의 성공 확률에만 매달려 살던 당신이 이제야 비로소 제대로 된 삶의 방향성을 잡았기에 당신이 출연하고 있는 대본에서 당신의 역할을 바꾸어버리는 것이다.

그럼 내 영혼은 하는 것이 없나요?

아니다. 사실 그 영혼이 다 하는 것이다. 그 영혼이 당신이 삶의 체험을 통해 느끼고 싶었던 느낌을 더 이상 느낄 필요 없이 그 느낌의 끝을 맛보았기 때문에 삶의 빗장을 풀어버리는 것이다. 더 이상 자신을 보호할 필요가 없기에, 죽음이 두렵지 않기에…. 그래서 우리는 그 영혼에게 주었던 힘을 전체 속으로 풀어놓는 것을 해야 한다. 이것은 필자의 체험으로는 아무도 가르쳐 주지를 않아서 아니 필자가 납득할 방법으로 필자를 이끌어줄 선지식을 만나지 못해서 너무나 어려운 일인 줄 알았는데 직접 해 보니 아주 간단한 일이었다. 그 이유가 뭘까? 혹시 스리랑카에서 무슨 일이 있었을까? 부인하지는 않겠다. 그러나 그 이전의 체험을 스리랑카 다녀온 이후로 두 번째 체험을 하면서 그 체험의 정체를 알게 된 것이라는 것도 알게 되었다. 지켜보는 내가 무슨 일을 어떻게 하는지를 체험한 것이었다. 이 체험으로 앞의 모의고사 문제를 정확히 핵심 파악하고 답이 실현될 확신감으로 넘쳤다. 당신들에게도 곧 일어날 일이니 잘 기억하길 바란다.

깨어남의 비밀 –
당신은 어떤 소원도 다 이룰 수 있다

참 대단한 선배 수행자들이라는 생각을 하지 않을 수 없다. 어떻게 이 부분의 이름을 '법에 의해서 다시 출생하라!'라는 낙처를 그렇게 정확히 잡아낼 수 있었다는 말인가? 필자는 21년이나 걸렸는데…. 그런데 사실 그것은 매우 간단한 일이다. 필자가 21년이나 걸린 이유는 필자의 의식 수준이 오직 생존모드와 번식모드라는 아주 낮은 단계의 수준에 머물러 있었기 때문이다. 그리고 그렇게 낮은 단계에 머물렀던 이유는 단 하나! 두려움이었다.

사람들은 자신이 두려움의 포로라는 것을 모른다. 필자도 나 자신이 두려움이 없는 사람이라고 생각했다. 그런데 아니었다. 나의 모든 삶이 두려움이었다. 주위에서 그것을 강요받으면서 살았으니까. 이것은 부모에 의해서 시작된다. 한 살이 되어 돌이 되면 우리 아기도 어서 걸어야 한다고 생각하는 부모들은 자신의 자녀를 남과 비교해대기 시작한다. 두 살이 되면 다른 아이들처럼 젖을 떼어야 한다고 강요하기 시작한다. 세 살이 되면 1, 2, 3, 4… 가나다라 등등의 글자를 알아야 된다고 요구하기 시작한다. 우리는 그렇게 주변이 요구하는 수준에 도달하지 못할까 봐 영혼 깊숙한 곳에서부터 두려움이 시작되는 것이다. 이것이 나중에 학교 성적, 좋은 배우자, 훌륭한 자식, 돈, 승진, 병, 그리고 자동차, 집 등에 이어 죽음에 대한 두려움으로 평생을 살다가 결국 그 두려움이 현실로 된다. 그것이 사람의 인생이다.

이제 당신이 법에 의해서 다시 출생하려면 무엇이 필요한지 알겠는가? 바로 두려움에서 해방된 당신이다. 이것을 정확하게 핵심으로 가르쳐주는 부문이 금강경 제8분이다. 여기에서는 "어떤 사람이 엄청나게 많은 보물을 보시하고 난 후 그로 인한 법계의 정산 작용으로 받게 되는 복덕이 얼마나 많겠느냐?"라는 부처님의 질문으로 시작한다. 참고로 한글로 된 금강경에서는 "그 사람이 받게 되는 복덕은 복덕성이 아니므로 많은 복덕을 받게 됩니다."라고 수보리 존자가 대답하는 것으로 되어 있으나, 필자는 그것이 옳지 않다는 판단을 하고, 이 부분에 대한 답은 부처님께서 하신 것으로 해석했다. 알다시피 한문은 띄어쓰기가 없어서 누가 한 말인지는 이렇게 해석할 수도 있고, 저렇게 해석할 수도 있기 때문에 필자의 해석 방법이 맞다 그르다 그럴 필요가 없다. 중요한 것은 왜 복덕이 복덕성이 아닐까 하는 부분이다. 이것을 알면 당신은 정말 다시 태어날 수 있다. 다시 태어난다는 것은 보는 나, 보이는 나, 지켜보는 나, '자성 3 나아我'를 실현할 수 있게 된다는 뜻이다. 그렇게 되면 당신은 기도의 비밀을 알게 된다. 자 시작해보자.

왜 부처님은 그렇게 많은 보시를 한 사람의 복덕은 복덕성이 아니라고 말씀하신 것일까?

그 이유는 복덕의 성품이, 복덕의 정체가 두려움이기 때문이다. 그리고 그 사람의 보시는 두려움에서 나온 행위가 아닌 보시이기에 엄청나게 받은 법계의 정산 작용이 그에게 일어난다고 하시는 말씀이다. 당신은 이제 머지않아 '시복덕 즉비복덕 시고 여래설 복덕다'의 이 구절이 기도의 비밀임을 알게 될 것이다. 그렇게 되면 당신의 기도는 하늘을 움직이게 된다. 당연히 당신의 소원은 성취되지 않을 수 없게 된다.

대부분의 사람들에게 복덕은 아주 중요하다고 생각된다. 복이 남보다 없으면 안 될 것 같고, 복을 못 받으면 안 될 것 같고, 복이 없다면 정말 아무것도 가질 수 없고 행복하지 않다고 생각한다. 그렇다면 복은 무엇일까? 없으면 없어서 두렵고, 있으면 사라질까 두렵고, 복덕이 있어도 줄어들까 두렵고, 나가서 다시 안 돌아올까 봐 두려운 것이다. 이것은 천신들 산신들에게도 마찬가지다. 그래서 복덕의 정체는 복덕의 본성은 '두려움'인 것이다.

그러면 금강경 8분에서 삼천대천세계를 꽉 채워 보시한 사람은 어떤 보시를 한 것일까?

그런데 부처님은 여기서 한 걸음 더 내디디신다. 저렇게 복덕의 정체를 바로 알고 보시한 사람보다 이 금강경의 뜻하는 바나, 혹은 금강경의 범소유상 개시허망 약견제상비상 즉견여래의 낙처를 잘 받아 이 진실을 남에게 전해주면 그 사람이 받게 되는 복덕은 앞의 사람이 한 복덕보다 훨씬 더 크고 막대하리라고 말씀하신다. 왜일까?

기억하는가? 필자가 독자분들에게 하늘 거울 천경天鏡을 드리겠노라는 말을 말이다. 우리가 알고 있는 나를 필자가 '보이는 나'

로 표현한 사실을 기억하는가? 우리 앞에 펼쳐진 모든 상황과 우리의 몸은 자신의 의식이 투영된 것이라는 말을 기억하는가?

사실 이런 말들은 카메라의 이치나, 우리 눈의 이치를 초등학교 시절에 배운 사람들은 쉽게 이해할 수 있다. 눈앞에 펼쳐진 모든 현상을 본다는 것은 자신의 망막에 비추어진 상을 자신의 뇌가 다시 재조립해서 습관적으로 받아들이는 것임을 기억해내면 된다. 필자 주변에 비트코인을 10년 전에 채굴해서 최근에 50억 원 어치를 다 팔아 현찰을 만든 사람이 있다. 반면에 필자의 지인이 10년 전에 비트코인을 채굴하여 가지고 있는 사람을 만났는데, 그 사람이 핸드폰에 암호화폐 지갑을 만들어 비트코인 1만 개를 줄 테니 핸드폰을 잠깐 달라고 요청했다고 한다. 하지만 필자의 지인은 그게 무슨 소리인지 몰라서 받지 못했다. 왜 두 사람에게 그런 차이가 생긴 것일까? 바로 '인식 능력'이다. 인식 능력의 차이는 그 사람의 의식 수준에 따라 7가지 단계가 있다. 독자분들은 그 7가지 의식단계에서 마지막 단계까지 자신의 의식 수준을 높이는 공부를 하고 있는 중이다. 지금 대부분의 독자들은 2단계 혹은 3단계 수준에 있다.

다시 본론으로 돌아가서 앞의 보물을 보시한 사람은 그 보시와 그로 인해 발생되는 정산에 의해 그에게 들어올 복덕에 대한 인식을 어떻게 하였을까? 꿈으로 인식하였다. 여러분은 금강경 32분에서 이것을 다시 정리할 것이지만 여기서는 답만 알고 이 공부를 계속해보자. 그런데 뒤의 금강경의 낙처 혹은 금강경 사구게의 낙처를 남에게 보시한 사람은 왜 앞의 사람보다 정산되어 들어오는 복덕이 더 많다는 것일까? 이 사람은 꿈에서 깨어나 앞에서 행한 사람의 보시보다 더 많은 보시를 한 번이 아니라 수없이 더 할 수 있는 사람이기 때문이며, 다른 사람들도 그렇게 앞의 사람 같은 막대한 재물 보시를 할 수 있게 만든 사람이기 때문이다. 아마도 독자분들은 부처님이 금강경 4분에서 알거지 1,250명의 스님들에게 보시를 하라고 하신 부처님의 진심을 여기서는 완전히 파악하신 분들이 많으실 것이다.

8. 依法出生分(의법출생분) : 지켜보는 나로 다시 태어나라!

須菩提 於意云何(수보리어의운하): "수보리야! 그대 생각은 어떠한가.
若人滿三千大千世界七寶(약인만삼천대천세계칠보): 만약

어떤 사람이 삼천대천세계를 칠보로 가득 채워

以用布施(이용보시): 모두 보시를 한다면

寧爲多不(영위다부): 정말 많지 않겠느냐?"

須菩提言(수보리언): 수보리가 대답했다.

甚多 世尊(심다 세존): "매우 많을 것이옵니다. 세존이시여."

何以故(하이고): "그런데 왜 그런지 알겠느냐? 수보리여!

是福德(시복덕): 그 사람이 받게 되는 복덕은

卽非福德性(즉비복덕성): 복덕의 상품이 아니기 때문이니라. 복덕성 즉 복덕의 성품은 언젠가는 소멸한다는 것이며 그 소멸은 두려움이니라. 그러한 복덕성의 본성이 아닌 즉 두려움을 넘어선 보시를 그 사람은 한 것이니라.

是故(시고): 이러한 연고로

如來說福德多(여래설복덕다): 나 여래는 그 사람이 받게 되는 복덕이 많다고 말하는 것이니라.

若復有人(약복유인): 그런데 만일 또 어떤 사람이

於此經中(어차경중): 이 경 가운데

受持乃至四句偈等(수지내지사구게등): 다만 4구게만이라

도 나의 이번 가르침의 원리를 알아 받아 지니고 살면서

爲他人說(위타인설): 다른 사람에게도 그 이치를 설명해

준다면

其福勝彼(기복승피): 그 복덕은 저 칠보로 보시한 복덕보

다 훨씬 클 것이다.

何以故(하이고): 이 이치를 알겠느냐?

須菩提(수보리): 수보리야,

一切諸佛及諸佛(일체제불급제불): 세상에 알려진 모든 부

처님이나 또한 알려지지 않은 법계의 부처님들이 모두

阿耨多羅三邈三菩提法(아뇩다라삼먁삼보리법): 이 엄청난

지혜의 바다인 '아뇩다라삼먁삼보리'에서 그 부처님들의

법을 설하셨기 때문이며

皆從此經出(개종차경출): 그 모든 법들은 모두 다 이 가르

침에서 나온 것이기 때문이니라.

須菩提(수보리): 수보리야,

所謂佛法者(소위불법자): 이른바 사람들이 부처님 법이라

고 하는 모든 불법이라는 것도

卽非佛法(즉비불법): 곧 그들이 인식하고 있는 불법은 아

니니라."

✷ 스리랑카

스리랑카에서 스리랑카 말로 저녁 예불을 올리는 모습을 보았다. 우리나라 예불과 달리 30분씩이나 하는 예불이었다. 스님과 재가자들이 같이하는 양상이었다. 마치 불자들이 예불문과 천수경을 같이하듯이⋯. 그런데 중간 중간 '사두 사두 사두'를 재가자도 스님도 같이하는 것이었다. 나는 '사두'라는 말의 의미를 알고 있었다. 나는 그 사두라는 말이 부처님이 "잘했어 잘했어."라고 칭찬하는 말로 이미 알고 있었다.

그래서 스리랑카 스님에게 물어보았다. "스님이 사두 사두 사두 하시는 것은 이해가 되지만 재가자가 사두 사두 사두 하는 것은 누구에게 하는 것입니까?"

스님의 답은 이랬다. 세 번째 사두에 대한 스님의 해설은 나에게 충격을 줬고, 희미하던 믿음에 대한 확신을 주었다. 한번 같이 보자.

"첫 사두는 자기 부처가 자기에게 하는 칭찬입니다.
두 번째 사두는 자기가 지금 예불을 같이하는 도반들에게 하는 칭찬입니다.

세 번째 사두는 그 도반들의 부처가 우리에게 하는 칭찬입니다."

금강경에는 복덕 이야기가 참 많이 나온다. 그리고 곧바로 금강경 가르침 혹은 사구게와 비교가 된다. 이러한 금강경의 구성은 몹시 중요하다. 특히 물질 세계를 살아가야 하는 21세기 모든 세계인들에게 더욱 그렇다.

부처님은 처음에 복덕이라는 미끼를 수보리 존자에게 던지시며 '많다, 많지 않다'라는 비교를 통한 질문을 했다. 수보리는 "많다!"라고 답함으로써 스스로가 일주문 밖 상대성의 세계인 유有무無, 생生멸滅의 이분법의 세상에 여전히 있음을 드러냈다.

그래서 어떤 경전에도 그런 말이 나올 리 없지만, 그리고 부처님 인품에 그런 말을 하실 리 없지만 나 같으면 이랬을 것이다.

"아이구 이 녀석아. 나는 죽음이 없음을 알고 죽을 수 있는 가르침을 너에게 주고 있는데, 너는 죽음도 아닌 그까짓 복덕을 실제로 존재한다고 보느냐? 이 녀석아 죽음도 그 실체가 없는데 복덕 따위가 무슨 실체가 있을쏘냐? 그렇게 그 사람이 한 보시는 복덕성 즉 언젠가는 소멸해버리는 그러한 복덕의 성품이 없는, 다시 말해 두려움이 아닌 같은 존재로서 사랑으로 행한 보시였기에 그 사람이 받게 되는 복덕이 많다고 하는 것이니라.

그리고 이 친구야! 나는 내가 가르치는 불법도 불법이 아니라고 말하였느니라. 생각해보라! 성도 없는데 법이 어찌 있을 것이란 말이냐?

내가 열반한 후 동쪽 신라국에 의상이라는 나의 제자가 나의 궁전의 보물을 가져다가 '법성게'라는 큰 가르침을 요약해 줄 것이니라.

법과 성은 항상 같이 작용하여 두 가지 상이 아니지만(법성원융무이상)

그중에 법은 본래 없는 것이 같이하고 있는 것이니라(제법부동본래적).

모든 법에는 이런저런 이름도 붙고 형상도 있기는 하지만

다 꼭두각시 같은 것들이니라(무명무상 절일체).

그런데 이것은 자기가 체험해야 알 수 있는 경계이니…

주위를 잡고 있는 수련, 허공을 삼키는 훈련을 게을리하지 말거라(증지소지 비여경)."

'주위를 잡고 있는 것'은 '지켜보는 나'와 튜닝을 하고 있는 것임
을 여기서는 알고 가도록 하자!

2장

마음이
부처를 만들고
마음이
부자를 만든다

그놈 목소리와
꿈을 고치려던 나의 어리석음

이제 부처님이 본격적으로 제자들을 탁마하시기 시작한다. 후대 선지식들이 간파한 것처럼 "나의 불법이 불법이 아니다!"라는 말씀까지 하셨으므로 수보리 존자와 1,250인 제자들은 이제 다시 태어나야 할 것이다. 그런데 여전히 수보리 존자는 엉뚱한 이야기만 한다. 비유하자면 회사 사장이 보기에는 모두가 자신과 같이 일하는 고마운 동료들인데, "나는 사원이니까…" "나는 이제 대리니까…" "나는 이제 과장이야…" "그래? 나는 부장인데?"라고 나름 한 가닥씩 한다는 수행자의 계위 수다원, 사다함, 아나함, 아라한에 대해 물으시는 것이 바로 그것이다. 그래서 이곳 금강경 9분 다음 10분에는 보살들의 세계를 잠시 맛보여 주는 장엄 정토분이 등장한다.

수다원, 사다함, 아나함, 아라한이란 무엇인가? 우리 공부 방식으로 볼 때 거울 속의 나, 꿈속의 나의 변화된 모습이다. 잊지 말라! 금강경은 우리 앞에 우리 현실에 펼쳐진 모든 상황은 자기 자신의 의식이 투영된 거울이라는 것을…. 거울 속의 상, 혹은 꿈속에서 각자의 역할을 맡은 출연자일 뿐이다. 그런데 지금 수보리 존자는 어떤가? 그는 여전히 수다원이라는 꿈보다 사다함이라는 꿈을, 사다함이라는 꿈보다 아나함, 아라한이라는 꿈을 높이 평가하고 있으며, 심지어 아라한으로서 부처님께 칭찬을 듣는 자신의 모습을 부처님이 묻지도 않으셨는데 엄청나게 길게 자기 이야기를 한다. 부처님은 어떻게 보셨을까? "이놈아! 꿈을 고치면 뭐 하고, 꿈이 좋아지면 뭐 하나? 꿈에서 깨어나야지!" 하실 것이다. 즉 거울 속의 수보리를 고칠 것이 아니라, 거울 밖의 수보리가 보살 수보리가 되어야 하는데 그는 아직도 거울 속 모습을 고치려고 하는 것이다. 왜 그럴까?

수보리 존자는 사람들이 후배 제자들이 자신에게 하는 모든 행위가 꿈속의 장면인 것을 아직 모르고 있다. 결국 자기가 만든 자화상 속에서 자기 목소리에 행복해하는 꿈에 빠져있는 상태다. 필자는 요즘 들어 스스로에게 하는 말이 있다. '나는 평생 보이스 피싱을 당하며 살면서도 범인 잡을 생각도 안 하고 살았구나.'라는 말이다. 관세음觀世音보살이라는 단어는 불교 신자가 아니라도 한국 사회에서는 꽤 익숙한 말이다. 그는 세상의 소리를 다 듣는 것이 아니라 관한다고 했다. 그래서 볼 관觀에 세상의 소리라고 하여 '세음世音'이다. 그런데 세상의 소리는 어디에서 나올까? 참 좋은 세상이다. 요즘은 다 알 수 있다. 세상의 소리는 바로 '자기의 소리'다.

이해를 쉽게 도와주겠다. 앞에서 이야기했지만 다시 하겠다. 우리는 눈으로 무엇인가를 본다. 그런데 눈은 영상을 카메라처럼 받아들인 후 그것을 자신의 뇌로 보내는 것이다. 그리고 뇌는 그것을 다시 우리가 이해하기 쉽게 뇌에서 영상을 만들어 앞으로 보내면, 그때 우리는 그것을, 무엇을 보았다고 인식하게 된다. 그런데 눈만 그럴까? 우리의 귀도 그렇다, 혀도, 코도 ,촉감도 심지어 뇌도 모두 그렇다. 자신의 뇌가 인식한 목소리를 듣는 것이다. 사람들의 뇌는 끊임없이 작동된다. 사람뿐만이 아니라 모든 동식물이 다 그렇다. 모든 인식하는 존재는 인식되는 순간 주파수를 발생한다. 그 진동 주파수가 바로 '소리'다.

우리는 보이스피싱을 당하면 그 목소리의 주인공을 찾아 신고하고 고발하고 미워하고 증오한다. 그런데 범인은 무차별적으로 날아오는 주파수에 채널을 맞춘 자기 자신의 뇌의 소리, 즉 자기 보이스가 그 보이스피싱에 감응하여 동조하는 주파수를 냈을 때 우리는 사기를 당한다는 것이다. 그 많은 생물들이 발산하는 각종 주파수를 '세음世音'이라고 한다.

그것을 다 보고 있는 것이 자기의 지켜보고 있는 나이다. 부처님 제자들 중에는 남들이 자기 보고, 심지어 부처님이 자기를 보고 수다원이라고 했다고 해서, 자기가 수다원이라는 보이스피싱에 걸려드는 사람이 참 많다. 거기에 걸려들지 않는 사람에게 더 매력적인 미끼가 걸린 보이스피싱이 시작된다. 그것이 사다함이라는 미끼다. 그것도 걸려들지 않으면 아나함이라는 미끼를 건 보이스피싱이 시작된다. 그리고 마지막 시험이 시작된다. 이 미끼는 걸려들지 않는 사람이 거의 없다. 바로 아라한이라는 미끼를 건 보이스피싱이다. 수보리 존자는 바로 그 보이스피싱에 자신이 걸려있는 것을 모른다. 그래서 부처님이 드디어 보살 이야기를 다음 장에 하시는 것이다.

9. 一相無相分(일상무상분):
'보이는 내'가 만든 상은 다 헛되고 없어지는 상

須菩提 於意云何(수보리 어의운하): "수보리야, 너의 생각을 다시 묻겠다.

須陀洹 能作是念(수다원 능작시념): 수다원 계위에 오른 사람이

我得須陀洹果不(아득수다원과부): 그 자신이 생각하기에 '나는 수다원과를 얻었노라!'라고 생각하겠느냐?"

須菩提言(수보리언): 수보리가 말하였다.

不也 世尊(불야 세존): "그렇지 않습니다. 세존이시여,

何以故 須陀洹(하이고 수다원): 왜냐하면 이른바 '수다원'이라는 직위 혹은 계위는

名爲入流(명위입류): 이른바 어떤 수준에 들어갔다는 것인데

而無所入(이무소입): 말로 표현할 뿐 우주의 어느 공간에 어느 자리에 들어간 것이 아니기 때문이옵니다.

不入色聲香味觸法(불입색성향미촉법): 그래서 그의 감각기관이 말하는 어떤 것에도 판단을 내리지 않고 받아들이기만 하는 사람들을

是名須陀洹(시명수다원): '수다원'이라고 하기 때문입니다."

須菩提 於意云何(수보리 어의운하): "수보리야, 그럼 이것은 어떻게 생각하느냐?

斯陀含 能作是念 我得斯陀含果不(사다함 능작시념 아득사다함과부): 사다함 계위에 올랐다고 내가 말한 사람들이, 그 자신이 생각하기에 '나는 사다함 과를 얻었노라!'라고 생각하겠느냐?"

須菩提言(수보리언): 수보리가 말하였다.

不也 世尊(불야 세존): "그렇지 않습니다. 세존이시여,

何以故(하이고): 그 이유는

斯陀含 名一往來(하이고 사다함 명일왕래): 사다함이라는 것은 단지 한 번만 더 이 생에 태어난다는 의미입니다.

而實無往來 是名斯陀含(이실무왕래 시명사다함): 그런데 육신이 아닌 의식에게 무슨 오고 감이 있겠습니까? 단지 사다함이라고 할 뿐입니다."

須菩提 於意云何(수보리 어의운하): "수보리야, 그럼 이것은 어떻게 생각하느냐?

阿那含 能作是念 我得阿那含果不(아나함 능작시념 아득아나함과부): 아나함 계위에 올랐다고 내가 말한 사람들이, 그 자신이 생각하기에 '나는 아나함 과를 얻었노라!'라고 생각하겠느냐?"

須菩提言(수보리언): 수보리가 말하였다.

不也 世尊(불야 세존): "그렇지 않습니다. 세존이시여,

何以故 阿那含 名爲不來(하이고 아나함 명위불래): 그 이유는 아나함이라는 것은 이제 사람의 몸은 더 이상 받지 않는다는 의미입니다.

而實無不來 是故 名阿那含(이실무불래 시고 명아나함): 그런데 오고 감이 없는 순수의식에 무슨 오고 감이 있으오리까? 단지 그렇게 아나함이라고 말할 뿐이옵니다."

須菩提 於意云何(수보리 어의운하): "수보리야, 그럼 이것은 어떻게 생각하느냐?

阿羅漢 能作是念(아란한 능작시념): 아라한들은 이런 생각을 하겠는가?

我得阿羅漢道不(아득아라한도 부): 나는 이제 아라한이 되었다고 말이다."

須菩提言(수보리언): 수보리가 말하였다.

不也 世尊(불야 세존): "그렇지 않습니다. 세존이시여,

何以故(하이고): 그 이유는

實無有法 名阿羅漢(실무유법 명아라한): 아라한이다 아니다 규정할 그 무엇이 없기 때문입니다.

世尊(세존): 세존이시여

若阿羅漢作是念(세존 약아라한작시념): 만약에 아라한들이 그런 스스로의 견해에 걸린다면

我得阿羅漢道(아득아라한도): 그 자신이 그 자신에게 나는 '아라한도'를 이제 얻었다 하고 말한다면

卽爲着我人衆生壽者(즉위착아인중생수자): 그 역시 자산의 감각기관이 쏘아대는 견해에 걸린 자이기 때문입니다.

世尊(세존): 세존이시여, 심지어

佛說我得 無諍三昧(불설아득 무쟁삼매): 부처님께서 저는 어느 것과도 다툼이나 마찰이 없는 무쟁삼매를 얻었다고 말씀하시면서

人中 最爲第一(인중 최위제일): 인간의 몸을 받은 자로서 최고 지위에 올랐다는

是第一離欲阿羅漢(시제일이욕아라한): 그리하여 어떤 저

자신의 견해에도 걸려들지 않는 수보리라고 말씀하셨지만

世尊(세존): 세존이시여

我不作是念 我是離欲阿羅漢(아부작시념 아득아라한도): 세존이시여, 저는 그 어떤 세상의 견해에도 걸리지 않습니다.

世尊(세존): 세존이시여

我若作是念 我得阿羅漢道(아약작시념 아득아라한도): 만약 제가 스스로 제가 아라한이라는 생각에 걸려든다면

世尊(세존): 세존이시여

卽不說須菩提 是樂阿蘭那行者(즉 불설수보리 시요아란냐행자): 세존께서는 수보리야말로 진정한 아란냐행을 즐기는 자라고 말씀하시지 않았을 것이라는 것을 저는 압니다.

以須菩提 實無所行(이수보리 실무소행): 저는 제가 어떤 행을 하고 있다는 그 자각의 목소리조차도 흘려보내기에, 행하고 있으면서도 무엇을 하고 있는지 알지 못합니다.

而名須菩提 是樂阿蘭那行(이명 수보리 시요아란냐행): 그래서 부처님께서 저 수보리는 실로 아란냐행을 즐기는 중이라고 말씀하신 것이기 때문입니다."

✳ 스리랑카

스리랑카에서 만난 사리탑 중에 제일 반가웠던 사리탑이고, 참회를 가장 많이 한 사리탑이다. 그 이유는 바로 사리자 존자의 사리탑이었기 때문이었다. 반야심경에도 등장하고, 유마경에서는 아주 바보 취급을 당하시기도 하시고, 법화경에서도 아주 수준 낮은 깨달음을 얻은 자로 묘사되기 때문이다.

나는 스리랑카 선원장스님께 고백을 했다. 나 역시 근본 불교와 아라한님들을 나의 인생 목표로 삼지 않았노라고. 그런데 스리랑카의 어떤 사리탑보다 멋있는 108층짜리 다보탑이 눈앞에 있으면서도 나는 1층에서 2층으로 올라가는 계단을 찾지 못했는데, 그 계단을 스리랑카에서 드디어 발견할 수 있었다고 고백했다.

우리는 '미타 가르마 아라한', 한자어로는 500 아라한 중 320번째 아라한이신 금부락金富樂 아라한의 사리 1과도 모시고 왔다. 참고로 이 금부락 아라한은 미타화상으로도 알려져 있는 복과 재물을 주는 당나라 시대 포대화상의 실제 모델이신 분이다. 사실 나는 이 미타화상의 사리를 받았을 때 기쁨이 대단했다. 사실 부처님 진신사리를 모시고 온다는 것에 그다지 큰 감흥이 없었다. 그 이유는 그동안 너무나 많은 사찰에서 진신사리 법회를 하였기에 그저 그런 또 하나의 생사로 여겼기 때문이다. 그런데 미타장자의 사리라니…. 나는 마치 사람들이 석가탑보다는 다보탑을 사랑하듯이 중생들에게 복과 재물을 가져다주는 미타장자의 사리라는 말에 크게 가슴이 설레는 마음을 가지고 있었다. 그리고 나의 설렘은 아주 정상이고 당연한 일임을 나는 알고 있었다. 복이 없는 지혜는 춥다. 지혜 없는 복은 위험하다. 그러면 어떤 것이 먼저일까? 당연히 복이 먼저이다. 불교 신자들은 지혜가 먼저라고 대답하고 싶었을 것이다. 필자도 오랫동안 그렇게 믿고 살았다. 그런데 아니다. 그래서 금강경 4분에서 부처님은 알거지 제자 1,250명에게 보시를 하라고 가르치신 것이고, 그 공덕에 대해 말씀하신 것이다. 그 증거가 바로 금강경 장엄정토분에서 보살이 국토를 장엄하게 장식하는 이야기이다.

청정심이란?
숫자 0의 비밀과 같다

금강경 10분은 아주 중요하다. 없다는 의미도 있지만 그 없는 것이 무한함으로 나타나는 숫자가 바로 '0'이기 때문이다. 그것을 알고 금강경 10분을 추려내면 아래 4가지 항목이다. 이 4가지를 바르게 섭취하면 당신은 기도의 비밀도 알게 되고 인생의 모든 문제를 해결하고 모든 소원을 이룰 수 있는 배경을 갖게 된다. 무엇이 4가지인가?

1. 莊嚴佛土者 卽非莊嚴 是名莊嚴(장엄불토자 즉비장엄 시명장엄)
2. 淸淨心(청정심)

3. 應無所住 而生其心(응무소주 이생기심)

4. 佛說非身 是名大身(불설비신 시명대신)

　먼저 우리는 첫 번째로 불국토를 장엄하게 한다는 보살들에 대해서 도대체 그들이 무슨 일을 하는지 알아야 할 것이다. 대부분 경주의 불국사를 알고 있을 것이다. 그야말로 눈에 보이지 않는 부처님 나라를 눈에 보이게 만든 사찰이다. 그런데 불국사는 법화경에 등장하는 불국토를 드러낸 것이고, 한국 모든 전통사찰은 불국토를 장엄하게 드러낸 것이다. 그런데 이 금강경 제10분에 그 불국토를 장엄하게 만드는 일을 지금도 하고 계시는 보살들의 일에 대해서 나온다. 그래서 여기서 필자가 독자들에게 요구하고 싶은 것이 바로 유마경의 불국품의 첫머리를 잘 인내하며 보시기를 바란다는 것이다. 이유가 있다. 우리는 금강경을 통해서 참된 인식을 하는 방법을 배우고 있는데, 참된 인식만 하면 뭐가 어떻게 되는데요? 묻고 싶을 것이다. "그저 바라만 보면 어떻게 된다고? 보면 사라진다고? 모든 고통이? 어떻게?"라고 묻고 싶은 분들이 있을 것이다. 그런데 그 답이 사실 금강경 10분에 나온다. 그래서 나는 독자들에게 확실히 주위를 잡고 있으면 어떤 일이 누구에 의해서 어떻게 일어나는지 확인시켜드리려고 한다. (가급적 이 부분은 소리 내어 한번 읽어보시면 좋을 것이다.)

유마경 불국품佛國品

이와 같이 나는 들었다.

어느 때 부처님께서는 비야리의 암라수원菴羅樹園, mraplivana에서 대비구大比丘 8천 인과 3만 2천의 보살들과 함께 계셨다.

그들은 모두 많은 사람들에게 널리 알려진 이들로 부처님께서 갖추신 지혜와, 그것을 얻기 위한 수행을 모두 성취하였는데, 그것은 여러 부처님의 위신력으로 이루어진 것이었다. 그들은 진리를 지키는 성곽이 되어 항상 가르침을 받들고, 사자후를 설하여 명성이 시방세계에 널리 알려졌다.

사람들이 청하지 않아도 스스로가 그들의 벗이 되어 그들의 마음을 편안하게 해주며, 불·법·승 3보가 길이 융성하고 끊이지 않도록 하였으며, 마군과 같은 원수를 항복시켰고, 수많은 외도外道를 제압하였다. (몸과 마음) 모든 것이 청정해져서 번뇌로부터 영원히 벗어나 마음이 항상 편안하게 걸림이 없는 해탈의 경지에 머물러 정념正念·선정禪定·총지總持·변재辯才가 끊이지 않았으며, 보시·지계·인욕·정진·선정·지혜와 그 방편의 힘을 부족함 없이 두루 갖추고 있었다.

무소득無所得의 경지에 이르러 불기법인不起法認: 無生法忍을 이루었고, (그 경지에) 수순하며 다시는 물러나지 않는 법륜을 굴렸으며, 법상法相을 훌륭히 깨달았으며, 또 중생의 근기根를 알아 모든 사람들을 뛰어넘어 무소외無所畏를 얻었고, 공덕과 지혜로써 그 마음을 닦았고, 상호相好로 그 몸을 장엄하여 그 모습이 세상에서 비할 자가 없었다. 하지만 세간의 온갖 장식으로 몸을 꾸미고 있지는 않았다. 그 명성이 수미산을 뛰어넘고, 그 깊고도 견고한 마음은 금강석과도 같았다. (세상을) 진리의 보배로 널리 비춰 주고, 감로甘露를 널리 흩뿌려 주니, 이 세상의 갖가지 말과 소리 가운데 미묘하기가 제일이었다.

연기緣起의 이법理法을 깊이 깨달아서 온갖 사견을 끊어 버렸으므로 있다, 없다고 하는 두 가지 극단적인 견해의 집착이 뒤에 남는 일은 없었다. 법을 연설할 때에는 사자가 포효하듯이 두려움이 없고, 그 강설하는 가르침은 천둥 벼락 치는 것과 같아서 이 세상의 잣대로는 헤아릴 수 없어 이미 그 한계를 아득히 넘어서 있었다. 마치 큰 배의 선장이 이끌어 온갖 진리의 보배를 모으는 것과 같고, 제법諸法의 깊고 오묘한 뜻에 통달하고, 중생이 과보를 받아 왕래하는 세계와 그 중생들 마음의 움직임을 잘 알아 비교할 수 없는 부처님의 자유자재한 지혜와 10력力과 무소외無所

畏, 18불공법不共法에 가깝기까지 하였다.

(중생이 오고 가는) 모든 악한 세계의 문은 빗장을 걸어 잠그면서도 그들은 지옥 아귀 축생 인간계 천상계의 다섯 가지 세계에 태어나 중생의 몸을 나타내고, 대의왕大醫王이 되어 온갖 병을 훌륭히 치료하며, 병에 따라 마땅한 약을 주어 먹게 하였다.

헤아릴 수 없는 공덕을 모두 성취하여 헤아릴 수 없이 많은 부처님의 나라를 깨끗이 장엄하고, 그를 보고 듣는 이 가운데는 은혜를 입지 않은 자가 아무도 없었으며, 그 모든 행해야 할 일을 조금이라도 소홀히 하지 않았으니, 이 같은 공덕을 모두가 한결같이 갖추고 있었다.

그들의 이름은 등관보살等觀菩薩·
부등관不等觀보살·
등부등관等不等보살·
정자재왕定自在王보살·
법자재왕法自在王보살·
법상法相보살·
광상光相보살·

광엄光嚴보살·

대엄大嚴보살·

보적寶積보살·

변적辯積보살·

보수寶手보살·

보인수寶印手보살·

상거수常舉手보살·

상하수常下手보살·

상참常慘보살·

희근喜根보살·

희왕喜王보살·

변음辯音보살·

허공장虛空藏보살·

집보거執寶炬보살·

보용寶勇보살·

보견寶見보살·

제망帝網보살·

명망明網보살·

무연관無緣觀보살·

혜적慧積보살·

보승寶勝보살·

천왕天王보살·

괴마壞魔보살·

전덕電德보살·

자재왕自在王보살·

공덕상엄功德相嚴보살·

사자후師子吼보살·

뇌음雷音보살·

산상격음山相擊音보살·

향상香象보살·

백향상白香象보살·

상정진常精進보살·

불휴식不休息보살·

묘생妙生보살·

화엄華嚴보살·

관세음觀世音보살·

득대세得大勢보살·

범망梵網보살·

보장寶杖보살·

무승無勝보살·

엄토嚴土보살·

금계金髻보살·

주계珠髻보살·

미륵彌勒보살·

문수사리법왕자文殊師利法王子보살 등 3만 2천이었다.

또 대범천大梵天 이하 1만의 범천들이 다른 4대주로부터 찾아와 부처님께 절하고 가르침을 듣고자 하였다. 또 1만 2천의 제석천들도 다른 4대주로부터 찾아와 이 모임에 자리를 잡고 있었으며, 그 밖에도 뛰어난 위력을 갖춘 여러 천신·용신龍神·야차夜叉·건달바乾闥婆·아수라阿修羅·가루라迦樓羅·긴나라緊那羅·마후라가摩羅迦들도 이미 모임에 와서 앉아 있었다. 그리고 많은 비구와 비구니, 우바새와 우바이도 함께 모여 앉아 있었다.

부처님께서는 헤아릴 수 없는 수많은 사람들에게 둘러싸여 공경을 받으며 그들을 위하여 법을 설하고 계셨는데, 그 모습은 마치 수미산이 대에 그 모습을 드러내고 있는 것과 같았으며, 온갖 보물로 장식된 사자좌에 앉아 여러 곳으로부터 찾아온 대중들을 그 위광威光으로 남김없이 덮고 있었다.

그 당시 비야리성에 장자의 아들 보적寶積이라는 젊은이가 있었다. 그는 5백 명의 장자의 아들과 함께 저마다 7보寶로 꾸민 일산日傘을 받쳐 들고, 부처님께서 계신 곳을 찾아와서 부처님의 발 아래 엎드려 예배하고 들고 온 일산을 모두 부처님께 공양하였다. 부처님께서는 그의 위신력으로 일산들을 합쳐 하나로 만들었고, 그것으로 삼천대천세계三千大千世界를 모두 덮었다. 그리하여 이 세계의 드넓은 모습이 그 안에 모두 나타났다.

그뿐만 아니라 삼천대천세계의 모든 수미산須彌山과 설산雪山·목진린타산目眞隣陀山·마하목진린타산摩訶目眞隣陀山·향산香山·보산寶山·금산金山·흑산黑山·철위산鐵圍山· 대철위산大鐵圍山과 대해大海와 강물과 냇물과 샘물 그리고 해와 달과 성신星辰·천궁·용궁, 그 밖의 다른 온갖 신神들의 궁전이 모두 그 7보의 일산 안에 나타났다. 또 시방의 모든 부처님들과 그 부처님들이 법을 설하는 것도 7보의 일산 안에 역시 나타났다.

모든 대중이 부처님의 위신력을 보고는 아직 한 번도 겪어 보지 못한 일이라 찬탄하였으며, 합장하고 부처님께 예배하였다. 그들은 부처님의 얼굴을 우러러보며 눈을 떼지 못하였다.
이때 장자의 아들 보적이 부처님 앞으로 나아가 게송偈頌을 읊었다.

그런데 왜 수보리 존자는 보살들이 이렇게 세상을 장엄하게 한다는 것을 잘 알고 있으면서 엉뚱한 질문을 계속하는 것일까? 보라! 수보리 존자는 이렇게 말한다. "장엄불토자 즉비장엄 시명장엄"이라고 한다. 앞에서 부처님이 "복덕은 복덕성이 아니기에 복덕이 많다!"라고 하시는 어법과 유사하며 이 어법은 금강경에서 이제부터 내내 등장하니 당신들은 이 표현에 익숙해져야 한다. 그리고 이미 말했듯이 이 어법은 후에 간단하게 공空으로 정리된다. 그런데 왜 색인데 공이라고 할까? '보이는 나' 입장에서는 장엄이지만, '지켜보는 나' 입장에서는 장엄이 아닌 것이다. 왜 그럴까?

불국토 장엄이라고 인간의 언어로 말을 하면 어떤 의미가 되는가? 장엄하게 하다는 동사이다. 주어는 보살일 것이다. 목적어는 불국토가 된다. 이 말은 무슨 말이 되는가? 인식 주체와 인식 대상이 나누어지고 그 사이에 어떤 행위가 있다는 말이 된다. 진여의 세계 진실의 세계 인주문 안의 세계에서는 그렇게 주체와 객체가 나누어지지 않고 하나이기 때문이다. 그래서 '장엄은 장엄이 아니고 그냥 3차원 중생들 알아듣게 장엄이라고 할 뿐입니다.'가 되는 것이다.

　이제 당신은 네 번째 핵심 즉 '불설비신 시명대신', "부처님이 말씀하시는 큰 몸이라는 것은 큰 몸이 아닙니다. 단지 그냥 3차원 중생들 알아듣게 장엄이라고 할 뿐입니다." 왜일까? 크다 작다는 낮의 꿈에서나 나오는 즉 상대성 이분법의 세상에서나 가능한 비교 개념이기 때문이다. 절대성의 세계, 인식의 세계가 아닌 앎의 세계에서는 크다 작다가 없기 때문이다. 아니 그 말 자체가 성립되지 않기 때문이다. 우리는 왜 태어나는지 아는가? 비교를 통해서 그동안의 비교가 그릇된 것임을 체험하고 고치기 위해서 우리는 태어난다. 그런데 저쪽 세상에서는 나름 비교의 불균형을 균형으로 맞춘다고 몸을 받아왔지만, 또 우리는 길을 잃고 마는 것이다. 그러나 당신들은 걱정할 것 없다. 우리는 이제 무엇과 무엇을 비교해야 하는 지 알아가고 있기 때문이다. 우리는 보이는 나와 지켜보는 나만을 비교하면 누가 하는가? 그것이 보는 나이며 그 보는 나가 제대로 보도록 가르치는 것이 금강경이기 때문이다.

　그렇다는 것을 이미 알게 된 당신은 2번 청정심 3번 응무소주 이생기심을 이제 쉽게 당신의 삶에 적용할 수 있게 된다. 청정심은 무슨 청교도적인 순수한 마음이 아니다. 두려움이 없는 마음이다. 이미 여러분은 알고 있다. 복덕도 그 본질은 사라질까 두려운 것이며, 큰 몸도 자기보다 더 큰 몸이 있을까 봐 두려운 것이다. 그럼 '응무소주 이생기심'은 어느 마음에서 나오는 마음일까? 어느 마음에도 머물지 않는 마음은 어떻게 비유할 수 있을까? 걱정할 것 없다. 부처님은 이제 곧 무위복의 정체를 설명하시면서 아무 곳에도 머물지 않는 그 마음을 쓰는 법을 가르쳐 주신다.

10. 莊嚴淨土分(장엄정토분): 보살들이 개입하지 않은 세상의 일과 물질은 없다

佛告 須菩提(불고 수보리): 부처님이 수보리에게 말했다.

於意云何(어의운하): "너는 내가 지금까지 말한 것에 비추어 이 말을 어떻게 생각하느냐?

如來 昔在燃燈佛所(여래 석재연등불소): 내가 예전에 연등 부처님 시절에

於法 有所得不(어법유소득부): 어떤 비법을 배웠다고 생각하느냐?"

不也 世尊(불야 세존): "그렇지 않습니다.

如來 在燃燈佛所(여래 재연등불소): 여래께서는 연등불에게서

於法 實無所得(어법 실무소득): 어떤 비법을 배워 지금 지니게 되신 것이 아닙니다."

須菩提 於意云何(수보리 어의운하): "수보리야, 그럼 이 말을 어떻게 생각하느냐?

菩薩 莊嚴佛土不(보살 장엄불토부): 보살들이 세상을 장엄하게 꾸미었다고 생각하느냐?"

不也 世尊(불야 세존): "그렇지 않습니다.

何以故(하이고): 그 이유는

莊嚴佛土者 卽非莊嚴 是名莊嚴(장엄불토자 즉비장엄 시명장엄): 보살이 불국토를 장엄하게 장식했다고 함은 장엄하게 한 것이 아닙니다. 단지 그렇게 이름할 뿐입니다."

是故 須菩提(시고 수보리): "그렇다 수보리야,

諸菩薩摩訶薩 應如是生淸淨心(제보살마하살 응여시생청정심): 모든 보살들은 그렇게 하고도 함이 없는 그런 순수한

마음을 내는 존재들이니라.

不應住色生心(불응주색생심): 어떠한 눈에 보이는 형상도

不應住聲香味觸法生心(불응주성향미촉법생심): 인간이나 신들의 감각기관으로 인식되는 그 어떤 것에도 했지만 했다는 생각이 없느니라.

應無所住 而生其心(응무소주 이생기심): 그러한 마음을 어떤 것에도 머묾이 없는 마음이라고 하느니라.

須菩提 譬如有人 身如須彌山王(수보리 비여유인 신여수미산왕): 수보리야, 그 사람 육신이 어마어마하게 큰 수미산만큼이나 되는 사람이 있다고 하자.

於意云何 是身 爲大不(어의운하 시신위대부): 어떠하냐? 그 사람 몸이 정말 그렇게 큰 것이냐?"

須菩提言 甚大 世尊(수보리언 심대 세존): 수보리가 말하였다. "네, 정말 크기는 합니다.

何以故 佛說非身 是名大身(하이고 불설비신 시명대신): 부처님이 말씀하는 신체는 신체가 아닙니다. 단지 커다란 신체라고 말씀하시는 것일 뿐입니다."

✹ 스리랑카

그런데 두려움이 꼭 나쁘기만 한 것인가? 그렇지 않다. 아프리카 국가와 중남미 그리고 동남아시아 국가에 살던 사람들과 유럽 아시아 북쪽에 살던 사람들과 어떤 사람들이 더 두려움이 많았을까? 당연히 북쪽 사람들이다. 이 공부를 하기 전에 먼저 경험을 이야기하겠다. 스리랑카에 같이 간 도반이 내게 물었다. "소장님! 이 나라는 이렇게 불심이 대단하고 아름다운데 왜 이렇게 가난하게 삽니까?" "법운 거사! 사실 나도 그 생각을 하긴 했어요. 그래서 대승불교가 생겼을지도 모른다고 생각했어요. 대승불교는 없음에도 불구하고 있음을 만들어내는 것이니까요. 내가 아까 왜 우리 버스 세워서 내린 후 길거리 채소 가게를 갔는지 알아요? 내가 어제 올 때도 보니 얼핏 보기에도 이 나라 채소 가게와 과일 가게에는 한국의 봄 과일, 봄나물, 여름 과일, 여름 채소, 가을 채소, 가을 과일, 그리고 겨울에 나는 과일도 있더라고요. 그래서 내가 생각하기에 이 나라는 모든 것이 균형均衡이구나. 불균형에서 영혼의 진화가 시작되는 것인데… 그래서 불균형, 부족, 두려움이 있어야 중생은 영적 진화가 되니까요. 그래서 보살이 등장하게 돼요." 그렇게 말했다.

아프리카 국가들과 더운 지방에 사는 사람들이 사는 곳에서는 두려움에 굶어 죽을 두려움은 많지 않았을 것 같다. 얼어 죽을 두려움도 없었을 것이다. 그런데 한국 같이 북위 30도 이상의 나라들은 어떤가? 식량값이 올라가거나 기름값이 올라가면 지금도 당장 긴장하게 된다. 이 두려움을 해결하기 위해 과학이 발달했을 것이다. 당연히 무기도 발달했다. 인간의 두려움이 물질적인 면에서는 대단한 성과를 이루어 낸 것이다. 그러나 일주문 밖에서 두려움의 해결을 위해 또 다른 대책을 만들어본들 그것은 다른 두려움 그리고 2배 4배의 크기가 더 커진 두려움을 만들어내는 것이 법계의 살림살이다. 그래서 자연사 하는 비율보다 교통사고, 온갖 병이나 전쟁 등으로 문제가 생기거나 죽음을 맞이하는 경우는 북반구 사람들이 더운 지방 사람들보다 압도적으로 많다. 필자도 그렇게 알고 있었다. 그런데 이 문제를 해결하는 방법을 부처님의 나라 스리랑카에서 찾아가지고 올 줄이야….

그러나 스리랑카 불교에서는 없는 줄 알았던 보살의 역할 역시 스리랑카에서 깨달았다. 그래서 필자는 앞에서 자기를 보는 공부는 꼭 해야 한다고 하면서 '지켜보는 나'를 이야기했다. 그 지켜보는 나가 있는 세계가 불국토이다. 스리랑카 불교 남방불교 근본불교에서도 자기를 보는 공부를 한다. 위파사나 공부가 그것이다. 원각경에서는 삼마발제 수행으로 나온다. 그런데 대승의 삼마발제 수행에서는 보살의 원력이 작동됨을 정확히 묘사하는 데 반하여 남방의 위파사나는 보살의 작용력 그 잠재력 그 실질적인 영향을 말하지 않고 있을 뿐이다.

이 보살들이 장엄하게 만들어가는 불국토에 대한 것은 법화삼부경의 무량의경, 그리고 묘법연화경 또 유마경의 '불국토품'이 내게 큰 도움이 되었다. 기독교에서는 많이 이야기하지 않는 소위 천사들의 세계와 천사들의 생활 그리고 우리 인간들과의 관계에 대해서 많은 영감을 받을 수 있을 것이다. 그리고 응무소주 이생기심에서 일어나는 생각의 씨앗이 바로 불국토에서 시작되기 때문에 금강경의 가르침을 자신의 삶에 적용을 하기 위해서는, 특히 자신의 믿음을 더 굳건히 하기 위해서는 화엄경보다 유마경이 더 좋다고 필자는 생각하기에 금강경 10분에서 중요한 부문을 소개한 것이다.

3D 카메라와
어떤 의도도 없이 지은 복

　요사이 한국의 최고급 승용차에는 이미 3D 카메라가 설치되어 있다. 3D 카메라는 앞뒤 그리고 옆 그렇게 세 방면에서 물체의 전체적인 주변 상황 더 나아가 그 깊이에 관한 정보를 캡처하는 데 사용되는 특수한 유형의 카메라다. 10여 년 전 일본의 카메라 기업인 닛산에서 개발되어 점차 그 영역을 넓히고 있다. 필자는 자동차가 후진할 때 비추어 주는 주변 상황의 장면을 3D 카메라로 경험했다. 그리고 치과에서 치아의 본을 뜨는데 과거처럼 석고나 고무를 활용하지 않고 3D 카메라로 입체 촬영하는 치과에서 치료를 받은 적이 있다. 이러한 카메라는 다양한 구성 요소와

원리를 통해 작동된다. 그러나 3D 카메라의 구조와 동작 원리는 간단하다.

1. 물체에서 반사된 빛이 카메라의 렌즈를 통과하면
2. 렌즈는 빛을 집중하여 이미지를 형성한다.
3. 이 이미지는 카메라 내부의 이미지 센서가 캡처하는 것인데
4. 이미지 센서는 빛의 강도를 전기 신호로 변환하여 컴퓨터가 디지털 이미지로 입체의 형상을 만들어 낸다.

이 이야기는 우리의 공부, 특히 수행과 깊은 관련이 있으며, 특히 금강경 11분의 '無爲福(무위복)'의 개념을 잡는 데 아주 유용하다.

우리는 3D 카메라처럼 우리 자신에게도 최소한 3가지의 눈이 있다는 것을 알고 있다. 하나는 지금 알고 있는 나의 눈, 즉 보이는 나의 눈이며 두 번째는 지켜보는 나의 눈이다. 그리고 세 번째는 바른 인식을 하는, 자기를 보는 공부를 하고 있는 사람들의, 혹은 관 수행을 하고 있는 사람들이 보는 나의 눈이다. 즉 우리도 우리 내부에 3D 카메라를 이미 갖고 있다는 것이다. 그런데 고급 승용차에 설치되어 자동차 후진 시에 나타나는 영상은

마치 자동차 지붕 위 약 3미터 높이에 카메라가 하나 더 있어서 그 카메라가 찍은 것처럼 자동차의 전체적인 상황이 눈앞에 보이게 된다. 그 카메라는 어디 설치된 카메라가 아니다. 3개의 카메라 렌즈가 각자의 센서와 카메라가 찍은 사진을 합성하여 컴퓨터로 계산한 후 만들어 낸 없지만 있는 것처럼 정확한 카메라의 눈이다.

필자는 이 3D 카메라의 구조에서 많은 수행자들이 마장에 걸려들어, 힘들게 공부한 다음에 엉망인 삶을 사는 이치를 알게 되었다. 쉽게 정의하자면 자동차 위에서 보고 있는 카메라의 눈, 다시 말하면 부처님의 눈, 하느님의 눈, 천신의 눈은 없는 것이다. 그냥 보는 나가 보는 나를 보기만 하면 지켜보는 나가 작동이 되어 저절로 청하지 않아도 나타나는 눈이다. 그런데 많은 기도인들이 관세음보살이 나타나고, 약사보살이 나타나고, 그리스도가 나타나고, 하느님이 나타나고, 천사가 나타나기를 갈망하며 기도한다. 그래서 누가 나타나기는 한다. 그런데 그는 비슷하지만 아니다. 즉 한자어로 사이비似而非인 것이다. 금강경 제7분에서 부처님은 나는 아무것도 얻음이 없고, 또 어떤 말도 설함이 없다고 했다. 그렇다고 부처님과 그 제자들의 작용도 없을까? 그런데 그 작용은 어떻게 일어날까? 여러분은 이미 아실 것이다. 바로 자신의 보는 나가 아무리 긴 시간이라도 주위를 잡고 있노라면 저절로 지켜보는 나가 일을 개시하는 것이다. 그렇게 보살의 가피가 시작된다. 이때 나타나는 복을 의도하지 않았는데 나타나는 복이라고 하여 無爲福(무위복)이라고 한다. 그런데 왜 무위복일까? 여러분은 이미 알고 있다. 의도가 있는 복, 즉 유위복은 그 정체가 두려움이기 때문이다.

11. 無爲福勝分(무위복승분):
지켜보는 나로 복 짓는 사람을 누가 당하랴?

須菩提(수보리): "수보리야,

如恒河中所有沙數(여항하중소유사수): 갠지스강에 있는 모래알 개수만큼의

如是沙等恒河(여시사등항하): 그렇게나 많은 갠지스강이 또 있다면 그 모든 강에 있는 모래알의 수가

於意云何(어의운하): 너는 어찌 생각하느냐.

是諸恒河沙(시제항하사): 여러 강들의 모래알 수만 하여도

寧爲多不(영위다부): 엄청나게 많다고 할 수 있지 않겠느냐."

須菩提言(수보리언): 수보리가 말하였다.

甚多世尊 (심다세존): "매우 많습니다. 세존이시여

但諸恒河(단제항하): 그렇게 많은 갠지스강이라면

尙多無數(상다무수): 그 숫자만 해도 무수하게 많을 것인데

何況其沙(하황기사): 하물며 그 강에 있는 모래야 말할 나위 있겠습니까?"

須菩提(수보리): "수보리야,

我今實言告汝(아금실언고여): 내가 이제 진짜 너에게 진실을 말하겠는데

若有善男子善女人(약유선남자선여인): 어떤 선남자·선여인이

以七寶滿爾所恒河沙數三千大千世界(이칠보만이소항하사수삼천대천세계): 그 항하의 모래알 수만큼이나 되는 저 많고 많은 우주의 삼천대천세계를 모두 가득 채운 일곱 가지 보배로

以用布施(이용보시): 몽땅 모두 다 보시한다면

得福多不(득복다부): 그 과보로 그 사람들이 얻게 되는 바 복덕이 많겠느냐, 적겠느냐?"

須菩提言(수보리언): 수보리가 대답하여 아뢰었다.

甚多世尊(심다세존): "매우 많을 것이옵니다. 세존이시여."

佛告須菩提(불고수보리): 부처님께서 수보리에게 거듭 일러 말씀하시었다.

若善男子善女人(약선남자선여인): "그런데 말이다, 만약 선남자·선여인이

於此經中(어차경중): 이 경의 가르침 가운데

乃至受持四句偈等(내지수지사구게등): 다만 네 개의 구절로 된 사구게만이라도 자신의 영혼 핵심부에서 의식으로 받아 지니게 되고

爲他人說(위타인설): 또 남을 위해 설명해 준다면

而此福德(이차복덕): 그 복덕은

勝前福德(승전복덕): 갠지스강의 모래와 같이 많은 칠보로 보시한 전의 복덕보다 훨씬 크고 엄청나다고 할 것이다."

❋ 스리랑카

부처님은 아까 금강경 제8분 의법출생분에서 하신 말씀을 수보리 존자에게 다시 다른 비유로 강조하는 것을 볼 수 있다. 왜

부처님은 자꾸 복시 복덕 금강경 그게 아니라면 짧은 금강경의 사구게만이라도 잘 수지하라고 하시는 것일까? 그리고 왜 사구게의 낙처를 보시하라고 하는 것일까? 앞의 장엄정토분에서 유마경의 불국품을 소개하고 또 보적장자의 아들들이 일산을 공양 올리는 대목까지 소개한 것은 필자의 의도가 있었다. 일산 공양의 의미와 그 공덕으로 생기는 것이 무엇인지 알려드리고 싶었기 때문이다.

 필자는 스리랑카에서 부처님 사리 80과가 모셔져 있는 루완웰리사야 사원에서 사리탑에 일산日傘과 길이 300미터에 달하는 가사 공양을 했다. 일산을 공양하는 것은 내게 큰 감동을 주었다. 유마경에는 부처님 당시의 재벌 2세 500명이 각자 일산을 들고 가서 부처님께 일산을 공양 올리는 장면이 나온다. 부처님은 그 일산 500개를 공양받으신 뒤 신통력으로 커다란 일산을 만들어 펴셨다. 그랬더니 그동안 눈에 보이지 않던 모든 우주와 산과 보살 천신들의 세계가 나타났다. 부처님이 깨어나신 후 보니 우리들은 모두 이미 무명 중생이 아니라 광명 중생이었다. 그런데 물질 체험을 하러 사바세계에 몸을 드러냈다가 그만 물질에 중독되고 말았던 것이다. 그래서 우리는 우리가 광명인 것을 잊고 무명상태가 되었다. 꿈꾸는 사람은 꿈에서 깨어난 사람이 하는 말을 믿을 수가 없다. 다시 말해 그는 아무런 잘못이 없다. 그런데 꿈에서 깬 사람은 꿈꾸는 사람이 꿈속에서 사실이라고 믿는 것이 사실이 아님을 안다. 그래서 부처님은 꿈에서 깨지 못한 꿈꾸는 자들을 위해 사실은 없지만 있는 세계를 보여주신다. 사실은 있지만 없는 세계는 광명 세상에서는 드러나지 않는다. 반드시 무명 세상이어야 한다. 무명 세상은 해를 가리는 그늘이 필요하다. 그래서 방편으로 일산이 등장하는 것이다.

그래서 부처님은 즉 일산으로 보이지 않던 세계를 그늘을 만들어 보이는 세계로 만들어주신 것이다. 재벌 2세 500명은 나름대로 일반 사람들이 보지 못하는 것을 보고 듣지 못하는 것을 들을 수 있는 사람들의 자제들이다. 성공한 사람들이나 많이 가진 사람들은 학창시절이건 사회에서건 남들이 느끼지 못한 것을 느끼던 사람들이었을 것이다. 그런데 그것은 그들의 부모 개인의 역량이었다. 즉 재벌 2세 500명이 그들 부모의 역량을 일산 공양하고, 부처님이 그들이 볼 수 있는 것만 보던 수준에서 그들이 전혀 예상치도 못하던 법계의 진실을 볼 수 있게 만들어주신 것이다. 그리고 그들은 드디어 보살들의 일하는 모습을 볼 수 있었다. 보살들은 중생들을 위해 엄청나게 많은 일을 한다. 그것이 보살들이 짓는 無爲福(무위복)의 정체이다. 이제 우리 모두 보살들

처럼 일주문 안에, 즉 자신의 근원에, 자기의식 세계의 주장자를
세우고 복을 지어보자.

중간고사 기본 문제 -
당신이 필요한 돈이
당신에게 충족되게 하려면…

자, 여기서 여러분은 중간고사를 보아야 한다. 필자가 이 중간
고사 답을 찾는 데는 21년이 걸렸다. 여러분은 어떤지 테스트 해
보라. 금강경 12분은 하늘 천신들, 세상 사람들 심지어 내가 원하
는 것을 이룰 수 없게 막는 아수라들까지 이 금강경 가르침을 수
지하면서 사는 사람들을, 그 천신들과 아수라들이 부처님 사리
탑에 공양 올리듯 좋아한다고 부처님이 밝히시는 구절이다. 그
런데 이 말이 왜 돈과 관련이 있다는 것일까?

먼저 금강경 본문에 나오는 佛塔廟(불탑묘)는 부처님 탑이고

부처님 묘지이니 사리탑이다. 나는 이런 것도 모른 채 그냥 스리랑카의 부처님 사리탑에 공양을 올린 것이다. 그것도 일산과 꽃 등을. 그런데 일체의 천신들 아수라신들이 이 사리탑에 공양 올리며 복을 짓는 것을 제일 좋아하는데, 그것 못지않게 금강경이나 금강경 사구게를 전해주고 설해주는 곳에도 그렇게 공양 올린다는 것이다. 즉 제1순위는 부처님에게 공양 올리는 것이고, 2순위는 부처님 묘지인 사리탑이며, 제일 마지막 순위가 금강경이라는 것이다. 그런데 천신들 입장에서 무슨 복으로 부처님에게 공양을 올리는 1순위 공덕을 지을 수 있다는 말인가? 부처님이 항상 계시는 것이 아니지 않는가 말이다. 그래서 지금으로서는 2순위인 부처님 사리탑 즉 불탑묘에 공양 올리는 것밖에 없다. 그런데 한국에도 삼국시대 이래 5대 보궁이 있고 요사이는 부처님 진신사리를 모신 적멸보궁들이 생기고 있지만 태국, 미얀마, 스리랑카, 한국 그것도 남한 대한민국에만 있고 그다음 중국, 일본, 베트남 정도 아닐까?

게다가 필자도 기도 성지에 가서 돈 왕창 벌겠다는 생각으로 2005년 설악산 봉정암 사리탑에 가서 기도하지 않았던가? 물론 1977년에 처음 가보았던 조계사 앞마당에 조그맣게 놓여있던 탑에 1909년도 조계사가 각황사 시절이던 당시에 스리랑카에서 이

운해 온 부처님 진신사리를 모신 사리탑이라는 것은 꿈에도 몰랐으니 말이다. 그러니 가고 싶어서 갔건 할 수 없이 갔던 그나마 어떤 소원도 없이 그냥 부처님 사리탑에 공양 올린 것은 이번 스리랑카 순례가 처음이었다. 즉 천신들이 그렇게 하고 싶어 하던 부처님 불탑묘에 얼떨결에 공양을 올렸다는 말이다. 그것도 정말 아무런 사심 한 조각 없이….

그렇다면 유럽과 미국을 포함한 아메리카 대륙과 아프리카 대륙 남태평양의 수많은 국가들 그리고 중동의 이슬람 국가 사람들은 어떻게 해야 아수라의 공양을 받을 수 있을까? 그리고 아수라의 공양을 받는 것이 왜 중요한가? 부처님은 그리고 이제는 필자도 이 세상 사람들의 종교가 무엇이든 간에 그들의 종교를 불교로 개종시키고 싶은 마음은 눈곱 한 조각만큼도 없다. 단지 세상 사람들의 마음이 열려 한국 불교 신자 중에 성경 말씀이 있는 잠언 등을 읽는 식자들도 많듯이, 많은 기독교 천주교인들이 법구경 유교 경전이나 도덕경 같은 도교 경전도 읽듯이, 유대교 신자들이 달라이 라마의 법문을 청해서 듣기도 하듯이, 로마 교황청에서 미국인 한국 스님 현각 스님을 초청해 참선에 대해 법문을 듣듯이, 그렇게 열린 마음으로 이 금강경 아니면 금강경의 사구게만이라도 그 낙처를 받아 그들의 삶에 적용하며 그들의 삶이 행복해지고 경제적으로도 부유해지기를 바라고 있다. 왜 나는 이렇게 생각하는가? 그것은 분명 이 금강경의 가르침에는 아수라들마저 찾아와서 공양 올린다는 구절에 100% 확신을 가지기 때문이다.

자 이제 중간고사 문제를 내기 전에 아래 사실을 검토해 보기 바란다. 깊이 생각해보기를 바란다. 아마 며칠이 걸릴 수도 있다.

금강경 제2분의 보살들이 수보리 존자 입에서 등장한다. 3분에서는 어떤 일을 하고도 생색을 내지 않는 보살에 대한 부처님의 설명이 나온다. 4분에서는 아무것도 없는 자들에게 보시를 하라고 하신다. 5분에서는 형태 넘어 내용을 볼 줄 알아야 한다는 금강경 4구게가 나온다. 6분에 가서는 이 돈에 대한 진리를 단박에 아는 자들이 전생 복이 많은 사람들이 아주 많다고 나온다. 7분에서는 부처님이 돈 버는 법에 대한 이 이치를 누구에게 배워서 가진 것도 아니고, 우리도 마찬가지로 그러하기에 답을 이야기하는 것이 의미가 없다고 밝히신다. 8분에서는 보시를 왕창 할 수 있는 복은 우리가 알고 있던 복이 아니라고 하시고, 심지어 부처님이 말씀하시고자 하는 세상의 진리와 돈에 대한 것은 언어와 문자로 표시될 수 있는 것이 아니기에 의식이 아닌 느낌과 감각으로 이 진리를 터득하면 그때 다시 태어난다고 할 수 있다고 선배 수행자들이 그렇게 밝히셨다. 그리고 9분에서는 겉모습으로 드러나는 모든 것들 성공한 사람, 돈 버는 사람, 병 고친다는 사람, 미래를 잘 안다는 사람 등등의 언어로 규정된 인간들의 상으로 만든 모든 상이 사실은 말짱 진실이 아니라는 일상무상분이 등장한다.

그러고는 눈에 보이지 않는 보살들이 세상을 장식하는 이야기가 나오고, 그렇게 우리도 보살처럼 아주 능력 있는 사람이 되려면, 혹은 능력 있는 천신 산신 용왕신 등이 되려면 두려움과 기존 선입견과 겉모습과 형상에 근거해 판단하는 그런 생각들을 우리들의 의식 속에서 집안 대청소를 하는 청정심 가르침을 주신다. 즉 당신은 지금까지 경제와 돈에 대한 특히 아버지 어머니에 대한 모든 판단을 다 버려야 한다. 그리고 나서야 엄청난 복을 받게 되는 무위복에 대한 가르침이 나온다. 필자가 확신한다. 복을 상징하는 다보탑이 먼저 나오고 지혜를 상징하는 석가탑이 나온다. 그리고 다보탑 안의 다보 부처님이 자기 자리를 반쪽 양보하여 석가모니 부처님을 앉게 하는 장면, 복이 없는 지혜는 다른 존재들에게 전해지기 어렵다는 사실을 밝히는 아주 강력한 이 비유가 의미하는 바를 모르면 부처님 가르침의 진수를 모르고 돈을 모르고 진정한 효심도 생기지 않는다고 말이다. 그러고 나서야 아수라가 등장하는 것이다.

12. 尊重正教分(존중정교분): 하늘과 땅의 천신들이 가만히 있지는 않는다

復次須菩提(부차수보리): "또 수보리야,

隨說是經(수설시경): 이 경을 설해주거나

乃至四句偈等(내지사구게등): 다만 사구게만이라도 설명해 들려주는 자리에는

當知此處(당지차처): 마땅히 알아야 하나니 그러한 장소에는

一切世間天人阿修羅(일체세간천인아수라): 이곳은 온 세상의 하늘 사람, 인간, 심지어 모든 것을 다 의심하고 다투는 아수라들까지도

皆應供養(개응공양): 모두가 다 이 가르침에 공양함을 마땅히

如佛塔廟(여불탑묘): 마치 부처님 탑에 공양하듯 그렇게 좋아하며 자발적인 공양을 올리게 될 것이다.

何況有人盡能受持讀誦(하황유인진능수지독송): 하물며 사람이 이 금강경의 가르침을 받아 지니고 읽고 외우고 함에 있어서랴 더 이상 무슨 말이 더 필요하겠느냐.

須菩提當知(수보리당지): 수보리야, 마땅히 알아야 하나니
是人成就最上第一希有之法(시인성취최상제일희유지법): 이러한 공부를 하는 사람은 제일 높고 제일가는 세상에서도 드문 법을 얻게 될 것이니라.
若是經典所在之處(약시경전소재지처): 또한 이 가르침이 설해지고 전해지는 곳이라면
即爲有佛 若尊重弟子(즉위유불 약존중제자): 그곳은 그 사람들의 의식세계에 부처님이 나투시어 같이 계시는 곳이고 부처님의 존중을 받는 제자들도 모두 같이하는 그러한 의식세계에 속해있는 것이 되느니라."

✹ 스리랑카

이제 본격적인 공부가 시작되는 부분이다. 왜냐하면 '아수라'가 등장하기 때문이다.

아수라란 무엇인가? 당신이 그렇게 바라던 성공을 실패로 만

들고, 희망을 절망으로 만들고, 이익을 손해로 만드는 그 원인을 상징하는 존재가 아수라다. 불교적으로는 좋은 일과 복을 가지고 오는 공덕천녀와 재앙과 화를 불러오는 존재인 흑암천녀가 항상 짝으로 같이 붙어 다닌다는 그 어쩔 수 없는 인간의 운명적인 장애물을 상징하는 것이다.

그런데 생각해보라. 혹은 명리학을 공부해 보신 분이거나 사주팔자 등에 관심이 있는 분들은 들어보았을 수도 있을 것이다. 바로 자기 사주 내에서 혹은 부부관계, 자식 관계, 사업 등 인간관계에 작용하여 안 좋다는 말 그 말이다. 자오충, 축미충, 인신충, 묘유충, 진술충, 사해충 그렇게 6가지이다. 이는 자기 인생에 대지진이 나는 형상이라고 할 수 있다. 그래서 방편으로 용신을 찾아 이러한 충돌을 피하려는 묘수 묘책들이 등장하기도 한다. 그런데 인간이 찾아낸 묘안妙案 중에 법계의 살림살이를 넘어 제대로 작동하는 경우가 몇이나 될까? 그 충돌의 본질은 극성과 극성의 충돌이다. 그것을 어떻게 극복할 수 있을까? 바로 금강경의 가르침이다. 여기서 한꺼번에 다 알려고 하지 말고 일단 '돈 공부 중간고사 기본 문제'부터 보자.

문제 1: 당신은 아버지로부터 받은 은혜와 어머니로부터 받은 사랑이 있을 것이다. 당신의 생각 말고 당신이 더 감사하게 생각하는 사람은 누구인가?

문제 2: 당신이 아들과 딸이 있다면 솔직하게 스스로에게 물어보라. 점수를 준다면 누구에게 더 많은 점수를 주고 있는가?

문제 3: 당신은 좋아하는 정당과 그렇지 않은 정당이 있을 것이다. 지금까지 10번의 선거를 치렀다면 어느 정당에 몇 번 체크를 해서 그들을 선택했는가?

중간고사 기본 문제에 대한 답을 이곳에 제시하지는 않겠다. 단 필자의 답을 말하겠다. 필자의 부친은 1995년에 65세를 일기로 돌아가셨다. 모친은 2021년에 91세까지 사셨다. 부친에 대한 사랑은 꽤 깊었고, 모친에 대한 감정은 좀 복잡했다. 아버지는 내게 부채만 남겨 주고, 어머니는 내게 자산을 남겨 주셨다. 그래도 내 감정은 아버지에게 더 많은 감사를 느끼고 있었다. 그러던 나는 어느 날 거칠고 세련되지 않았고 좀 가식적이라고 여겼던 어머니의 사랑을 느꼈다. 그것도 자기 자녀들에게 심각한 협박과 원망을 듣고 있는 어느 여인의 슬픈 신세한탄을 듣던 중에 말이다.

필자가 말하는 아버지와 어머니, 아들과 딸은 양극성, 상대성, 이분법의 갈라진 우리들의 상식을 가장 진실에 근사하게 표현하는 단어들이다. 좋다 싫다는 감정도 사실 남녀로 표현될 수 있다. 더 정확히는 음양陰陽으로 말이다. 부자와 가난한 자도 그렇고, 승리와 패배도 그렇다. 당신은 무엇을 더 좋아하는가? 만약에 둘 중 어느 것 하나를 선택한다면 당신은 금강경 아니라 금강경 수백만 권을 당신의 피를 뽑아 사경을 해도 아수라의 공양을 받기는 힘들다. 아수라의 공양을 받지 못하면 당신은 당신의 하나인 힘, 당신의 근원적인 힘을 사용할 수가 없다. 당연히 당신의 사주 그릇을 바꾸어 새 그릇을 만들 수 없기에 경제적인 형편이 나아질 거라는 생각은 전도망상임을 명심하라. 그렇다고 우리에게 길이 없을까? 그럴 리 없다. 금강경의 가르침이 바로 그렇게 모든 자화상을 넘어서는 경우 어떤 일이 당신에게 일어나는지 가르쳐주기 때문이다. 물론 그런 자화상을 넘어서는 공부를 아무나 하는 것이 아니다. 아수라들의 공양을 받아 모든 운명적 충돌을 넘어 대화합의 힘을 쓰는 것은 아무나 할 수 있는 일이 아니다. 그래서 '시인성취최상제일희유지법', 이 사람이 성취하는 것은 세상 최고이며 전 우주 대자연에서 제일가는 것이며 아주아주 희귀하고 드문 모든 것을 성취하는 법도를 깨우친 것이라고 말하고 있다. 당신이 아수라의 공양을 받는 법을 알게 되면 당신은 정말 희유한 기적을 만드는 사람이 될 것이다. 금강경이 그 사실을 말해주고 있다. 아마 어떤 면에서든지 상위 0.5% 안에 들어가는 사람이 되는 것이다.

제자들이 알아들었다면
이곳이 금강경 법회의
마지막일 수도 있었다

후대 선배 수행자들이 이 금강경 13분의 분명을 여법如法 수지
受持라고 했다. 이 말의 의미를 독자분들이 자기 삶에 적용하는
것은 아주 쉽다. 먼저 법法이란 무엇인가? 금강경 8분에서 부처
님은 불법이 불법이 아니라고 했다. 왜일까? 진정한 불법은 우
리의 언어로 표현될 수 없기 때문이다. 법은 바로 우리가 그동안
공부한 '지켜보고 있는 나'의 작동원리 즉 세상이 작동되는 O/S
를 말한다. 역사상 모든 패권자들과 재벌들과 과학자들과 모든
지적인 탐구를 좋아하는 학자들이 아직도 밝혀내지 못한 것이
바로 세상이 작동되는 원리, 즉 지켜보는 나의 행동 원리이다.

'지켜본다'는 것은 눈에 띄는 행동을 아무것도 안 하고 있지만 모든 것을 살피고 있는 CCTV 같다고 할 수 있다. 말은 당연히 없기에 문자와 언어가 끊어진 작동만이 있다. 그러면 우리는 어떻게 해야 할까? 바로 여如다.

여란 무엇인가? 동일한 것은 아니지만 '같다'라는 의미이다. 즉 '지켜보는 나가 우리 내면의 부처라면, 지켜보는 나라면 이것을 어떻게 볼까?' 하는 참된 인식, 바른 인식을 하는 것이다. 다시 말해 상황과 대상을 제대로 보는 법을 알아 그렇게 동일하게 보는 것이 바로 여법하게 보는 것이다. 즉 법法이 지켜보는 나이라면 여如는 보는 나 그중에서도 이제야 제대로 보는 법을 공부하고 있는 금강경식 안목을 지니고 세상과 자기를 보는 '보는 나'를 말하는 것이다.

이런 것을 2500여 년 전에 혹은 100년 전의 일반 사람들이 알아들었을 리가 없다. 그래서 자기를 보는 공부를 하고 싶어도 할 수가 없는 시절, 노예가 자기를 보는 공부를 하면 어떻게 되겠는가? 피정복자가 자기를 보는 공부를 하면 어떻게 되겠는가? 쌍놈이 자기를 보는 공부를 하면 어떻게 되겠는가? 당연히 기존 권력자들이 위험해진다.

그래서 기존 권력자들 중 먼저 깨어난 자들은 그들의 자리를 유지하기 위해 다른 사람들이 사다리 위로 올라올 수 없도록 사다리 걷어차기를 했다. 그 사다리는 모든 산과 하느님과 구원은 다음 세상에서나 죽어서나 그리고 진심으로 하느님 마음에 들게 말을 잘 듣고 착하게 사는 사람만 구해준다고 세뇌를 하였다. 그래서 역사의 혁명가인 석가모니는 그런 사회의식에 중독되어 항상 자신이 구하는 바를 자기 내면이 아닌 밖에서 구하는 중생들을 위해 반야라는 초특급 사다리가 있음을 선언하게 되었다.

반야般若가 뭔데? 반야가 뭐기에 감히 번역할 생각조차 안 하고 음차 즉 원어 소리를 차용해서 그대로 옮겨 적은 것일까? 얼마나 성스럽고 감히 인간이 손댈 수 없다고 여기는 것이기에 그랬을까? 스리랑카의 팔리어로는 '빤야', 산스크리스트 소위 범어로는 프라즈나prajna이다. 반야용선般若龍船은 이승과 저승을 왔다 갔다 하는 배를 상징한다. 그런데 사실 반야용선은 그것보다 훨씬 중요한 우주선이라고 할 수 있다. 즉 일주문 안과 일주문 밖을 왕복하는 배이기 때문이다. 깨닫지 못한 중생도 반야의 배를 타기만 한다면 깨달음 세계의 힘을 사용하게 되는 것이다. 그런데 부처님은 이번 가르침을 반야용선 즉 반야바라밀이라고 하신 것이다.

13-1. 如法受持分(여법수지분):
'반야'보다 '여'와 '법'과 '수지'가 100배는 더 중요

爾時須菩提白佛言(이시수보리백불언): 그때 수보리가 부
처님께 여쭈었다.

世尊. 當何名此經(세존당하명차경): "세존이시여, 이 경의
이름을 무엇이라 하오며

我等云何奉持(아등운하봉지): 우리들이 어떻게 받들고 지
녀야 하옵니까."

佛告(불고): 부처님께서는 말씀하시었다.

須菩提(수보리): 수보리가 대답하여 아뢰었다.

是經名爲金剛般若波羅蜜(시경명위금강반야바라밀): "이 경
의 이름은 금강반야바라밀경이니

以是名字(이시명자): 그 이름으로서

汝當奉持(여당봉지): 너희들은 받들어 지녀야 하느니라."

✹ 13-2: 반야바라밀은 인공강우 원리와 같다

'격물치지'라는 말은 우리 조상들이 과거시험을 볼 때 주요과

목이었던 사서삼경 중 사서의 하나인 대학에 등장하는 말이다. 사물의 이치를 연구하여 지식을 더 깊이 한다는 말이다. 그런데 우리나라 1000원짜리 화폐에 등장하시는 퇴계 이황 할아버지는 이 격물치지를 지치물격으로 제자들에게 가르쳤다. 어떤 의미로는 유교라는 허학虛學을 실학實學으로 최초로 시도하신 분이기도 하다. 그 이유는 격물格物을 물격物格으로 역으로 사용하신 것을 즐기셨기 때문이다.

퇴계 할아버지는 가뭄이 극에 달하면 제사를 지낸다든지 경문을 읽는다든지 하는 정신적이건 영적인 기도를 하는 기존의 기우제祈雨祭 방법을 뒤집어 사용했는데 그것은 소위 하늘의 도움을 기도하는 힘으로 물질을 바꾸는 방법이었다. 그런데 퇴계 이황은 달랐다. 물질을 활용하여 하늘의 도움이 스스로 일어나도록 하는 방법을 사용했던 것이다. 그것이 격물이 아닌 물격의 이치였다. 비유로 설명하자면 가뭄이 심하면 그것을 양陽이 음陰을 너무 심하게 눌러 균형이 깨진 것으로 보고, 음으로 양을 누르게 하여 균형을 찾는 방법이다. 즉 날씨가 너무 메마르면 오히려 양이 더 극極한 상태로 만든다. 마을 한가운데 장작을 산더미처럼 쌓아두고 커다란 불을 지를 준비를 하는 것이다. 그리고 마을의 모든 여인을 동네 산 위의 정상으로 올라가게 한 후, 산 아래 마을에서 장작에 불을 놓아 연기가 오르면 그때 산 위 정상의 모든 여인들이 치마를 내리고 산의 정상에 소변을 보게 한 것이다. 참고로 산山은 양이지만 여인은 음이고 여인의 소변 역시 음이기 때문에 음으로 양을 눌러버리는 물질의 힘을 사용하여 하늘의 기운을 바로잡는 것이었다. 그것이 물격이라는 방법이었다.

그러나 이제는 과학이 기우제의 일을 대신하고 있다. 인공적으로 비를 내리게 하는 인공강우 기술은 1891년 이론적 가능성이 처음 제시되기는 했지만 1946년에 이르러서야 미국에서 드라이아이스를 살포하는 인공강우 실험을 성공시켜서 실행 가능하게 되었다. 이 기술은 그 후 중동국가 특히 환경에는 별다른 신경을 쓰지 않는 중국을 필두로 현재 전 세계 50개국 이상에서 150개의 인공강우 프로젝트가 진행되고 있음에도 불구하고 현대판 기우제라는 조롱을 받고 있기도 하다. 인공강우는 구름 속에 요오드화은AgI 같은 화학 물질, 즉 '구름씨'를 살포해 물방울을 성장시켜 비를 내리게 하는 기술이다. 쉽게 말해 돌멩이를 눈 위에 굴려 눈사람을 만드는 것과 비슷한 원리다. 물방울이 점점 성장하면서 무거워지면 지상으로 떨어져 눈이나 비가 된다.

이제 본론으로 가보자. 반야바라밀은 무엇인가? 바로 인공강우의 구름씨 같은 것이다. 법계의 작동원리를 표현한 법성계에는 이러한 구절이 있다.

우보익생만허공: 보배를 머금고 지상의 중생들을 도와주는 보배 비가 하늘 가득 있지만

중생수기득이익: 각기 중생들은 자기가 가진 그릇 크기만큼 그 보배비를 받을 수 있네.

시고행자환본제: 그러니 수행하는 자들은 무릇 3명의 자신 중 지켜보는 나로 돌아가게나.

파식망상필부득: 그렇지만 지금의 보이는 나 가지고는 어림도 없이 한 푼도 못 받을 걸세.

그러나 '지켜보는 나로 이제부터 살아야지~.'라는 생각은 하지 마시길 바란다. 지켜보는 나는 협상 대상도 아니고 초청한다고 오지도 않고, 더구나 기도 대상도 아니다. 마치 하늘 가득하게 구름이 있지만 빗방울 하나 없는 그런 존재! 그것이 지켜보는 나의 본질이다. 그러면 당신은 인공강우 구름씨를 어디서 구해올 것인가? 그것이 바로 보는 나이다. 그러나 제대로 볼 줄 알아야 한다. 금강경 1분부터 이곳 13분까지는 나름대로 순順경계만을 우리는 부처님께 배워왔다. 쉽게 말해서 그동안은 아수라의 공양

을 받는 것 말고는 그다지 어려운 부분이 없었다. 그런데 이제 당장 금강경 14분부터는 역逆경계가 등장한다. 산과 꽃, 나무와 풀과 개들을 반야의 눈으로 보기는 쉽다. 그들은 당신을 공격하지는 않으니까. 그런데 당장 사회로 나가면 당신은 경계하는 여러 가지 상황과 마주하고 심지어는 각종 분쟁, 소송, 협박, 무시, 패배 등을 만날지 모른다. 아니 그것은 당연한 이치다. 그것이 일주문 밖 상대성 양극성의 세계니까 말이다. 그 경우에도 당신이 금경경에서 배운 방법을 사용할 수 있을까? 아마 우리는 더 배워야 할 것 같다고 생각할 것이다. 맞다. 당신 말이 맞다. 그래서 앞의 중간고사는 기본 문제라고 했다.

13-2. 如法受持分(여법수지분)

所以者何(소이자하): "그 까닭은

須菩提(수보리): 수보리야,

佛說般若波羅蜜(불설반야바라밀): 내가 말한 반야바라밀은

卽非般若波羅蜜(즉비반야바라밀): 그것이 곧 반야바라밀이 아니라

是名般若波羅蜜(시명반야바라밀): 그냥 이름만이 반야바

라밀이기 때문이니라.

須菩提(수보리): 수보리야,

於意云何(어의운하): 그대는 어찌 생각하느냐?

如來有所說法不(여래유소설법부): 여래가 말한 바 법이 있느냐 없느냐.”

須菩提白佛言(수보리백불언): 수보리가 대답하여 부처에게 아뢰었다.

世尊(세존): “세존이시여,

如來無所說(여래무소설): 여래께서는 말씀하신 바가 없으십니다.”

須菩提(수보리): “수보리야,

於意云何(어의운하): 네 생각이 어떠하냐?

三千大千世界(어의운하삼천대천세계): 그대는 삼천대천세계에

所有微塵(소유미진): 있는 티끌의 수가

是爲多不(시위다부): 많다고 생각하느냐 그렇지 않은가.”

須菩提言(수보리언): 수보리가 말하기를

甚多世尊(심다세존): "엄청나게 많습니다. 세존이시여."

須菩提(수보리): "수보리야,

諸微塵(제미진): 모든 티끌은

如來說非微塵(여래설비미진): 나 여래의 눈에는 티끌이 아니니라.

是名微塵(시명미진): 단지 그 이름이 티끌이라 말할 뿐이니라.

如來說(여래설): 여래가 말하기를

世界非世界(세계비세계): 세계도 형태일 뿐 그 본질은 세계가 아니라

是名世界(시명세계): 그럼에도 그 이름을 세계라고 말하였느니라.

須菩提(수보리): 수보리야,

於意云何(어의운하): 네 생각이 어떠하냐?

可以三十二相見如來不(가이삼십이상견여래부): 32상으로서 외모로서 나 여래를 알아볼 수 있겠느냐."

不也(불야): "아니옵니다.

世尊(세존): 세존이시여,

不可以三十二相得見如來(불가이삼십이상득견여래): 32상
만 보고는 여래를 볼 수 없습니다.

何以故(하이고): 왜냐하면

來說三十二相(여래설삼십이상): 여래께서 설하신 32상이

卽是非相(즉시비상): 바로 눈에 보이는 형상이 아니라 그
형상 너머 여래의 활동이며

是名三十二相(시명삼십이상): 단지 그 이름을 우리가 32상
이라고 할 수 있기 때문입니다."

✴ 13-3: 당신에게 돈을 주는 자는 누구일까?
그리고 돈의 정체는 숫자일까?

금강경 여법수지분은 우리에게 보이는 나 즉 'Ego'로 사는 것은
이제 그만두고 지켜보는 나 즉 'Self'로 살 것을 말하고 있다. 물
론 당신의 이성은 부처님 말씀이 맞다고 생각한다. 그러나 당장
취직도 해야 하고 시험도 보아야 하고, 결혼도 해야 하고, 돈도
벌어야 하고, 승진도 해야 하고, 은행 대출금도 갚아야 하고, 앞
으로 돈을 더 벌어두어야 한다고 생각하고, 그러기 위해서 남들

과는 다른 나만의 차별화를 이루어야 한다고 생각할 것이다. 그래서 말은 맞지만 어떻게 그렇게 살 수 있나요? 나는 가정도 있고 거느려야 하는 식솔도 많은데…. 맞다! 우리는 지켜보는 나로 살 수가 없다. 그렇지만 지켜보고만 있던 나를 지켜보기 시작하는 나로 만든 다음 그 지켜보던 나가 모든 일을 나의 에고를 대신하여 일하게 하는 방법이 있다. 그것이 바로 내가 걱정하고 두려워하고 항상 부족감을 느끼는 모든 상황에 대한 바른 인식 바른 지각 즉 참된 인식 True perception을 하는 '보는 나, 관하는 나'를 만드는 자기를 보는 공부를 하라는 것이다

　물론 독자분들은 아무런 걱정을 하지 말기를 바란다. 확실한 방법을 필자가 제시할 것이니까 말이다. 그 방법이 바로 계속 이야기하는 주위를 잡는 공부이며, 그 공부가 당신의 모든 문제를 해결하는 황금열쇠가 될 것이며, 그 열쇠를 꽂을 보배창고를 발견하는 법을 필자가 독자분들에게 드릴 것이기 때문이다. 그 전에 우리의 기존 생각 방식에 대한 청소를 할 겸 우리 자신에 대해서 알아두자.

　우리의 의식은 인식 주체와 인식 대상이 있을 때 비로소 의식이라는 것이 생긴다. 그런데 '지켜보는 나의 의식'은 우리의 기

존 의식으로 사용할 수 있는 법이 아니다. 그래서 부처님은 두 눈 뜨지 못해 심안이 열리지 않은 사람들을 위해 개안開眼하는 방편을 마련했다. 그것이 반야般若다. 반야는 참된 인식 True perception이다. 그렇다면 반야는 왜 해야 하는가? 그것을 하면 내 소원이 이루어지기라도 한다는 말인가? 맞다! 그렇다 100% 그렇다. 그러나 반야는 상황을 바꾸려고 힘을 쓰지 않는다. 예를 들어 당신이 지금 1,000만 원이 한 달 내에 필요하다면 그 1,000만 원이 절박하게 부족해서 필요한 상황을 1,000만 원을 조달하여 그 상황을 해결하려는 노력을 하지 않는다는 말이다. 반야는 그렇게 일하지 않는다. 답부터 말하자면 반야는 그 상황을 해결할 수 있는 자는 '지켜보고 있기만 하는 자'라는 것을 정확히 알고 있다. 그래서 반야는 상황을 바꾸려고 하지 않고 그 상황에 대한 자기 자신의 인식만을 바꾸는 것이다. 그것을 참된 인식이라고 한다.

그릇된 인식으로는 그 문제를 풀지 못한다. 참된 인식이 필요하다. 반야는 참된 인식을 하는 상태를 말한다. 참된 인식은 대상과 상황을 바르게 볼 줄 아는 법을 말한다. 형태 너머 내용 즉 본질을 볼 줄 아는 눈이다. 물론 참된 인식을 하는 과정에서도 인식 주체와 인식 대상이 있다. 그러나 참되게 인식을 하고 난 후에는 인식 주체와 인식 대상이 하나가 된다. 그것은 앎의 단계다. 다시 말해서 심안이 열린 것은 아니지만 심안이 열리지 않았음에도 심안으로 볼 때처럼 인식할 수 있는 것이다. 모든 것은 전지전능하게 다 알고 있는 '앎의 세계' 그곳에는 시간과 공간이 없다. 오직 영원한 현재다. 그리고 인식하는 자와 인식되는 대상이 없다. 그래서 한 생각이 일어나면 그 일도 성사된다. 그렇게 되는 방법을 당신은 지금 공부하고 있고, 그것을 아주 효율적으로 할 수 있게 하는 방법을 필자가 스리랑카에서 가지고 온 것이며, 그것을 독자들에게 드리고 그 사용법도 전해드린다는 말이다. 내가 착한 사람이어서가 아니다. 아래 금강경 본문을 보라.

13-3. 如法受持分(여법수지분)

須菩提(수보리): "수보리야,

若有善男子善女人(약유선남자선여인): 만약에 어떤 선남자·선여인이

以恒河沙等身命布施(이항하사등신명보시): 저 항하의 모래 수만큼이나 많은 몸과 목숨을 바쳐 보시했더라도

若復有人(약부유인): 어떤 다른 사람이

於此經中(어차경중): 이 경 가운데

乃至受持四句偈等(내지수지사구게등): 사구게만이라도 받아 지니고

爲他人說(위타인설): 이것을 남을 위해 설명해 준다면

其福甚多(기복심다): 그 복덕이 앞서서 형태만을 보시한 사람이 받게 되는 복덕보다 더 많게 되는 것이니라."

✹ 스리랑카

나는 출가자가 아니니 재가자 중심의 경전인 유마경을 나름 일찍이 공부했다. 그렇지만 유마경이 내 가슴에서 북을 친 적이 없었다. 일산을 부처님이나 스님들께 공양을 올리는 것은 오직 부자들만 그렇게 하는 줄 알았다. 물론 부자가 되고 싶은 마음을 가진 사람들이 올리는 공양물이라는 것은 알고 있었다. 그러나 그 기회를 얻지도 못했었고, 미얀마 태국 스리랑카를 다녀온 사람들에게서도 듣지를 못했었다. 그런데 그 일산을 사리자 존자의 사리탑이 있는 스리랑카 선원에서 처음 보았다. 나는 가슴이 설렜다. 달라고 할까? 팔라고 할까? 그런 생각이 잠시 일어나기는 했지만 그냥 스쳐 가는 생각이었다. 그러다가 한 젊은 여인에게 일산 공양의 공덕을 설명해주며 그 여인을 칭찬하고 나니

그 여인이 내게 일산을 선물하겠다고 했고 나는 꿈에 그리던 일산을 받아 공양할 기회를 얻게 된 것이었다. 그렇게 일산 공양을 부처님 사리탑에 올렸을 때 나는 정말 행복했다. 내가 보적장자가 될 것 같은 기분이었다. 스리랑카 저녁 예불에 "부자… 부자… 부자…"가 수없이 나와서 나는 '내가 미쳤나? 왜 이런 소리만 자꾸 들리지?' 했었다. 알고 보니 스리랑카 말로 Pu Za(부자)는 '공양을 올리다.'라는 동사였던 것이다. 즉 금강경 4분의 "보시를 하라!"라는 말의 보시를 해야지 하는 마음이 바로 부자라는 것이었다. 묘한 일이었다.

그러면 이제 남은 것은 부자를 잘하는 방법이다. 어떤 마음에서 어떤 공양을 올리는 것만을 알면 되지 않겠는가? 보살들은 어떻게 그렇게 큰 부자가 되어 그렇게나 보시를 자유롭게 할 수 있었을까? 그 답도 유마경에 나온다. 바로 자기 마음을 어디에 두어야 하는가가 제일 중요한 것이다. 자기 마음은 당연히 일주문 안에 두어야 한다. 있다 없다를 떠난, 분별을 떠난 그 마음자리 말이다.

보적이여, 마땅히 알라.
1. 곧은 마음直心이 보살의 정토이니

2. 보살이 부처를 이룰 때에

3. 비뚤어지지 않는 중생이 그 국토에 와서 태어나며…

우리는 1번 자리에 우리의 마음을 두어야 한다. 그리고 우리 의식세계가 2번 상태에 있을 때 그에 상응하는 3번 상태의 물질세계가 드러나는 것이다. 바로 보살이 부처를 이룰 때… 여러분들은 여러분의 기적을 일으킬 천사들이 여러분 안에서 태어나기 때문이다.

왜 부처님이

"나는 말했지만 말한 것이 없다.

나는 반야바라밀을 말했지만 반야바라밀을 말한 것이 아니다.

나는 보시를 말했지만 보시를 말한 것이 아니다.

나는 티끌을 말했지만 그것은 티끌이 아니다.

나는 32상을 말했지만 그것은 32상이 아니다."라고 말했겠는가?

석가모니의 '지켜보는 나'도 말을 하지 않고, 형상을 판단하지 않는다.

✳ 중간고사 응용 문제

중간고사 기본 문제는 상대성 양극성을 벗어나야 함을 전하기 위해서 낸 문제인가?

그렇기도 하다. 그러나 돈의 정체를 밝히기 위해서이기도 했다. 돈은 양성도 아니고 음성도 아니지만 지금 당신에게 필요한 돈의 개념에 대한 정답은 여성 에너지라고 해야 맞는다고 필자는 생각한다. 물론 여기서 여성을 남성의 상대적 개념으로 보아서는 안 된다. 만물을 창조한 에너지 자체가 여성 에너지이기 때문이다. 창조라는 말에 벌써 여성성의 의미가 있다. 조선시대 할아버지인 정철은 "아버지 날 낳으시고 어머니 날 기르시니…." 운운하는 시조를 남기셨다. 이 말이 의미하는 바는 사주四柱적으로 당신이 가질 수 있는 Having Mode의 돈은 당신이 태어난 날 하느님 아버지라고 하는 분이 딱 정해 놓으셨다. 그런데 이제 당신을 기르는 새로운 의법출생을 해야 하는 사주팔자에 없는 경제를 사용할 수 있게 기르는 것은 당신의 어머니다. 어머니의 돈은 자기가 쓰려고 자기가 가지려고 챙기는 돈이 아니다. 남편이 사용할지, 자식이 사용할지 그것은 모르지만 여하간 필요한 경우에 그 필요에 부응하기 위해 존재하는 Being Mode의 돈이다. Being Mode의 돈은 지켜보는 나가 아주 꽉 쥐고 있다.

1. 당신이 여태껏 사용하고 지금 가지고 있는 돈은 누구에게서 왔는가?

2. 당신에게 온 돈의 형태는 무엇인가? 그리고 앞으로 올 돈의 형태는 무엇이라고 생각하는가?

힌트: 문제 1의 '돈의 공급자'는 돈이 인식의 세계에 있는 것이 아니라, 앎의 세계에 있다는 것을 생각하면 문제를 풀 수 있고, 문제 2에서 돈이 여성 에너지라는 것은 돈의 공급자가 주는 '돈의 형태'를 아는 데 필요한 것이다.

고백할 것이 있다. 이 문제의 답을 생각이 아니라 몸으로 공감하는 데는 7개월이 걸렸다. 아니 나의 영혼이 '맞아! 맞아! 너 이제 답을 알고 느꼈구나!'라고 동의를 구하는 데 7개월 걸렸다.

금강경으로
삶의 기적이 일어나는
5단계를 밝히시다

금강경 제9분에서 수보리 존자는 부처님께 수다원이 뭐냐? 사다함이 뭐냐? 아나함이 뭐냐? 참으로 세심하고 끈기를 잃지 않으시고 질문을 하셨다. 거기에 맞게 수보리 존자는 정직하게 모든 답변을 성실하게 했다. 그러다가 "아라한이 뭐냐?"라고 물으시니 드디어 자신의 차례가 왔다고 생각했는지 엄청나고 길게 부처님이 왜 자신을 칭찬하시는지 그 이유까지 아주 길게 말한다. 그런데 부처님은 그 자화자찬 답변에 한마디로 대꾸를 안 하셨다. 그리고 후대의 선배들은 그 부분에 대해서 일상一相 무상無相이라는 제목을 붙였다. 한마디로 "웃기지 말라!"라는 소리였다.

그 말은 우리가 알고 있던 자기 즉 보이는 나인 Ego를 갈고닦아서 계급을 만들어 본들 말짱 꽝이라는 소리다. 개별적 자아가 부자가 되건, 왕이 되건, 천황이 되건, 대통령이 되건, 주석이 되건, 황제가 되건 그냥 과자 부스러기 받아먹는 거라는 의미다. 그래서 부처님도 수보리의 답변이 끝나자, "보살이 국토를 장엄하게 한 것은 아느냐?"라며 금강경 제10분의 장엄정토분이 시작된다. 여러분은 거기서 두려움 없는 마음인 청정심과, 지켜보는 자기가 일으키는 마음인 응무소주 이생기심의 마음 격발 원리를 배웠다. 이제 그 기억을 다시 살려내기를 바란다. 금강경 14분의 분명은 離相寂滅分(이상적멸분)이다. 이는 우리 공부 언어로 말하자면 에고가 만들어내는 모든 자화상은 그냥 버려버리고, 셀프 즉 아무것도 말하지 않는 적멸한 세계에서 항상 나를 지켜보는 나가 내 삶의 전반적 지휘를 하도록 참된 인식을 하라는 것을 말한다. 자 시작해보자.

14-1. 離相寂滅分(이상적멸분):
항상 불균형인 보이는 나가 만든 상은 다 균형으로...

爾時須菩提(이시수보리): 이때 수보리는

聞說是經(문설시경): 이 경을 설하시는 것을 듣고

深解義趣(심해의취): 그 깊은 뜻을 이해하고

涕淚悲泣(체루비읍): 눈물을 흘리고 슬피 울며

而白佛言(이백불언): 부처님께 아뢰었다.

希有世尊(희유세존): "희유합니다. 세존이시여,

佛說如是甚深經典(불설여시심심경전): 부처님께서 이처럼 뜻이 깊고도 깊은 경을 설하셨습니다.

我從昔來所得慧眼(아종석래소득혜안): 닦아온 저의 혜안으로도

未曾得聞如是之經(미증득문여시지경): 일찍이 이런 경을 듣지 못했던 것이옵니다.

世尊若復有人(세존약부유인): 세존이시여, 만약 어떤 사람이

得聞是經(득문시경): 이 경을 듣고

信心淸淨(신심청정): 믿는 마음이 맑고 깨끗하면

卽生實相(즉생실상): 곧 그 실상을 깨닫고

當知是人 成就第一希有功德(당지시인성취제일희유공덕): 마땅히 세상에서도 드문 공덕을 성취한 것을 알 것입니다."

✵ 기적 1단계

수보리 존자의 눈물은 존자의 영혼 깊숙한 곳에 있던 영혼의 각성이 일어난 순간 터진 눈물이다. 필자도 1차적 체험을 한 적이 있다. 왜 울었는지 모르지만 엄청 소리 내어 울었다. 그리고 그다음 해부터 필자에게도 기적이 일어나긴 했다. 그래서 당시 회사에서 나에게 하는 우스갯소리가 "꺼진 불도 다시 보자!"였다. 한물간 사람인 줄 알았는데 다시 회사의 중추적 인물이 되었다고 한 소리였다. 그러나 그것뿐이었다. 뿌리를 모르면 그렇게 된다. 수보리 존자도 여기서 그렇게 난리를 치며 울더니 뒤에 가서는 엉뚱한 소리로 부처님을 열 받게 한다.

여하간 기적의 1단계는 우리 마음속 깊은 곳에 실제로 존재하면서도 집 안에서 키우는 강아지만큼도 우리 눈길을 받지 못했고, 매일 세수하면서 영혼의 얼굴을 보면서도 못생긴 얼굴 한심한 자신의 얼굴만 볼 뿐, 그 모든 인연을 미리 기획하여 우리 몸과 얼굴을 만들어 세상에 나온 우리 영혼을 전혀 대접하지 않았다. 그래서 시간은 자꾸 가는데 영혼의 갈증을 물질과 숫자와 알코올과 그 외 다른 여흥으로 채우려고만 하는 우리의 삶에 영혼이 경고를 보내도 그 의미를 전혀 눈치채지 못하고 대부분 삶을 낭비한 것이다

물론 영혼의 갈증을 채우려고 절에도 다니고 교회도 다니고 이슬람 사원 성당 심지어 산신각도 가고 명상을 하기도 하지만 대부분 사람들은 자기 영혼의 공백을 무엇으로 채워야 할지를 모른다. 수보리 존자와 1,250인도 그랬다. 그런데 이제 개별적 자아가 아닌 전체적 자아인 '지켜보고만 있던 나' 그 제3의 눈을 가진 '제3의 나'의 존재를 알게 된 것이다. 수보리의 영혼은 기뻤다. 영혼의 공백을 메울 수 있었던 것은 바로 불성 성품 혹은 성령 혹은 영성이라고 하는 것임을 수보리 존자가 알게 되자 영혼이 RPM을 급하게 올리면서 영적 각성의 방아쇠가 당겨졌기 때문이다.

이 순간은 법안法眼을 열면 가능하다. 천신들의 눈인 천안이나, 인간의 혜안으로도 알 수 없었다고 위 본문에서 수보리 존자도 밝히고 있다. 실상을 보려면 인공 강우 즉 참된 인식의 반야라는 필수 도구가 있어야 하기 때문이다. 그리고 이 방법을 알게 된 당신이 최상의 제일 희유한 공덕을 받게 됨을 수보리 존자가 증명하고 있다. 당신도 당신 영혼의 갈증을 채우는 이 노력을 하니 기적은 누구에게나 동일한 공식에 따라 일어난다. 지켜보라, 상신의 삶의 변화를.

14-2. 離相寂滅分(이상적멸분)

世尊(세존): "세존이시여,

是實相者(시실상자): 이 실상이라는 것도

卽是非相(즉시비상): 실은 실상이라고 말할 수 있는 것이
아닙니다.

是故(시고): 그러므로

如來說名實相(여래설명실상): 여래께서는 이름이 실상일
뿐이라고 설하시었습니다.

世尊(세존): 세존이시여,

我今得聞如是經典(아금득문여시경전): 제가 이제 이와 같
은 경을 듣고

信解受持(신해수지): 믿고 깊이 깨달아 받아 지니기는

不足爲難(부족위난): 어렵지 않으나

若當來世後五百歲(약당래세후오백세): 만약에 내세 후오
백세가 되었을 때에도

其有衆生(기유중생): 그 말세의 어떤 중생들이

得聞是經(득문시경): 이 경을 듣고

信解受持(신해수지): 믿는 마음이 생기고 깨달아 받아 지

니는 사람이 있다면

是人卽爲第一希有(시인즉위제일희유): 그는 아마도 세상에서 가장 희귀한 묘한 사람이 될 것입니다."

✸ 기적 2단계

알다시피 이 챕터의 이름은 離相寂滅分(이상적멸분)이다. 그런데 불교에서 적멸寂滅의 상태란 무엇인가? 아무것도 없다는 말인가? 아니다! 적멸은 균형이다. 모든 것이 균형을 이루게 된다는 말이다. 기적의 1단계에서 말했듯이 우리 영혼은 기본적으로 완전한 존재가 아니다! 그리고 스스로도 완전한 존재가 아닌 것을 알기에 항상 두려움과 불안이 있다. 그 불안과 부족을 메우기 위해 영혼은 여행을 한다. 태어남을 선택하는 것이다. 그래서 지난 생에 가난을 겪은 다음은 부자로서의 다음 생을 선택하기도 한다. 확실한 이야기는 아니지만 『하버드에서 화계사까지』라는 책으로 한국인에게 널리 알려진 현각 스님의 전생 시절 그 영혼이 머물러 살던 몸은 만해 한용운 스님이었다고 한다. 너무나 슬픈 조선의 백성들을 위해 조선을 강한 나라로 만들어야겠다는 생각을 품고 만해 한용운은 죽음을 맞이하였다고 한다. 죽기 전에 한 생각이 다음 생을 결정한다지 않는가? 현각 스님이 한국

172

에 와 있을 때 저녁마다 어떤 노래가 나오면 자기도 모르게 눈물이 주룩주룩 흘렀다고 한다. 그래서 "매일 나오는 저 노래가 뭡니까?"라고 물었는데 그 노래의 정체가 '애국가'였다고 한다. 그 말을 숭산 스님에게 하니 그제야 "응~ 너 전생에 일본에게서 한국을 독립시켜 한국을 강하게 해야겠다는 독립군으로 살다가 죽었어! 하하하."라고 했다고 한다.

그렇게 영혼이 저쪽 세상에서 이쪽 세상으로 올 때는, 저쪽 세상에서의 삶에서 경험했던 감정을 바탕으로 이쪽 세상에서의 모든 상황과 가족과 새로운 체험의 과정을 선택한다고 한다. 그런데 어떤가? 그 선택이 맞을까? 이미 한국은 일본과 껍데기는 거의 비슷하고, 요사이 일본 사람들한테 나막신으로 머리를 맞는 사람이 단 한 명이라도 있을까? 경제적으로는 어떤 면에서 일본보다 나은 면이 많아 심지어 일본 젊은이들은 한국을 일본만큼이나 좋아하고 부러워한다는데, 현각 스님의 영혼이 자신의 감정 균형을 위해 선택한 삶에 대해 현각 스님의 영혼은 지금 어떤 감정을 가지고 있을까? 아마 또 다른 감정상의 불균형에 있지는 않으실까? 않기는 뭐가 아닌가? 100%다. 우리 모두 그렇다.

우리 영혼의 선택이라는 것은 그렇게 수준이 낮다. 그래서 어린아이 시소처럼, 균형을 맞춘다고 하는 것이 또 다른 불균형을 이루고 만다. 이것을 부처님도 속절없이 겪다가 드디어 깨달아 균형을 맞추는 방법을 알아내셨는데 그 방법이 離相(이상) 즉 모든 자화상을 사용하지 않는다는 말이다. 아상, 인상, 중생상, 수자상이라는 상이 없을 수는 없다. 즉 우리는 이런 공부를 하는 초창기 아니 거의 끝 무렵까지도 우리의 머리가 계산기를 두들기지 않게 할 수는 없다. 자동으로 계산기를 두드리기 때문이다. 그렇다면 방법은 하나다. 계산하게 내버려 두라. 그러나 그 답을 사용하지 말고 그 계산기를 그냥 덮어버려라. 그것이 상을 떠나는 아주 쉬운 방법이다. 그러나 이 방법을 실행하는 사람은 아주 희유하다. 각자 자기 계산기가 좋다고 생각하고, 좀 겸손하고 자신감이 없는 사람은 점쟁이나 스님이나 목사님 혹은 자기보다 잘난 사람의 계산기를 빌려보는 묘안을 내기도 한다. 하지만 어떤 누구의 계산기를 사용하건 끝은 좋지 않다. 그래서 계산기를 덮어버리는 것에는 용기는 좀 필요하다. 그렇게 계산기를 덮어버리고 시간이 좀 흐르면 엄청 뿌듯한 사소한 일이 자기에게 일어나는 보상을 받게 된다. "말세의 어떤 중생들이 이 경을 듣고 믿는 마음이 생기고 깨달아 받아 지니는 사람이 있다면 그는 아마도 세상에서 가장 희귀한 묘한 사람이 될 것입니다." 계산한

다음 그 계산기의 결과를 버리는 것이 이렇게 어렵다고 부처님이 말씀하시지 않는가?

14-3. 離相寂滅分(이상적멸분)

何以故(하이고): "왜냐하면

此人(차인): 이 사람은

無我相(무아상): 자기 자신이라는 자화상도 없고

無人相(무인상): 저 사람은 경쟁자라는 혹은 상관없는 사람이라는 자화상도 없으며

無衆生相(무중생상): 나와는 관계없는 사람들이나 동물, 식물들이라는 중생상의 자화상도 없고

無壽者相(무수자상): 죽으면 그뿐이지, 나 살아 있을 때 뭐해야지 하는 그러한 시간이라는 자화상에 묶인 수자상도 없는 대단한 사람이기 때문입니다.

所以者何(소이자하): 그 자화상이라는 것이 모조리 허상인 까닭은

我相卽是非相(아상즉시비상): 아상이라는 자화상도 자기

생각이 만든 상이고

人相衆生相壽者相(인상중생상수자상): 인상·중생상·수자
상이라는 그들의 자화상도

卽是非相(즉시비상): 그냥 그들의 뇌에서 상황 따라 그때
그때 다르게 만들어내는 상이기 때문에 거짓되고 헛된 망
상의 자화상입니다.

何以故(하이고): 그런 연고로

離一切諸相(이일체제상): 모든 자신을 시험에 들게 하는
모든 자화상을 그냥 흘려 보내버리면

卽名諸佛(즉명제불): 그런 사람을 곧 부처라 이름하기 때
문입니다."

佛告須菩提(불고수보리): 부처님께서 수보리에게 말씀하
시었다.

如是如是(여시여시): "옳다. 그러하다. 그렇게 부처가 되는
것은 어려운 일이 아니니라.

若復有人(약부유인): 그런데 어떤 사람이

得聞是經(득문시경): 이 경의 가르침을 듣고도

不驚不怖不畏(불경불포불외): 거짓말이라고 놀라지 않고,

나만 못하면 어떡하지 하며 겁내지 않고, 자기가 자기 부처를 찾아 쓰는 데 두려워하지 않는 사람이 있다면
當知是人甚爲希有(당지시인심위희유): 이 사람은 매우 희귀하고 소중한 사람임을 알아야 하느니라."

✳ 기적 3단계

부처님이 금강경을 제자들에게 이제 설하시는 이유는 제자들을 궁극적으로 부처가 되게 하기 위해서다. 위 본문에서 '이일체제상 즉명제불'이라는 구절을 이미 읽어보셨을 것이다. 그리고 이 금강경 14분의 이름은 이상적멸분이다. 자신이 만들어 내는 자화상을 떠나 새로운 자기가 되는 것은 몹시 중요하다. 남자들이 최소한 한 달에 한 번은 이발소離髮所를 간다. 머리카락을 떠나보내는 장소라는 의미다. 떠날 '이' 대신에 정리할 '리'를 쓰기도 하지만 정확히는 머리카락하고 이별하는 곳이 이발소다. 마찬가지로 자신의 상을 떠나야 부처가 되고 보살이 되는 것이다. 부처 되는 것이 쉽지는 않지만 길은 명확하다. 소개하겠다.

불교 신자들은 스님들을 따라 하면서 천수경의 "나무 칠구지 불모 대준제보살南無七俱胝佛母大准提普薩"이라는 구절을 많이 들어

보셨을 것이다. 준제보살은 티베트 불교에서 엄청나게 중요한 역할을 하는 따라보살이다. 티베트 불교에서 따라보살이 부처의 어머니이기도 하다. 그러나 먼저 한국 경전인 천수경의 준제보살을 보자. 먼저 불모不毛라는 구절에서 알 수 있듯이 준제보살은 부처를 낳을 수 있는 '부처의 엄마'라는 뜻이다. 즉 부처의 엄마 보살이 준제보살이다. 이 부처의 엄마 보살은 7개의 그 무엇을 갖추고 있다. 그 구절이 칠구七俱다. 그것을 어디에 갖추고 있느냐 하면 자신의 육체, 신체에 갖추고 있다는 말이다. 그 구절을 뜻하는 말이 지脂다. 일반적으로 기름 '지'로 알고 있지만 육체를 나타낸다.

즉 자신의 신체에 7개의 그 무엇을 갖추고 있어야 자신이 보살이 되었다가 부처를 이루는 것인가? 이 7개의 무엇을 동양에서는 북두칠성에 비유하기도 했다. 인도와 서양 정신세계에서는 신체 내에 있는 에테르 몸체가 가지고 있는 7개의 챠크라로 묘사했다. 7개의 챠크라는 우리의 신체 내에 7개의 내분비선과 짝을 이루며 각종 호르몬을 배출하는 역할을 한다. 문제는 이 7개의 챠크라가 전부 작동하지 않는다는 데에 있다. 비유하면 자신 앞에 펼쳐지는 모든 상황을 알려면 7개의 CCTV가 보내주는 정보를 바탕으로 종합상황실에서 판단을 해서 의사결정이 이루어져야 하는데 남성들은 대부분 CCTV 5개가 고장 나 있고, 여성들은 남자들보다 형편이 좀 나아서 3개의 CCTV가 작동되어 판단한다고 한다. 흔히들 여자의 육감이라는 말은 CCTV 하나를 더 고려해서 상황을 판단하는 여성들의 장점을 말한다. 그 이유는 여성들은 새로운 생명을 창조하는 기능을 신체 내에 가지고 있어서 남자들만큼 CCTV를 전부 방치하지 않았기 때문이다. 그리고 대부분 남자들은 CCTV도 종족 번식과 관련 있는 생식 CCTV와 경제적 상황과 관련 있는 생존 CCTV만이 작동되고 있는 형편이다. 즉 진실은 보지 못하고 사회적으로 조작된 먹고사니즘의 온갖 세상 사고방식에 오염되어 CCTV 2~3개만을 보고 사는 것이다.

그렇게 남자나 여자나 전부 '세상이 왜 이런지 모르겠다. 나는 왜 이런지 모르겠다.'라고 생각하다가 '사람 사는 게 다 그렇지.' 하면서 죽어버린다. 그리고는 또 태어나려고 몸부림친다. 저쪽 세상에서 말이다. 그런데 어떤 사람들은, 이 책 독자분들처럼 알고 시작하였건 모르고 시작하였건 금강경에 꽂히면 그것도 제대로 꽂히면 7개 CCTV를 전부 재가동시켜 자신의 삶을 운영하게 된다. 보통 억만 겁 윤회해서 끊임없이 몸을 받더라도 사람들이 잘 모르는데 이런 공부를 본격적으로 하는 사람들은 아주 최고의 인간이고 아주아주 희유한 사람이라고 하는 것이다. 지금까지 알고 있던 학교, 신문, 방송들, 자기도 세상의 진실에 대해 이리저리 상처받아 치유가 안 된 불구자들이 자신보다 더 마음이 허약한 심약자들을 상대로 온갖 잘난 척, 아는 척, 정의의 사도인 척하는데 자신이 그들에게 의식 조작이 되어가고 있다는 사실을 전혀 모른다. 여기까지 금강경을 읽으시고 자신의 처지가 바로 그렇다고 생각하고 '새로운 나를 찾아야겠다!'라고 발심하시면 그것이 기적의 3단계이다.

✸ 14-4: 삶의 모든 불균형을 균형으로 만들려면

寂滅(적멸) 즉 당신 삶의 균형을 이루기 위한 離相(이상)은 반드시 철저히 공부해야 하는 부문이다. 그래서 금강경에 아상, 인상, 중생상, 수자상이 지겹도록 등장하는 것이다. 그것도 부족해서 부처님은 법상 비법상을 말씀하시고 그래도 걱정이 되시는지 나중에 아견, 인견, 중생견, 수자견으로 시선을 바꾸어 또 강조하신다. 이른바 세상 사고방식와 전생까지의 습에 푹 젖은 우리가 업의 폭격을 당하게 되는 것을 미리 체험해서서 그럴 것이다.

그런데 모든 자화상들은 근본 자체가 환이며 정체가 없다, 즉

뻥이라는 소리다. 앞에서 이미 소개했지만 이곳 직전까지는 그런대로 우리가 인생에서 맞이하는 순順경계를 만들기 위해 보시에 대한 말씀을 많이 하셨다. 독자분들이 보시라는 말이 또 돈 내라는 말인가 보다 오해하실까 봐 다시 말한다. 부처님은 알거지 제자 1,250명에게 금강경 첫 보리부터 보시하라는 말씀을 하신 분이다. 그래서 그렇다면 부처님은 세상을 어떻게 보시는 것일까? 부처님은 복덕 더 정확히는 돈을 보시는 분이 아니다. 돈과 복덕이라는 보배비를 만드는 인공강우 방식을 계속 말씀하시지만 그 보배비가 그득한 '우주의 은행'을 가르쳐 주고 있다. 그 우주 은행에서 필요한 만큼 자동으로 대출이 척~ 하고 나오는 비밀번호가 참된 인식이다. 다시 말해서 돈을 만들어내는 근본 원리를 가르쳐주시는 것이다. 그런데 문제가 있다. 당연하지 않은가? 세상의 이치는 작용과 반작용이 같이 작동되는 것 아니겠는가? 당연히 우리가 순경계를 강화하면 균형을 맞추기 위해 역경계가 등장하는 것은 공식이다. 바로 우리가 이런 이치를 모르고 살았던 시절에 무심코 저질렀던 것들이 역逆경계로 튀어나올 때 그것에 대처하는 욕됨과 인내가 필요한 것이 아니겠는가? 그래서 인욕바라밀이 등장한다.

그리고 참으로 이해하기 어려운 부분이 있었다. 필자는 이를 이해하는 데 21년이 걸렸다. 부처님은 업의 보상원리 즉 자신의 행위에 대한 균형을 위해 과보果報 혹은 업보라는 것이 존재한다고 밝히신 분이다. 그런데 부처님은 전생에 무슨 흉악한 범행을 저지르셨기에 어느 생에서인가 저렇게 처참한 보복을 당하셨다는 말인가? 물론 부처님은 과거 생에 한 번도 스님으로 사신 적은 없지만 강도와 도둑놈으로 살기는 했다. 그 강도 시절 저지른 범행의 과보일까? 아래 금강경 본문을 보라. 칼로 온몸이 갈가리 찢기는 범행을 거꾸로 당한 이야기가 나온다. 그런데 그 피해자 시절의 대응 방법을 우리 일반 재가자들이 받아들일 수 있을까? 여기에 기적의 4단계 고비가 있다.

14-4-1. 離相寂滅分(이상적멸분)

何以故(하이고): "왜냐하면

須菩提(수보리): 수보리야,

如來說第一波羅蜜(여래설제일바라밀): 여래가 설한 보시 바라밀이 제일바라밀이라고 했지만

卽非第一波羅蜜(즉비제일바라밀): 그렇다고 보시가 No.1 바라밀이라는 것이 아니라

是名第一波羅蜜(시명제일바라밀): 다만 그 줌과 줄 수 있다는, 중생들이 이미 그 능력의 종자를 가지고 태어났다는 그 보시의 근원인 몸을 각기 하나씩은 가지고 있기에 그 이름을 제일바라밀이라고 하고, 보시바라밀을 No.1 바라밀이라고 이름했기 때문이니라.

須菩提(수보리): 그래서 수보리야,

忍辱波羅蜜(인욕바라밀): 여래가 No.2로 거론한 인욕바라밀도

如來說非忍辱波羅蜜(여래설비인욕바라밀): 여래가 인욕바라밀이 아니라고 설하는 것은

是名忍辱波羅蜜(시명인욕바라밀): 욕됨을 참는다는 것이 욕됨도 아니고 참는 것도 아니기 때문이니라.

何以故(하이고): 그 까닭이 무엇이겠느냐.

須菩提(수보리): 수보리야,

如我昔爲歌利王(여아석위가리왕): 내가 전생에 가리왕에게

割截身體(할절신체): 몸을 베이고 잘리고 할 때에

我於爾時(아어이시): 그때 나에게는

無我相(무아상): 아상도 없었고

無人相(무인상): 인상도 없었고

無衆生相(무중생상): 중생상도 없었고

無壽者相(무수자상): 수자상도 없었느니라.

何以故(하이고): 왜 그런가 하면

我於往昔節節支解時(아어왕석절절지해시): 전생에 내가 온몸의 마디마디와 사지를 찢길 때

若有我相人相衆生相壽者相(약유아상인상중생상수자상): 만약 그 몸이 나라는 의식의 중심이 신체에 있어서 아상·인상·중생상·수자상이 있었다면

應生嗔恨(응생진한): 나는 마땅히 그 고통과 억울함으로 성내고 원통한 마음을 일으켰을 것이기 때문이니라.

✸ 기적 4-1단계

자, 우리의 공부를 시작해보자. 우리 모두가 저런 과보를 받는 것은 아니다. 물론 우리도 저런 과보를 받던 시절이 있었을 것이다. 불과 70년 전만 해도 칼과 창에 목이 덜겅덜겅 잘려나가고 왜정시대와 6 25전쟁, 월남 전쟁에서도 그런 일을 당한 사람은

엄청나게 많고, 지금도 지구 어느 곳에서 저런 보복 행위는 일어나고 있다. 그래서 우리 독자분들은 저런 꼴을 과거 어느 생에 이미 다 업의 정산을 마치신 분들이시기에 이 공부를 한다고 판단한다. 지금 부처님 이야기도 석가모니 부처님이 아니라 그 어느 전생에 도둑놈 강도로 산 다음 생의 이야기일 것이니까 말이다.

여하간 부처님이 연기법을 깨달으셨는데, 그 인연이 일어나는 이치는 반연攀緣이라고 했다. 자기 앞에 펼쳐지는 인연은 자신의 업이 휘어잡아 감아 들어오는 반攀의 인연으로 그렇게 된다고 밝히셨다. 그리고 각 생에 그 영혼이 감당할 수 있는 업의 정산만이 일어난다고 했다. 그렇다면 우리가 지금 각자 앞에 두고 있는 여러 가지 문제들은 무엇인가? 그에 대한 답을 순서대로 말하겠다.

1. 지금 내 앞에 펼쳐진 상황은 내가 반드시 풀 수 있는 문제다.
2. 그리고 이 상황에 대한 판단과 비판은 하지 않는다.
3. 이유는 모든 외부적 상황과 심적 상황은 내 의식이 드러난 거울 속의 현상이기 때문이다.
4. 그래서 거울 밖인 나의 의식을 고치면 거울 속 상황은 당연

히 고쳐진다.

5. 거울 밖 나의 의식은 두 가지가 있다. 내가 알고 있는 나의 의식과, 내게 있으면서도 7개의 CCTV가 모두 작동되지 않은 탓에 사용하지 않았던 진짜 나의 의식이다.

6. 진짜 나의 의식이 작동되려면 나는 세상을 제대로 보는 임시의 나를 만들어야 한다. 이 부분이 금강경 제일 마지막에 나오는 응작여시관(마땅히 네 의식을 조작해서 그렇게 진짜 내가 보듯이 모든 상황을 관하라!)이다. 바른 참된 인식을 할 수 있는 '보는 나'를 반드시 만들어야 한다는 것이다.

7. 그때까지의 수행 과정에서 자동적으로 CCTV 7개를 다 볼 수 있는 상황이 의식에서도 실제 자신의 육체 속에서도 일어난다.

8. 그러면 진짜 나(지켜만 보고 있던 나)가 개입하여 모든 상황을 정리하여 균형을 맞춘다.

9. 당신은 신체적으로나 심리적으로나 경제적으로나 모두 균형 상태에 놓이게 된다.

그래서 우리가 여기서 해야 할 것은 6번이다. 상황을 바르게 인식하는 안목을 길러야 한다. 우리가 사는 일주문 밖의 물질 세상이 양극성으로 이루어져 있다는 건 우리 모두 다 알고 있다. 내

식구와 남의 식구, 우리 편 상대편, 이익과 손해, 긍정과 부정, 남성과 여성, 부자와 가난한 자…. 이 세상에 존재하는 모든 것이 한쪽 극성을 표현하고, 모든 문제에는 YES 와 No가 항상 같이한다. 이것은 이분법의 세상이라고도 표현할 수도 있다. 여하간 이 세상은 대립물로 이루어져 있다는 우리의 인식과 일치한다. 그래서 스님들이 사찰 안에 계시다가 사찰 밖을 나가는데 기둥 2개 세워놓고 안쪽은 모든 대립이 하나로 통합된 일주문 안이라고 하는 것이다. 절 밖에 나가면 그렇게 대립물로 이루어진 세상이다.

즉 부처님이, 도인 스님들이 깨닫고 나서 보니, 우리가 인식하듯이 음과 양의 세계라는 것마저도 그렇게 서로 대립하는 생명력이 정말로 존재하는 것이 아니더라는 것이다. 그렇게 보이는 것은 각자의 자화상이며 환이며 낮꿈이더라는 것이다. 그냥 만물은 형태만을 달리 하는 일심一心 일미一味의 보편에너지로 이루어진 에너지체들의 다양한 모습들이라고 했다. 부처님이 깨닫고 나니 양극성이란 존재 전체인 하나에서 잠시 두 개로 나뉘어 당시 하나로 합일되는 과정을 이루기 위해 각자의 나가 서로를 대립물로 비추는 상태를 말한다.

즉 개별적 자아들이 물질 체험을 위해 음양陰陽이라는 태극太極 현상이 일주문 밖 세상으로 나가기는 하지만, 언젠가는 그 체험과 배움의 공부를 바치고 반드시 음양이 하나로 통합되는 무극無極세상인 일주문 안의 진실세계로 다시 회귀해야 한다는 것을 말한다. 쉽게 비유하면 진실세계는 남성적 에너지와 여성적 에너지가 하나로 통합되는 것을 말한다. 이 보편에너지는 보살들이라는 존재가 그러한데, 설사 일주문 밖에 있더라도 자신이 누구인지를 알고 자신을 자유롭게 표현할 수 있을 때, 외견상 상황으로는 서로 대립하지만 반대하지는 않고 단지 서로를 반영할 뿐이어서 갈등 따위는 없는 상태를 말한다. 이 상태가 발보리심을 한 보살들의 정체이다. 그래서 절에 가서 잘 살펴보면 보살들의 얼굴과 가슴은 거의 여성적이며 남성적이라고 할 수 있는 수염은 몇 가닥 정도이고 콧수염도 그냥 두세 가닥 정도로 표현되어 있다. 그런데 모자는 천경자 화백의 미인도처럼 온 머리는 꽃으로 장식하고, 목에는 온갖 보배 목걸이가 주렁주렁 달려있다. 즉 남자, 여자를 넘어선 존재라는 것이다.

그런데 우리들은 어떤가? 온 세상을 물질 기준으로만 보는 우리의 인식은 싫은 것은 밀쳐내고 거부하고, 내게 이득이면 당기고 좋은 것은 게임으로 자신을 탕진한다. 우리는 그렇게 운명과 상황과 싸우고 삶의 흐름에 저항하면서, 그런 식으로 살아야 남자답다고 하고, 자기 가정과 조직을 제대로 지킨다고 하고, 그렇게 해야 간신히 삶을 작동시킬 수 있다고 실제로 믿는다.

그러다 보니 우리는, 자신의 이득을 위해서라면 남을 속이면서까지 무슨 일이든 하는 사람들을 늘 만나고 대한다. 덩달아 자신이 처한 문제를 조작하지 않고 있는 그대로 해결될 것 같은 상황을 만나는 일은 거의 없다. 아무리 사소하더라도 어느 지점에서 표면화되는 문제를 만나지 않고 하루를 보내는 일은 거의 없다. 우리는 이런 걸 정상으로 받아들인다. 이런 것들이 분열된 마음에서 나온다는 사실을 모르고 "삶이란 으레 그런 거"라고 말한다. 하지만 우리의 똑같은 삶을 우리가 배우는 참된 인식인 통합된 의식으로 보면, 당장 절박한 모든 문제, 그것이 당장 일주일 안에 몇 천만 원의 돈이 필요한 것일지라도, 마치 학창시절 풀어도 상관없고 못 풀어도 다시 기회가 있는 모의고사 형식 같은 것임을 알게 된다. 필자는 상당한 거금이 필요했던 절박한 상황을 그렇게 풀었었다. 이후에 그런 일이 또 생겼는데 전에는 분명히 풀었는데 그때는 풀지를 못해서 몇 년을 질질 끌며 고생을 한 적이 있었다. 그 이유는 처음에 그 문제가 풀렸을 때 그것을 부처님의 가피라든가 혹은 본인의 타고난 복이라고 생각했던 것이다. 그것은 아주 위험한 생각이었다. 왜냐하면 불균형이 균형으로 된 것이 행운과 복이라는 상대성 중 한쪽의 선물이라고 생각했기에 삶의 공식을 몰랐던 것이다. 내가 우월하다는, '내가 이런 복이 있다.'라는 자존감은 또 다른 불균형을 초래했으며, 법계는 그 불균형을 균형으로 맞추기 위해 또다시 어려운 문제를 만들어낸다는 것을 몰랐던 것이다. 그래서 욕됨을 해결하는 부처님의 인욕바라밀은 한번 겪은 재앙이 다시 오지 않게 하는 아주 중요한 분수령이 된다. 그런데 필자 같은 비극이 부처님에게도 있었나 보다.

14-4-2. 離相寂滅分 (이상적멸분)

須菩提(수보리): "그런데 수보리야,

又念過去於五百世(우념과거어오백세): 또 전생 과거 오백 세 동안이나

作忍辱仙人(작인욕선인): 그렇게 욕됨을 참는 인욕을 수행했던 선인이었을 때를 생각하니

於爾所世無我相無人相無衆生相(어이소세무아상무인상무중생상): 그 세상에서도 나는 '육체가 나'라는 아상이 없었

고 인상도 없었고 중생상도 없었고

無壽者相(무수자상): 또 나이가 몇 살이니, 수행을 몇 생을 했느니 하는 시간이라는 자화상에 묶인 수자상도 없었느니라.

是故(시고): 그러므로

須菩提(수보리): 수보리야,

菩薩應離一切相(보살응리일체상): 보살은 마땅히 일주문 밖의 일체의 상을 떠나

發阿樓多羅三邈三菩提心(발아뇩다라삼먁삼보리심): 일주문 안의 아뇩다라삼먁삼보리의 마음을 내야 할 것이니

不應住色生心(불응주색생심): 마땅히 형상에 머무르는 마음이 있어서는 안 되며

不應住聲香味觸法生心(불응주성향미촉법생심): 마땅히 소리·향기·맛·감촉 어떤 유혹의 법에도 머무르는 마음이 있어서도 안 된다.

應生無所住心(응생무소주심): 마땅히 그 어떤 감각기관의 유혹에 너의 마음이 가서 작용을 하는 일주문 밖에 머무름이 없는 일주문 안의 마음을 내어야 하느니라.

若心有住(약심유주): 만약에 마음에 상대성의 세계인 소위

현실이라고 여겨지고 믿던 세계의 의식에 너의 마음 머무름이 있다면

卽爲非住(즉위비주): 그것은 곧 올바른 머무름이 아니기 때문이니라.

是故(시고): 이런 까닭으로

佛說菩薩心(불설보살심): 보살의 마음은

不應住色布施(불응주색보시): 마땅히 색에 머무르지 않는 보시를 해야 한다고 말하느니라.

須菩提(수보리): 수보리야,

菩薩爲利益一切衆生(보살위이익일체중생): 보살은 마땅히 일체 중생에게

應如是布施(응여시보시): 이익이 되는 이런 보시를 해야 하느니라."

✳ 기적의 4-2단계

부처님은 부처님이 되기 이전에 왜 500세 동안이나 같은 문제를 풀지 못했을까? 형태는 다르지만 원인은 하나였던 역경계 문제를 왜 해결하지 못했던 것일까? 이렇게 생각하면 필자의 21년

고생은 약과구나! 안도감이 들기는 한다. 독자분들도 그렇게 여기시기를 정말 간절히 바란다. 왜냐하면 우리는 그 욕됨 그 울분 그 억울함 그 피해감을 해결할 수 있기 때문이다.

 방법으로 두 가지를 말씀하셨는데 첫째가 위 본문에서 색, 수, 상, 행, 식에 속지 말라고 한 구절이다. 그리고 둘째가 보시를 하라고 하신 것을 이미 읽어보셨을 것이다. 하나는 역경계에 대응하는 방법이며 또 하나는 역경계의 저울추를 균형으로 맞추는 순경계를 불러들이기 위함이다. 후대 불교학자들이 부처님의 40년 설법을 나눈 것이 있는데 이 반야경을 21년간 제자들에게 가르치시기 전에 방등부 가르침이라고 해서 유마경, 원각경, 능엄경 등을 먼저 설하신 것으로 되어있다. 진위 여부를 떠나 필자가 정말 이해하기 힘들었던 것은 '금강경 반야심경 같은 반야의 가르침보다 능엄경 원각경 같은 경전이 훨씬 더 어려운데 왜 이런 것일까?'였다. 그런데 정확했다. 먼저 8년간 설하신 것으로 되어있는 아함부의 경전들은 우리의 육체 기준으로 신들도 신들의 물질적 형태가 아닌 신체 기준으로 해야 할 가르침을 주신 것이다. 그다음 방등부의 경전 중에 원각경은 사람이 단 한 명도 등장하지 않는다. 그래서 그런지 원각경은 사찰에서도 49제나 천도제 등에 무상게의 형식으로 사용되고 있다. 능엄경은 아난 존자가 여자의 꼬임에 빠져서 10년 공부 나무 아미타불이 될 뻔한 이야기로 시작하기는 하지만 일반인들에게는 한층 더 어렵다고 생각한다. 그러나 능엄경은 수행자가 수행하는 도중에 일어나는 마장에 대해서도 잘 설명되어 있지만 우주의 시작인 오행의 발생에 대해서도 아주 잘 설명하고 있고, 더욱이 기도하는 방법도 아주 잘 나와 있다.

그중 대표적인 것이 관세음보살이 밝힌 수행 중의 최고는 염불 수행법이고 그 방법이 최고라고 문수보살이 증명하고 부처님이 인정을 하시기도 한다. 그래서 많은 불자들이 염불을 한다. 그런데 그 염불이 옛 할머니들과 순진한 아이들이 그냥 100% 믿고 하면 100% 작동이 되기는 하지만, 재가자들뿐 아니라 심지어 스님들 중에서도 1960년생 이후에 학교 공부와 세상 소식에 푹 젖은 사람 중에 염불로 깨달음을 얻은 사람이 있을까? 있기는 하겠지만 필자는 불행히도 아직 만나지 못했다. 그래서 필자가 능엄경을 공부하며 어디서 무엇이 잘못된 것일까 생각해보니 바로 관세음보살의 이근원통 염불법의 디테일에 필자가 놓친 것이 있었기 때문이라고 생각했다. 이근원통이라는 것은 귀 이耳의 근원 자리에서 모든 것이 다 통해야 한다는 소리다. 즉 보는 나, 보이는 나, 지켜보는 나가 하나로 합일되어 원통을 이룬다는 말이다. 아시겠지만 지켜보는 나는 부처님, 모든 보살, 화엄성 중심지어 기독교의 하느님, 이슬람교의 알라신과도 직통 연결되는 엄청난 나이다. 즉 어떤 불가능도 없는 전지전능한 존재가 '지켜보는 나'이다. 이 '지켜보는 나'를 불교에서는 진짜 자기의 성품 즉 자성自性이라고 아주 간단하게 표현한다.

　그런데 관세음보살의 이근원통에 대해 그 방법을 관세음보살 스스로가 밝힌 것이 있는데 그것이 반문문자성이라는 말이다. 반문문자성反聞聞自性은 '듣는 것을 반대로 돌려 자성이 듣는 것을 들을 줄 알아야 한다.'라는 의미이다. 우리 공부식으로 하면 지금 알고 있는 내가 듣는 말을, 보는 상황을, 그렇다고 여기는 상황을 지켜보는 나가 듣는 것으로 보는 것으로 그렇다고 판단하는 것으로 돌려 의사결정을 해야 한다는 말이다. 그렇게 하려면 무엇이 필요한가? 바로 참된 인식 바른 인식을 할 줄 아는 '보는 나'이다. 그래서 자기를 보는 공부를 해야 하며 자기를 제대로 보고 자신에게 일어나는 상황을 자신이 판단하는 것이 아니라 자신의 지켜보는 나라면 어떻게 판단할까를 알아서 그렇게 하면 자동으로 모든 것이 해결된다는 것이다. 이를 위해 염불을 제대로 하는 분들은 염불을 말하는 자신의 입과 염불을 듣는 자신의 귀를 사용해서 자신의 입은 지금 알고 있는 자기의 입이며 자신의 귀는 비록 육체의 귀를 빌려주기는 하지만 그 염불을 듣는 자는 자신의 지켜보는 나라는 응작여시문(마땅히 그렇게 의식을 조작해서 지켜보는 나가 듣듯이 들어라.)이 되는 것이다. 이것을 납득하는 데 필자가 21년 걸렸다는 것이다. 아니 이것을 필자가 필자 자신에게 가르친 지가 21년 되었다는 소리다. 그 결과 부처님이 왜 금강경 같은 반야경의 참된 인식을 가르치시기 전에 6년간이나 그 어려운 유마경, 원각경, 능엄경을 가르치셨는지 알게 되었다. 즉 제대로 보는 법만 실천하면 유마경 금강경 능엄경의 모든 보살들과 천신들이 다 그 일을 한다는 논리이다.

그러니 우리는 무엇을 해야 하는가? 우리는 어디에 투자를 해야 하는가? 삼성전자에? 미국 주식에? 비트코인에? 파이코인에? 달러에? 영어공부에? 부동산에? 자격증 취득에? 아니다! 아니다, 절대 아니다! 바로 지켜보는 나를 찾는 데 투자해야 한다! 그런데 우리는 하루에 5분도 안 한다. 그 이유는 하나다. 지켜보는 나가 자기의 새로운 인식 주체가 되었을 때 어떤 일이 일어나는지 확실히 느끼지 못하고 있기 때문이다. 그러니 자기를 가르칠 교재가 없고, 그것을 아는 스승도 만날 수 없어 그렇게들 안 해도 되는 고생을 하고 있는 것이다. 필자도, 필자의 자녀들도, 모든 주변 사람들도 그러면서 교회나 절을 다니고 집에서 108배를 하고 이곳저곳에 기부도 하고 보시도 하면서 자신이 욕심도 버리고 영적으로 많이 성장하였다고 믿는다. 그러나 그 믿음 한 편에 자신감이 없고 확신도 없다. 상황이라는 형태를 넘어 내용을 볼 줄 모르고 들을 줄 모르고 냄새도 맡지 못하는 것이니 당연하다.

당신의 지켜보는 나 즉 당신의 자성이 당신의 의식 속에 잠들어 있음을 당신의 영혼이 당신의 그 두려움에 윤회만을 하던 불쌍한 영혼이 자각하게 하라! 그 영혼이 자각하게 하려면 반드시 필요한 공부가 상황에 대한 참된 인식이다. 인식은 우리의 생각만으로 하는 게 아니다. 무의식, 잠재의식으로도 한다. 그러니 걱정 없다. 계속 공부해 보자. 여하간 당신이, 당신의 아들이 이발소를 가서 머리카락과 헤어지듯이 자화상을 버려라! 그것을 버리면 죽을 것 같은가? 보시를 하라! 지켜보는 나는 아무도 미워하지 않는다. 지켜보는 나는 나무와 풀과 잡초와 하늘과 별과 달과 당신과 당신을 괴롭히는 놈을 하나로 통합해 본다. 그러니 일단 나무, 풀, 꽃, 돌, 하늘에게 당신의 마음을 보시하는 것으로 시작하라. 그러다가 강아지, 아이들, 기어 다니는 벌레, 풀, 물고기 등도 좋다. '너희들과 내가 하나였어? 미안해 내가 지켜보는 나가 있다는 것을 몰랐거든.' 하면서 그들과 하나가 되는 것으로 시작하라. 돈 안 들고 감정이 흔들리지 않는 대상에게 당신의 지켜보는 나의 모든 존재를 사랑하며 보는 그 마음을 보시하는 것으로 시작하라. 그것이 습관이 되면 원수를 사랑하라는 예수님이 무슨 말씀을 하시고 싶었던 것인지 이해가 될 것이다. 부처님이 전생에 이것을 몰라서 인욕 공부를 500세 동안이나 하셨다니 우리는 그렇게 재수 500번 하지 말고 이번 생의 첫 재수생 신분으로 다 졸업하자!

14-5. 離相寂滅分(이상적멸분)

如來說一切諸相(여래설일체제상): "나 여래가 말하는 일체의 표현되는 모든 상도

卽是非相(즉시비상): 그 형상인 상이 아니며 형태 너머의 상을 너는 보아야 하느니라.

又說一切衆生(우설일체중생): 그래서 또 일체 중생도

卽非衆生(즉비중생): 곧 중생이 아니니라.

須菩提(수보리): 수보리야,

如來是(여래시): 나 여래는

眞語者 實語者(진어자 실어자): 진실을 말하고 실상대로 말하며

如語者 不狂語者(여어자 불광어자): 있는 그대로 꾸밈없이 말하며, 미친 말을 하는 것이 아니며

不異語者(불이어자): 한 입으로 두 말을 하지 않는 법이니라.

須菩提(수보리): 수보리야,

如來所得法(여래소득법): 여래가 얻은 이 법은

此法無實無虛(차법무실무허): 있다고 말할 실도 없고, 없다고 말할 허도 없느니라.

須菩提(수보리): 수보리야,

若菩薩(약보살): 그러나 만약에 어떤 보살이

心住於法(심주어법): 주면 받으리라 하는 세상 법에 머무르는 마음으로

而行布施(이행보시): 보시를 하면

如人入闇(여인입암): 그 사람은 마치 사람이 어둠 속에 들어가

卽無所見(즉무소견): 아무것도 보이지 않는 것과 같을 것이니라.

若菩薩(약보살): 그런데 만약에 어떤 보살이 또 있어서

心不住法 而行布施(심부주법 이행보시): 그렇다, 아니다 하는 상대성의 법에 머무르는 마음 없이 그냥 보시하면

如人有目(여인유목): 그 사람은 드디어 심안의 눈을 뜨게 되어

日光明照(일광명조): 마치 눈 밝은 사람이 밝은 햇빛 아래서

見種種色(견종종색): 가지가지 모든 보이지 않는 것들조차 보게 되는 것과 같을 것이니라.

須菩提(수보리): 수보리야,

當來之世(당래지세): 장차 미래에 올 세상에

若有善男子善女人(약유선남자선여인): 어떤 선남자와 선여인이 있어

能於此經(능어차경): 능히 이 경을

受持讀誦(수지독송): 그렇게 자기 마음에 지니고, 이 가르침의 진동 주파수가 자신에게서 울려 나와 육체 밖으로 뻗어 나가면

卽爲如來以佛智慧(즉위여래이불지혜): 여래가 부처님의 지혜로써

悉知是人(실지시인): 모두 이 사람을 알고

悉見是人(실견시인): 그 사람을 보나니

皆得成就無量無邊功德(개득성취무량무변공덕): 그런 사람들은 끝도 한도 없는 공덕을 얻게 될 수밖에 없느니라."

✹ 기적의 5단계

엄청난 말들이 나오는 부분이다. 정말 눈물이 나야만 마땅한 구절인데 독자분들 전부 눈물 한 방울의 조짐조차 없을 것이다. 물론 필자도 그랬다. 眞語者 實語者 如語者 不狂語者 不異語者 (진어자 실어자 여어자 불광어자 불이어자) 이 말이 무엇인가? "여보게 이 사람아! 나 당신들이 몰라서 그렇지 내 말 진실이야! 나 정말 있는 그대로 내가 본 그대로 말하는 거야! 이 금강경 정말 세상의 이치 그 공식 그대로 말하는 것이야! 내 말 미친놈이 미친 소리 하는 것 아냐! 나 당신들 가르친다고 없는 말 하는 것 아냐!" 이런 말을 우리가 아버지나 어머니 입에서 들었다면 어땠을까? 아마 부모님 말씀이 믿어지지는 않아도, "네, 알았어요. 엄마 말씀대로 꼭 할게요!" 하지 않았을까? 그런데 부모님한테는 하지도 않는 3배 108배는 그렇게도 잘하면서 도대체 부처님의 이 금강경 말씀은 왜 믿지 않고 실천하지 않는 것인가? 왜 수행자들이 사회법에 의존해서 문제를 해결하려고 하는가? 왜 전지전능하신 하느님, 우리 부처님 최고라고 하는 사람들이 하늘의 법도가 아닌 사회의 법에 의지해서 꿈을 꿈으로 고치려 하는가?

부처님이 그 답을 말하고 계시지 않는가? "만약에 어떤 보살이 세상 법에 머무르는 마음으로 보시 아니라 그 무슨 기특한 일을 해도 그 사람은 마치 사람이 어둠 속에 들어가 아무것도 보이지 않는 것과 같을 것이니라." 그렇다. 필자가 그랬다. 그런 주제에 강의를 하네, 책을 쓰네, 방송을 나가네, 남을 평가 하네, 상담을 하네 했던 것이다. 그런 필자가 이제 두 눈은 뜨지 못했어도 마치 두 눈을 뜬 것처럼 세상을 보고 나의 삶 전체를 보고 있는 것이다(응작여시관).

그렇게 마음에 조작을 하여 아직 지켜보는 나가 100% 작동하는 것은 아니지만 참된 인식을 하는 보는 나를 작동시켜 보이는 나 지금 알고 있는 나가 마치 지켜보는 나라면 이렇게 보리라! 의식조작을 하여 자신을 가르친 후 이렇게 보시하면 어떻게 된다는 것인가? 그에 대한 답을 주시는 것이다. "그런데 만약에 어떤 보살이 또 있어서 그렇다, 아니다 하는 상대성의 법에 머무르는 마음 없이 상대방을 개별적 자아로 보지 않고 형태를 달리한 또 하나의 나라고 여기고 보시하면 그 사람은 드디어 심안의 눈을 뜨게 되어 마치 눈 밝은 사람이 밝은 햇빛 아래서 가지가지 모든 보이지 않는 것들조차 보게 되는 것과 같을 것이니라."
그리고 필자가 요즘 이 맛을 즐기고 있는 중임을 밝히고 싶다. 정말 작동되는 원리라는 것을 독자분들에게 꼭 전해드리고 싶었다.

당신 인생에 반드시 기적이 일어난다. 기적이 일어나는 원리는 비유하면 당신이 어떤 진공상태의 빈 공간을 만들었는데 어떤 실수로 거기에 작은 구멍이라도 하나 생기면 대자연의 섭리가 직접 개입하여 당신이 만든 그 불균형을 균형으로 맞추는 것과 동일한 현상이 발생한다. 즉 당신이 지금 필요한 돈이 얼마이건, 당신이 과거에 자신에게서 나간 후 일절 무소식으로 안 돌아오는 돈이 얼마이건 그 돈은 당신에게 들어올 수밖에 없는 것이다. 당신의 자성이 그 일을 한다. 당신의 지켜보고만 있던 나가 말이다. 왜냐하면 당신의 불균형을 균형으로 맞추기 위해서 에너지의 한 형태인 돈이 들어온다. 그 에너지는 누구에게서 오건 어디에서 오건 어떤 형태로 오건 반드시 오게 되어있다. 약간의 문제는 그것의 형태다. 꼭 돈의 형태로 오지는 않는다. 그러나 들어온 형태가 돈이 아닐지는 몰라도 당신의 균형을 위해 그 형태를 바꾸어야 한다면 그것은 당신에게 필요했던 그 형태로 바뀔 것이니 다시 보이는 업의 나가 형태에 속아 경거망동하지 않고 항상 응작여시관의 참된 인식을 하여 지켜보는 나가 모든 형태 변환까지 끝마치게 하라!

✹ 스리랑카

필자가 고대 스리랑카의 수도였던 아누라다푸라에 위치한 사리탑에 갔을 때였다. BC 2세기에 아쇼카왕의 왕자와 공주가 스리랑카를 방문하여 전 세계에서 부처님 사리가 가장 많이 모셔져 있고, 유네스코에 세계 문화유산으로 등재되어 있는 루완웰리세야 사원에서 그 거대한 탑에 부처님 가사를 입혀드리는 가사 공양을 하였는데 그때 하늘에 쌍무지개가 떴다. 그래서 2024년 BBS불교 방송국에서 부처님 오신 날 특집으로 소개한 장면에서도 쌍무지개를 보여주었다. 그런데 그 쌍무지개는 멀리 한국에서 온 신통한 불자들이 스리랑카 불자들과 함께 아주 기특한 일을 한다고 없던 것이 나타난 것일까? 부처님이 보리수나무 아래서 득도를 하시기 직전에 제일 마지막에 도와준 존재가 용왕이었다. 정말 용왕님이 하늘에 물을 스프레이로 뿌려주면서 '사두 사두' 한 것일까?

사실 무지개는 하늘에 항상 있는 것이다. 단지 창공에 물기가 생겼을 때 어떤 각도에서 무지개가 보이는 것은 자연 현상이다. 이는 날씨가 맑은 날 요즘 4~5세 아이들이 뛰어노는 놀이터 분수에 가 보면 확인되는 일이다. 우리들의 '지켜보는 나'의 항상 있는 지혜이다. 그런데 잠에 푹 빠진 사람을 깨울 때 스프레이로 얼굴에 물을 폭폭 뿌리면 그 사람이 깨어나듯이 우리들의 지켜보는 나도 용왕님이 스프레이를 가지고 우리 영혼 핵심부에 제대로 뿌려주시면 우리도 확 깨어날 수 있을까?

있다. 용왕님은 항상 관세음보살과 같이 있다. 관세음보살의 다른 이름은 관자재보살이다. 우리의 삶이라는 것은 항상 펼쳐지는 삶이라는 것이 순順경계 상황 역逆경계 상황이 이어지면서 흑암천녀 공덕천녀처럼 붙어 다닌다. 그런데 우리는 항상 마음에 들지 않는 역경계 상황을 순경계 상황으로 바꾸려고만 한다. 성인들이 보기에는 꿈을 고치려고 하는 것이다. 악몽을 길몽으로 말이다.

금강경 7분에 수보리 존자가 "일체 성현들도 다 똑같습니다!"라고 대답하는 장면이 나오는데 이 말은 우리 금강경 독자들에게 가장 중요한 말이다. 금강행자는 단지 보는 자로서의 참된 인식을 할 뿐 부처를 불러낸다든지, 여래를 초청한다든지, 하느님을 호명하여 오시게 한다든지 하는 궁극적 목표를 나타나게 하는 그러한 의도하는 법인 유위의 꾸며진 작법作法을 하지 않는다는 것이다. 용왕으로 비유적으로 이야기한 하늘의 천사들은 저절로 나온다. 우리 같은 사람들을 만나기가 하늘의 천인들에게도 쉽지 않은 까닭이다. 그래서 다음 분에 천인들과 아수라들이 등장하는데 어찌 용왕님들이 대거 등장하시지 않겠는가 말이다.

수보리 존자가 처음 질문할 때부터 등장한 아뇩다라삼먁삼보리가 무엇인가?

'지켜보는 나와 그 모든 작용을 통칭하는 것'이다. 그래서 우리가 할 일은, 부자가 되기를 원하건, 어떤 소원을 성취하기를 원하건, 부채를 다 갚고 편하게 살다가 죽기를 원하건, 현찰 10억이 있는 은행 통장을 끼고 살 건 일단 앞의 상황을 지금 알고 있는 나, '나에게도 남에게도 그렇게 보이는 나'로 상황을 인식하는 것이 아니라 '참된 인식을 할 수 있는 보는 나'로 상황을 인식하는 수련을 하라는 것이다.

보는 대로 있다고 믿는 사람 Vs. 있는 대로 볼 줄 아는 사람의 공덕 차이

21년 만에 알게 된, 공덕을 일으키는 방법을 말씀드리겠다. 먼저 금강경을 지니면 생긴다는 공덕은 금강경을 집에, 서랍에, 혹은 아주 귀하게 기도장에 잘 모셔둔다고 생기지 않는다. 21년 전에 『심상사성 금강경』이라는 책을 출판하였다. 제목에 붙인 '심상사성心相事成'은 바로 마음에 어떤 상을 만들면 그 마음에서 만들어낸 상이 3차원 세계에서 일을 이루어낸다는 말이었다. 물론 나는 이 책을 세상에 낸 후 느닷없이 교수가 되는 것으로 시작하여, 또 느닷없이 TV 쇼에 나가더니, 전국을 다니는 강사가 되고 생각해보니 지금도 그 여파로 살고 있다고 할 수 있다. 2024년에

책이 새로 나왔다고 출판사에서 연락을 받았는데 표지만 바뀌었지만 참 마음에 들었다. 여하간 당시 나도 아침 먹고 1,000배, 점심 먹고 1,000배, 저녁 먹고 1,000배를 직장 휴가 내고, 혹은 주말에 그렇게 하기도 했다. 물론 지금은 불가능한 이야기고 그럴 정성도 없다. 그것은 꿈을 꿈으로 바꾸려고 했던 일임을 이제는 알기 때문이다. 한 번은 인생에 그런 기적이 일어나기도 했지만, 그 후에는 없었다. 그 이유를 밝히겠다는 소리다.

그런 1차 기적이 생긴 후에도 내 영혼에는 커다란 공백이 있었고, 여러 가지 좋은 일들이 있기는 하였지만 정작 내가 바라는 일은 일어나지도 않았었다. 문제는 간단했다. 마음 심心이라는 화폭에 그림을 그리는 것은 맞는데, 그 마음이 일주문 안의 마음인지, 일주문 밖의 마음인지 구별할 수 있는 잣대가 없었다. 그래서 나는 죽어라 하고 3,000배를 몇 번이나 한 다음에 잠깐 일주문 안의 마음에 도달할 수 있어서 기적 같은 일들이 내게 일어났었지만, 나의 마음은 주로 일주문 밖에서 옳다 그르다, 예쁜 놈과 미운 놈, 좋은 놈과 나쁜 놈, 이익과 손해, 우리 편과 남의 편, 흉함과 길함, 승리와 패배, 성공과 절망의 양극성의 세계에 머물러 있었던 것임을 발견했다. 더구나 이제는 3,000배는커녕 108배도 힘들고, 명상이나 참선으로 일주문 안에 들어가 삼매三昧의 자리에 최소 10분을 머무는 것도 되지 않는다. 그래서 금강경 15분의 아침 점심 저녁으로 보시를 하는 부처님이 예시로 등장하는 사람에게서 나를 보기도 한다. 세상을 있는 대로 보는 것이 아니라 세상이 보는 대로 있어서, 그 보이는 대로의 마음에 들지 않는 상을 진실이라고 생각하고 그 상을 바꾸려고 했다는 말이다. 멍청한 일이었다.

15-1. 持經功德分(지경공덕분):
금강경 가르침대로 지켜보는 나로 살 때의 공덕

須菩提(수보리): "수보리야,

若有善男子善女人(약유선남자선여인): 만약 어떤 선남자·선여인이

初日分以恒河沙等身布施(초일분이항하사등신보시): 아침마다 한량없는 긴 세월 동안을 항하의 모래 수만큼의 몸을 보시하고,

中日分(중일분) 復以恒河沙等身布施(부이항하사등신보시): 낮에도 또한 항하의 모래 수만큼의 몸을 나투어 보시하고,

後日分(후일분): 늦은 밤 저녁에도

亦以恒河沙等身布施(역이항하사등신보시): 항하의 모래만 큼의 몸을 나투어 보시하고

如是無量百千萬億劫(여시무량백천만억겁): 이처럼 무량 백 천만억 겁의 세월 동안

以身布施(이신보시): 몸을 써서 온갖 보시하고 있는 사람 이 있다고 하자.”

✹ 15-2: 나의 과거와 비슷하게 사는 사람들

위 구절까지는 부처님은 죽어라 하고 수행하는 1,250인 제자들 에게 저 말씀을 하시는 것이다. 나도 일종의 저런 사람이었다. 물 론 그 복덕으로 지금도 그 여파로 살고 있는 것인지도 모른다. 그런데 부처님이 금강경은 그런 낮은 수준의 욕망을 채우려는 사람들에게 가르치는 말씀이 아니라고 하신다. 그러면서 아주 특수한 사람에게나 가르치는 말씀이라고 밝히신다. 자신이 누구 인지? 왜 태어났는지? 그래서 지금까지 펼쳐진 삶은 무엇인지? 이제 어떻게 살아야 하는지? 그런 것에 대한 의문을 가지는 사 람에게만 이야기를 하시는 것이다. 그래서 일체 세상 천인 아수 라들이 다시 등장하는 것이 이 지경공덕분이다.

자신이 이 금강경이라는 천기누설임에 틀림없는 우주 비밀을 말하는 것은 '하늘의 계산은 인간의 계산과 다르다!'라는 천산불여인산天算不如人算을 말씀해주시는 것임에 틀림없다. 그런데 이런 사람은 아무나가 아니다. 삶의 목적이 대승적 삶, 즉 인간으로서의 최극도의 완성을 지향하는 자이며, 삶의 방향성에서는 자신이 누구이며, 왜 태어난 것이며, 지금 자기 앞에 펼쳐지는 일들은 무슨 의미이며, 그래서 자신은 앞으로 어떻게 살아야 하는지 완벽한 깨달음을 가진 최상의 인격체들을 위해서만 이 금강경을 설하고 있다는 것이다.

어떤가? 당신의 삶이 지겹지도 아니한가? 당신에게 정말 이렇게 물을 준비가 되어 있나?

1. 나는 뭐지? 누구지?
2. 내 몸은 왜 지금 여기에 있는 것이지?
3. 내 앞에 펼쳐진 여러 가지 일들의 의미는 무엇이지?

여기서 이제는 독자들께 '패'를 보여주어야겠다. 금강경을 수지하라는 말은 이제 책과 영상이 흔해져서 내 마음을 울리지 못했다. 나는 독자분들도 그러실까 걱정되었다. 나는 금강경 수지보다 부처님 진신사리 수지가 더 생생하게 내 영혼에게 감동을 주었고, 그렇게 세상을 대하고 상황을 대하는 인식의 주체를 바꿀 수 있었다. 부처님의 진신사리를 이 책에 실을 것이다. 그것을 보고 보고 또 보라! 그다음에 부처님 진신사리를 당신 위장의 제일 윗부분인 가슴에 실제로 위치하고 있는 당신의 영혼에, 세세생생 허전하고 텅 빈 것 같은 감정을 느꼈던 그 영혼의 공백 자리에 살며시 넣어라. 의식적으로 그렇게 당신의 영혼에게 선물을 하라! 이것이 1단계다. 어차피 금강경을 설하신 분에게 저 사리가 나온 것 아니겠는가? 그분의 의식의 파동이 당신 영혼의 파동과 일치할 때까지 그렇게 수지하라! 이 사리에 대한 필자의 신뢰도는 100%다.

15-2. 持經功德分(지경공덕분)

若復有人(약부유인): "그런데 다시 또 한 사람이 있어

聞此經典(문차경전): 이 경전을 듣고

信心不逆(신심불역): 믿는 이가 있다면

其福勝彼(기복승피): 그 복덕이 훨씬 뛰어날 것이지만

何況書寫受持讀誦(하황서사수지독송): 하물며 이 경을 쓰고 베끼고, 받아 지니고 읽고 외고

爲人解說(위인해설): 다른 사람을 위해 알기 쉽도록 설명해 줌에 있어서랴.

須菩提(수보리): 수보리야,

以要言之(이요언지): 요약해서 말하면

不可稱量 無邊功德(불가칭량무변공덕): 실로 불가사의하고 헤아릴 수 없으며 가없는 공덕이 있느니라.

如來爲發大乘者說(여래위발대승자설): 그러므로 나 여래는 오직 대승의 마음을 낸 사람을 위하여 이 경을 설명하는 것이며,

爲發最上乘者說(위발최상승자설): 최상승의 마음을 낸 사람을 위해 이 경을 설하는 것이니라."

✹ 15-3: 깊이 생각해 볼 문제

금강경 15분 본문에 樂小法者(요소법자, 대승의 큰 법이 아니라 그냥 잘~먹고사니즘 같은 작은 법에 만족하는 사람들)는 금강경의 가르침을 마음에 지닐 생각조차 안 하기에 큰 공덕을 가질 수가 없다고 미리 부처님이 말씀하신다. 먹고사니즘의 생활철학을 가진 사람들은 자신들에게 보이는 세상이 그들의 세상이다. 금강경에 자주 등장하는 삼천대천세계는 똑같은 세계일지라도 아니

지금 당신이 있는 공간을 예를 들어도 그 방을 보는 사람들의 인식에 따라 그 방이라는 세계는 다른 세계이다. 파리가 보는 그 방, 모기가 보는 그 방, 바퀴벌레가 보는 그 방, 당신이 키우는 고양이나 강아지 눈에 보이는 세상은 다 다르다. 더구나 당신의 기분에 따라 그 방에 있는 모든 존재의 가치가 달라지는 세상이다. 그래서 삼천대천세계이다. 그래서 우리는 의식意識이라고 말하는 것이다. 태어났다고 생각하니 당신의 지금 몸이 있는 것이다. 지금 현재 당신의 몸 상태, 경제 상황, 인간관계는 당신의 지금 '의식 수준'이 물질세계에 그대로 거울처럼 투영된 것이다. 당신 몸이 혈관 장애이건, 소화 장애이건, 코로나에 걸린 상황이건, 감기건, 변비이건, 귀가 안 들리고, 눈이 잘 안 보이건 그것은 오직 결과이다. 그것은 있는 그대로의 상황과 통通하지 않고 있는 것이다. 당신 본체와 지금 당신은 불통不通 상태이다.

또 당신이 지금 원하는 것을 이룰 돈이 없고, 빌려준 돈이 돌아오지 않고 있고, 갚아야 될 돈이 있는데 자금이 부족하고, 그래서 마음이 아프다면 당신은 누구에게도 말을 못 하고 있어 마음에 통증을 느낄 것이다. 그래서 역시 당신 본체와 지금 당신은 불통不通 상태이다. 그것이 '통痛즉則불통不通'이라는 말이다.

그러면 본래의 나와 어떻게 통해야 하나? '보는 대로 세상이 있다.'라는 무식함에서 벗어나 '있는 대로 세상을 보리라.'라는 의식의 대전환이 있어야 한다. 나무도 풀도 돌도 자동차도 내 앞을 지나가는 차도 그리고 눈에 보이지 않는 귀신도 파리도 모기도 개미도 지나가는 사람도 공통적으로 지니고 있는 것이 있다. 그것은 그들을 움직이고 그 자리에 있게 하는 작용作用이다.

먼저 고백할 일이 있다. 나 역시 이 통함을 성취하는 방법을 몰라 20년을 고생했다. 그런데 통하는 방법이 바로 금강경이었던 것이다. 세상은 당연히 일주문 밖이다. 일주문 밖에는 남자와 여자가 있고, 승자와 패자가 있고, 이익과 손해가 있고, 가해자와 피해자가 있고, 내 돈 떼어 먹은 놈이 있고, 나를 괴롭히는 놈도 있다. 그런데 부처님은 말한다. 남자는 남자가 아니고 단지 남자라고 이름하는 것이며, 여자는 여자가 아니고 단지 여자라고 이름할 뿐이며, 승자는 승자가 아니고 단지 그 이름이 승자고, 패자는 패자가 아니고 단지 그 이름이 패한 자이며, 이익은 이익이 아니고 단지 그때 그 순간 이름이 이익이며, 손실은 손실이 아니고 단지 지금 이름이 손실이라고. 이것을 인정하고 있는 대로 존재의 권리를 주면서 모든 사물과 상황을 대하면 어떻게 되나? 그렇게 7~8개월을 모두 하나의 보편에너지의 작용이 각자의 형체에 따라 다르게 겉모습이 있는 것이었구나를 인정하게 되면 어떻게 되나? 그리고 그 각자의 형체에 작용하는 모든 힘들이 보살이 하는 일임을 알게 되면 어떻게 되나? 바로 일체 세간 천인 아수라들이 당신을 위해서 움직이기 시작한다. 이렇게 세상에서 일어나는 일을 '제대로 보는 법'을 가르쳐 주는 것이 금강경이다. 그리고 그 가르침을 자기의 모든 것을 판단하는 의식에 깊이 새기며 살 때 나오는 공덕을 지경공덕이라고 한다.

이 진실에 놀라지도 않고, 이렇게 하다가 안 되면 어떡하지 하는 공포심도 없고, 말이 안 되는 소리라고 도외시하지도 않고 당신이 그 방향으로 계속 길을 걸어갈 수 있다면 당신은 어쩌면 엄청난 재벌이 될지도 모른다. 앞에서 공부하지 않았는가? 불경, 불포, 불외하는 자는 정말로 희유한 사람이며 엄청난 공덕을 받게 될 것이라고. 그리고 천신들이 나서서 당신의 길을 열어 줄 것이다. 참, 하나 주의할 것이 있다. 그렇게 하는 과정에서 제일 힘든 것은 감정 다스리기다! 감정은 호르몬에서 나온다. 인간이 호르몬을 이기기는 쉽지 않다. 그러나 길들일 수가 있다. 감정이 생기면 일주문 안의 자기 본래 지혜는 일주문을 닫아버린다. 그래서 정생지격情生智隔이라는 말이 있다. 이제 그 분노, 억울함, 복수심 등의 감정이라는 엄청난 친구를 달래서 흘려보내는 일만 공부하면 된다.

15-3. 持經功德分(지경공덕분)

若有人(약유인): "만약 어떤 사람이

廣爲人說(광위인설): 널리 다른 사람을 위해 들려주면

如來(여래): 여래는 悉知是人(실지시인): 그 사람을 낱낱이
아시고

悉見是人(실견시인): 그 사람을 낱낱이 보시기 때문에

皆得成就 不可量 不可稱 無有邊 不可思議 功德(개득성취
불가량불가칭무유변불가사의공덕): 이루 헤아릴 수 없고 이
루 말할 수 없고 가없는 불가사의한 공덕을 성취할 수 있
을 것이다.

如是人等(여시인등): 이러한 사람은

卽爲荷擔 如來阿樓多羅三邈三菩提(즉위하담여래아뇩다
라삼먁삼보리): 곧 여래의 아뇩다라삼먁삼보리를 얻게 되
느니라.

何以故(하이고): 왜 그런가 하면

須菩提(수보리): 수보리야,

若樂小法者(약요소법자): 작은 법을 즐기는 자는

着我見人見衆生見壽者見(착아견인견중생견수자견): 아견·

인견·중생견·수자견에 집착하여

卽於此經(즉어차경): 이 경을

不能聽受讀誦(불능청수독송): 알아듣지 못하며 받아 지니

지도 못하고 읽고 외우지도 못하므로

爲人解說(위인해설): 따라서 남에게 설명해 주지도 못하느

니라.

須菩提(수보리): 수보리야,

在在處處(재재처처): 만약 어디서든지

若有此經(약유차경): 이 경만 있으면

一切世間天人阿修羅所應供養(일체세간천인아수라소응공

양): 하늘 사람, 세상 사람, 아수라가 반드시 공양할 것이

니라.

當知此處(당지차처): 이곳은

卽爲是塔(즉위시탑): 곧 부처를 모신 탑과 같아

皆應恭敬(개응공경): 응당 모두 와서 공경하고

作禮圍繞(작례위요): 절하여 예를 갖추고 둘레를 돌며

以諸華香(이제화향): 온갖 아름다운 꽃과 향을

而散其處(이산기처): 그곳에 뿌리게 될 것이니라."

✱ 스리랑카

불교에 세상을 제대로 보는 법을 가르칠 때 모든 존재는 체體상相 용用이 있다고 말한다. 즉 사람이건 천신이건 천녀건 영혼이건 자신의 신체를 갖고 있다. 그것이 체다. 그런데 그렇게 갖고 있는 모든 신체가 모든 존재에게 동일하게 보이는 것이 아니다. 역시 깨닫지 못한 모든 중생들은 있는 대로 보는 것이 아니라, 보는 대로 있는 것이라고 본다. 그것이 상相이다. 그런데 일체 세간의 모든 천신들, 천녀들, 아수라들, 화엄성중들에게 공양을 받으려면 어떻게 해야 하나? 금강경으로 반야심경으로 체와 상이 아닌 그들 각자의 보이지 않는 작용이 있음을 의식으로 인정하고, 존중하고 사랑해 주는 것이다. 즉 그들의 작용 즉 용用을 보는 것이다. 바람도 물도 산도 모두 다 발이다. 그래서 화엄경 약찬게에는 주풍신 주지신 주림신 주야신 주주신 등이 등장한다. 바람에 감사하고 숲을 사랑하고 잡초를 사랑하고 모기의 존재를 인정해주고 낮의 존재를 인정해주고 밤의 존재를 인정해주며 사랑하고 감사하면 된다. 필자는 부처님 진신사리를 가슴에 품고 그 진신사리를 하늘에 별에 달에 숲속의 나무에게 풀에게 꽃에게 보여주면서 매일 산책을 한다. 그러면 내 가슴에 있던 사리였는데 어느덧 사리 속에 내가 있음을 느끼게 된다. 이것이 '지경'이다. 그리고 이렇게 하는 '지경'이 어떤 공덕이 있는지는 아직 모르겠지만 어떻게 생각하시는가? 공덕이란 것이 따로 구할 것도 없지만 어찌 없겠는가? 이 말이 위에서 필자가 이제 독자분들에게 패를 보여드린다는 내용의 핵심이다.

당신이
이 공부를 제대로 하기 시작하면
벌어지는 일들

서울에서 태어난 나는 서울에 안 가본 곳이 많다. 2024년 4월 2일 나는 롯데타워에 가보았다. 저 잠실의 123층짜리 타워는 마치 창세기 혹은 고대의 풍습인 남근 숭배사상을 상징하는 듯하다. 그리고 아래에는 석촌호수가 있어서 만물을 창조하는 여성을 상징하는 것 같다. 물론 백두산 천지 정도의 깊이와 많은 물이 있었으면 더 좋았으리라. 서울 비행장이 있어서 원래 저곳은 저런 높은 건물과 주거시설이 들어설 수 없는 곳이었는데 인간의 계산으로 123층 건물을 세웠다. 그 전의 균형 상태에서 불균형 상황이 벌어진 것이다. 당연히 자연은 균형을 맞추기 위한 흐름이 생긴다. 마치 지금 전체 지구가 불균형에서 균형 상태를 이루기 위해 각종 기상 이변과 산불, 지진 등을 만들어내는 것과 동일하다. 결국 롯데 그룹뿐만이 아니라 한국 사회가 큰 홍역을 겪었다. 그리고 시간이 지나서 지금은 저 123층 건물이 있는 것이 균형이 되었다. 나라도 롯데로 새로 변한 환경에서 균형을 맞춘 것이다. 일주문 안의 하늘은 그렇게 일을 한다.

묻습니다: 부처님! 저는 너무나 억울합니다. 왜 저는 이렇게 힘들게 살아야 합니까?
답한다: 무슨 소리냐? 너는 지금 완벽한 최적 균형 상태에 있느니라.

묻습니다: 아니 부처님은 모든 것을 다 아시고 모든 것을 다 보신다고 하여 실지실견한다고 말씀하시고도, 지금 제가 처한 상황을 모르신다는 것입니까? 제가 절에 다닌 지도 30년이 넘었습니다. 초파일마다 무슨 절에서 요청을 할 때마다 저는 悉皆供養承事(실개공양승사) 無空過者(무공과자), 모두 공양하고 그 뜻을 받들어 섬기고 하여 한 분도 그냥 지나쳐 버리지 않으며 절에 다녔습니다.
답한다: 그래 그래서 너는 지금 그 균형 상태를 이루고 있는 것

이니라. 무엇이 문제더냐?

묻습니다: 저는 집도 사야 하고 아이들 결혼도 시켜야 하고, 직원들 월급도 주어야 하고, 아파트 대출금도 갚아야 합니다. 저는 돈이 필요합니다.

답한다: 아 그 말이구나. 그러면 너는 어느 날 너의 마음에서 한 생각을 일으킨 불균형을 만든 것임을 아느냐? 마치 널찍한 평지였던 잠실벌에 저 123층 건물이 세워지기 직전처럼 말이다.

묻습니다: 네 이치는 그러합니다. 그런데 제가 왜 이렇게 심적, 물적, 정신적 불균형 상태에 있어야 하는 것입니까?

답한다: 그럼 너는 너의 그 돈이 필요하다는 불균형 상태에서 돈이 다 준비되는 균형 상태를 이루기 위해 어떤 노력을 했는지 내게 말해줄 수 있겠느냐?

묻습니다: 당연합니다. 저는 절약을 했고, 사치하지 않았고, 소득을 늘리기 위해 모든 노력을 다했습니다. 그런데 아파트 빚도 아직 갚지 못하고 있습니다. 어찌해야 이 경제적 심적 불균형을 균형 상태로 만들 수 있는 것이옵니까?

묻는다: 너를 위해 다시 한번 너에게 물어보겠노라. 너는 언제

태어났다고 생각하느냐?

답합니다: 저는 1990년에 태어났습니다.

묻는다: 육신의 태어남은 없던 것이 생긴 것이니 균형에서 불균형이 된 것은 이해하겠느냐?

답합니다: 네 이해합니다. 제 몸은 언제인가 죽어 불균형에서 균형으로 되돌아간다는 것도 알고 있습니다.

묻는다: 잘 알고 있구나. 그렇다면 네가 일으킨 돈이 필요하다는 한 생각 역시 균형 상태에서 불균형 상태로 바뀐 것임을 알 수 있겠느냐?

답합니다: 네 평소에는 생각하지 않았으나, 모든 정보는 소멸되지 않는다는 물리학의 법칙으로도 저의 한 생각 역시 생生한 것이니 불균형일 것입니다. 그런데 저의 육신이 멸滅한다고 해서 제가 일으킨 그 생각의 무리들은 멸하지 않고 계속 불균형 상태로 있을 것 같습니다.

묻는다: 그렇다면, 그렇게 잘 알고 있다면 너의 그 생각의 무더기들은 어떤 방법으로든 멸해야지 우주 전체의 균형이 이루어질 것이라고 생각하느냐?

답합니다: 그것은 모르겠습니다. 몸으로는 균형을 이룰 수 있

지만, 저의 생각이나 감정은 어떻게 균형을 이룰 수 있는지 모르겠습니다.

답한다: 바로 그것을 내가 무명無明이라고 말하느니라. 그래서 나는 수도 없이 다시 태어나야 했고, 그 태어남의 이유가 나의 생각과 감정이 불균형에서 균형으로 맞추어질 때까지 나도 모르게 그렇게 윤회를 당해야 했음을 나는 깨닫게 된 것이니라.

묻습니다: 그러면 부처님 저는 어떻게 해야 저의 지금 이 경제적 소원도 이룰 수 있고, 그 세세생생 감정의 불균형을 균형으로 맞추어 태어남의 숙제를 다할 수 있는 것이옵니까?

답한다: 지금이라도 『반야심경』을 다시 읽어보고 생각해보기를 바란다. 나는 분명 거기서 색즉시공이라고 했고, 공즉시색이라고 했다. 있기는 있지만 사실은 없는 것이며, 없다고 여겼지만 사실은 있는 것이라고 말했느니라. 그러한 연고로 너의 세세생생 감정이라는 것도, 필요한 돈을 구하지 못하는 초조함과 두려움도 모두 그 진실은 공空한 것임을 말하는 것이노라. 없으니 다행이고 환幻이니 다행이지 실제로 있는 것이라면 어찌 변화시킬 수 있다는 말이냐?

묻습니다: 그러면 그 없는 것을 있게 하는 공즉시색은 어찌하

는 것이옵니까?

답한다: 일주문 밖의 너의 생각으로는 있는 것이 없어지지 않으니라. 본래 없다는 것을 너의 영혼靈魂이 그중에서도 너의 영靈이 그것이 없음을 마치 안개가 자욱한 날 길을 그냥 걷다 보면 너의 온몸이 축축이 젖듯이 너의 영이 그렇게 모든 것이 색色처럼 여겨졌지만 공共임을 영혼의 자각이 함께해야 하는 것이니라.

묻습니다: 그러려면 저는 지금 어떻게 해야 합니까?

답한다: 지금까지 공부했듯이, 괴로움이 괴로움이 아님을 알고 단지 괴로움이라는 느낌이 있을 뿐이며, 필요한 돈이 필요한 돈이 아니라 이름만 필요한 돈이며, 불균형이 불균형이 아니라 단지 이름만 불균형인 것을 자각하면 되느니라. 그때 아수라들이 너의 행동을 도와 빨리 균형을 이루게 할 것이며 천신들이 너의 뜻하는 바를 이룰 수 있도록 인연을 만들어 내느니라.

묻습니다: 그 자각이라는 것은 일주문 안의 저의 본래 참 나를 말하는 것이옵니까? 그런데 저는 일주문 안으로 들어가 있는 저 자신을 만날 수 없습니다. 그래서 그에게 도움을 바란다는 것이 이해되지 않습니다.

답한다: 나의 가르침대로 너의 생각이 발산하는 그 어떤 보이

스피싱에도 동일한 주파수로 공명주파수를 쏘지 말고, '모든 것이 모든 것이 아니다. 단지 지금 드러난 이름이 모든 것이다!' 그렇게 인식하는 것이 참된 인식이며 그 참된 인식을 꾸준히 하노라면 3일 정도만 지나도 너의 일주문 안의 본래 자기가 너의 지금 몸의 참된 인식과 공명주파수를 맞추게 되는 것이니라.

묻습니다: 그것이 모든 불균형을 균형으로 맞추는 법계의 작용입니까? 그러면 저의 세세생생 모든 업이 경중과 선후에 따라 차례로 균형을 맞추게 되고, 제가 지금 가지고 있는 경제적 불균형도 필요한 돈이 흘러 들어와 균형을 이루게 되는 것이옵니까?
답한다: 그러하니라 그러하니라. 그리고 중생들이 돈에 대해서 알아야 할 것이 있느니라. 사람들은 부자와 가난한 자를 오직 물질 기준으로만 보지만, 또 그렇게 보는 것이 그른 것은 아니지만, 부자로 사는 사람들은 그 영혼이 이번 생의 체험을 선택할 때 이미 돈 공부를 선택한 것이기에 함부로 흉내 낼 것은 아니니라. 지난 생에서 이번 생의 삶을 선택할 때 돈 공부를 선택하지 않는 사람이 부자가 되고 싶은 돈 공부를 하는 것으로 삶의 체험을 바꾸게 하려면, 그것은 각자의 영혼이 원래 계획했던 체험 공부를 마쳤거나 그 공부가 더 이상 의미 없음을 알고, 역시 의미 없는 것은 마찬가지이지만 중생들의 교육을 위해 그 영혼이 의

식적으로 돈 공부를 선택하게 바꿀 수 있으며 그 공부가 바로 이 공부이니라.

묻습니다: 그러면 저도 롯데 그룹 회장이나 당시 대한민국처럼 제가 갖게 된 불균형을 균형으로 이루는 대가를 치러야 합니까?

답한다: 그것은 네게 달린 것이니라. 돈이 들어오건, 사람이 몰려오건, 123층짜리 건물을 짓건, 100평 아파트를 사건 그 자체 역시 돈은 돈이 아니고 이름이 돈이며, 사람이 사람이 아니라 단지 그 이름이 사람이며, 123층 국내 최고층 타워가 최고층이 아니라 단지 그 이름이 최고층이며, 내가 바라는 100평 아파트가 100평 아파트가 아니라 단지 그 이름이 100평 아파트임을 너의 본래 영혼이 알기만 한다면 본래 없는 것을 새로 생기어 갖게 되어도 너의 감정은 흔들림이 없을 것이니라. 그렇다면 굳이 대가를 치를 일도 없느니라. 그 대가도 대가가 아닌데 실체를 부여하니 롯데나 대한민국이나 그 홍역을 치른 것이니라. 그러나 법계는 누구를 벌주는 것이 아니라 불균형에서 균형을 이루는 과정에서 그 대가를 스스로 만들어낸 것임을 알면 되는 것이니라.

묻습니다: 저는 이제 제가 할 일을 알았습니다. 왜 금강경의 업을 소멸하는 원리가 극악무도한 죄를 짓고서도 그냥 남에게 멸시 한 번 당하는 것으로 정산되는지도 알았습니다. 그리고 왜 이

금강경을 공부하게 되면 엄청난 복덕을 받게 되는지도 알았습니다. 복덕의 형태가 어떤 사람에게는 행복, 어떤 사람에게는 깨달음, 어떤 사람에게는 화폐, 어떤 사람에게는 권력일 뿐…. 그래서 보살은 빈 호두인 줄 알면서도 호두를 깬다는 그 가르침을 이제 알겠나이다. 감사합니다 감사합니다 감사합니다.

답한다: 내가 너에게 더 감사하고 싶구나. 또 하나의 균형자가 수많은 균형자를 만들어낼 것이니 말이다.

16. 能淨業障分(능정업장분): 눈 뜬 당신, 모든 것이 환임을 알았으니 모든 업을 정산한다

復次 須菩提(부차 수보리): "또 수보리야,

善男子·善女人(선남자·선여인): 선남자·선여인이

受持讀誦此經(수지독송차경): 이 경전 가르침의 낙처를 마음과 의식에 받아 지니고 읽고 외우고 하여도

若爲人輕賤(약위인경천): 혹 사람들에게 경멸과 천대를 받고 있다면,

是人先世罪業應墮惡道(시인선세죄업응타악도): 그는 앞선

시기에 악도에 떨어질 죄를 지은 바가 있어서 그러한 것이지만

以今世人輕賤故(이금세인경천고): 지금 이 순간 여기에서 그런 경멸 천대를 받으므로 해서

先世罪業卽爲消滅(선세죄업즉위소멸): 앞선 시기에 지은 그 죄업은 소멸되고

當得阿樓多羅三邈三菩提(당득아뇩다라삼먁삼보리): 마땅히 지금 당장 일주문 안의 대보물창고 지혜인 아뇩다라삼먁삼보리를 얻게 될지니라.

須菩提(보수리): 수보리야,

我念過去無量阿僧祇劫(아념과거무량아승지겁): 나도 지난날의 헤아릴 수 없는 아승지겁 동안을 생각해 보면

於燃燈佛前(어연등불전): 연등불 회상에서

得値八百四千萬億那由他諸佛(득치팔백사천만억나유타제불): 8만 4천만 억 나유타의 숫자만큼이나 되는 여러 부처님을 다 만나 뵐 때마다

悉皆供養承事(실개공양승사): 모두 공양하고, 그 뜻을 받들어 섬기고 하여

無空過者(무공과자): 한 분도 그냥 지나쳐 버리지 않았다.

若復有人(약부유인): 그런데 만일 어떤 사람이

於後末世(어후말세): 뒷날 말세에

能受持讀誦此經(능수지독송차경): 이 경 가르침의 낙처를 마음과 의식으로 받아 지니고 읽고 외워

所得功德(소득공덕): 그로 인해 얻게 되는 공덕이 있다면

於我所供養諸佛供德(어아소공양제불공덕): 내가 모든 부처님에게 몸으로 공양한 공덕으로는

百分不及一(백분불급일): 그 사람이 받게 되는 공덕의 백분의 일에도 미치지 못할 것이며

千萬億分乃至算數譬喻(천만억분내지산수비유): 천만억 분 내지 어떤 숫자적 이유로도

所不能及(소불능급): 능히 미치지 못하는 것이 되리라.

須菩提(수보리): 수보리야,

若善男子善女人(약선남자선녀인): 선남자·선여인이

於後末世(어후말세): 뒷날 말세에

有受持讀誦此經(유수지독송차경): 이 경의 가르침의 낙처를 받아 지니고 읽고 외우고 하여

所得功德(소득공덕): 받게 되는 그 공덕에 대하여

我若具說者(아약구설자): 내가 있는 그대로 모두 설명한다

고 하게 한다면

或有人聞(혹유인문): 혹 어떤 사람은 그 말을 듣고

心卽狂亂(심즉광란): 마음이 마치 미친 사람처럼 그게 말이 되냐고, 정말 그렇게 되냐고 하면서 자기의 신념체계가 흔들려 심란해지면

狐疑不信(호의불신): 마치 여우처럼 이 경의 힘이 가진 공덕장의 효력을 의심하고 믿지 않을 것이다.

須菩提(수보리): 수보리야,

當知(당지): 그대는 명심하라.

是經(시경): 이 경은

義不可思議(의불가사의): 그 뜻이 가히 생각할 수 없을 정도로 불가사의할 뿐 아니라

果報亦不可思議(과보역불가사의): 이 경이 되돌려 주는 그 과보도 엄청나서 가히 생각할 수 없을 정도로 불가사의한 공덕을 받게 될 것이니라."

✹ **스리랑카**

필자는 1959년생이다. 그런데 2024년은 양력 생일과 음력 생일

이 동일한 날짜에 생일 미역국을 먹었다. 양력 달력 기준의 환갑도 부정확하고 음력 달력 기준 환갑도 부정확하더니 60갑자가 아니라 66살이 되니 진정한 한 바퀴 삶을 산 것 같다는 생각을 했다.

반드시 그 이전에 금강경 가르침대로 살아보라! 이미 나이가 무슨 상관이라는 말인가? 지금부터가 당신 생일이다. 이제 삶의 기준점을 육신에서 진짜 나 자성 지켜보는 나로 바꿀 때가 되지 않았는가? 물론 금강경 가르침대로 세상을 보게 되면, 그렇게 사람과 사물과 온갖 뉴스와 경제를 그 기준으로 살면, 분명 당신은 가족들과 주변 사람들에게 "참 우리 아버지 못 말리겠네!" 혹은 "저기 정신 나간 사람 하나 더 있군."이라며 경멸을 당할 것이다. 그이유는 우리가 이상한 사람이라서가 아니다. 그들이 사는 방식과 다르기 때문에 당신을 경멸하는 것이다.

그렇지만 당신 나이가 소위 환갑還甲을 넘은 나이라면 도전해보기를 바란다. 60갑자 한 바퀴 다 돌려놓고 무슨 미련으로 바뀌지 않은 의식이 바뀐 물질 세상을 당신에게 투영할 것이라는 말인가? 우리의 상황과 우리 앞에 펼쳐진 세상은 우리 의식의 거울이다. 세상과 상황과 당신의 몸이 하늘 거울에 비친 모습이다. 그러니 당신은 거울의 나를 바꾸고 싶으면 거울 앞에 서 있는 우리를 바꾸면 된다. 물론 필자도 이것이 한국에서 잘되지 않았다. 그러나 스리랑카라는 외국에서 비록 4일이지만 그렇게 할 수 있었다. 내가 웃으면 그들도 웃음을 내게 주었다. 그들이 내게 미소를 보내면 나는 그들에게 웃음 혹은 돈을 주었다. 거울처럼…. 이제 한국에서도 할 수 있는 방법을 찾으면 될 것 같다.

3장

○

🪷

○

세상이
아무리 나를
흔들리게
하여도

제17분

죽음이 없다는 것을
알고 죽을 수 있는 것,
이것이 무생이다

금강경 17분은 究竟無我分(구경무아분)이다. 그 의미는 '아~ 정말 내가 알던 나는 그 존재 자체가 없었구나!'라는 것을 알았다는 소리이다.

이 말은 죽음이 없다는 것을 알고 죽음을 맞이하신 부처님처럼, 존재하고 있는 것이 실제로는 존재하지 않음을 알고 존재하는 상태를 말한다. 그게 부처다.

불교에서 무아無我라는 것은 신자라면 누구나 한 번 이상은 들어본 유명한 말이지만 이 말이 자기 영혼에 심각하게 울린 사람은 그리 많지 않을 것이다. 아니 평생 남의 이야기로만 들릴 것이다. 그 이유는 자신과 세상을 인식하는 시선이 육신 하나만을 가지고 있을 때 누구나 100% 그렇다는 것이니 너무 상심해할 필요는 없다. 모두들 정신없이 열심히 살아왔다. 그런데 그 결과를 보니 자신이 서 있는 곳이 정말로 자기 자신이 원했던 자리인지에 대해 지금의 기존 현실에 의문과 환멸을 느끼는 사람들이 제법 많을 것이다.

　삼성의 고 이건희 회장도 삶과 이별하기 몇 년 전부터 많은 학자들 특히 철학자들을 초청해 이야기를 듣고 싶어 했다. 그러나 그들에게서 돌아온 답은 이건희 회장의 영혼의 갈증을 달래주지 못한 것으로 알고 있다. 많은 사람들이 특히 부유층이나 성공한 계층에서 이미 이런 것을 느끼는 사람들이 많다. 그러나 그들은 결국 막다른 길에 부딪히고 만다. 필자도 그랬다. 그렇게 자신을 모르고 사는 건 정체성 없이 사는 것이고 무명無明의 어둠 속에서 사는 것이다. 물론 먹고사니즘이나 프로축구, 야구 혹은 각종 게임이나 투자에 빠져 자신의 영혼의 갈증을 채우려는 대다수 사람들은 아직 자신의 영혼이 요구하는 것이 무엇인지 깨닫지 못하고 있는 것이다.

이것이 금강경 제17분의 시작이라고 보면 될 것이다. 명심할 것은 부처님이 이곳에서 우리 3차원 중생의 안목에 맞게 말씀하신 부분이 있음을 알아야 한다. 즉 부처님 차원에서는 진실이 아닌데 그 진실을 우리가 못 믿을까 봐 하시는 말씀이다. 이 가르침에서 부처님이 500세 동안 인욕선인으로 지내셨다는 부문도 사실은 우리를 위해 그렇게 말씀하신 것이다. 이곳에서는 연등불에게 수기를 받는 장면에서 진실이 아닌 것을 사실만을 아는 우리에게 하시는 교육적 거짓이 있음을 알자. 해당 부문에서 이야기하겠다.

17-1. 究竟無我分(구경무아분):
무아는 죽음이 없음을 알고 죽을 수 있을 때다

爾時(이시): 이때
須菩提白佛言(수보리백불언): 수보리가 부처님께 아뢰었다.

世尊(세존): "세존이시여,
善男子善女人(선남자선여인): 선남자·선여인들도

發阿樓多羅三邈三菩提心(발아뇩다라삼먁삼보리심): 우리가 아는 삶의 목표와 다른 보살들의 마음인 아뇩다라삼먁삼보리의 마음을 내고자 하옵니다.

云何應住(운하응주): 그런데 우리가 어떻게 그 마음자리에 머무르고

云何降伏其心(운하항복기심): 어떻게 아직 그렇지 못한 스스로의 마음을 다스려야 합니까?"

✸ 17-2: 보살은 개체적 자아가 아닌 영적 자아의 존재들

이미 우리와 같은 사람들이 부처님 당시에 1,250명이나 있었나 보다. 그렇다. 부처님 제자로 30년 이상 배워 아라한이 되었지만 문득문득 내가 이래도 좋은 것인가 하는 심적 동요와 불안을 느끼거나 자신과 주변 사람들의 기존 삶의 방식에서 어떤 의미도 찾지 못하는 사람들도 있었을 것이다. 이들은 근본 물음에 대한 대답에 목말라하며, 자신들의 영혼이 채워지지 않음을 날카롭게 의식하고 있었다. 그들의 가슴은 무겁고 그들의 마음은 무척이나 혼란스러웠을 것이다. 그러는 와중에 그들은 보살菩薩이라는 존재들의 삶의 방식을 알게 되었을 것이다. 물론 영적으로 말이다.

아라한들이 육안으로는 보살을 만나지도 보지도 못했을 것임을 나도 안다. 그런데 어떻게 보살들의 존재를 알았을까? 보살들은 영화 <신과 함께>에서 우리가 보았던 것처럼 3차원적으로는 존재하지 않지만 전 세계 사람들의 의식세계에서는 분명히 존재하는 천사, 저승사자, 하느님, 조왕신, 산신, 천신, 화엄신장과 같은 존재일 것이다. 그래서 달랑 5개 정도의 감각기관만을 사용하는 낮은 의식의 우리들은 감지하지 못했지만, 52개의 감각기관 중 아주 많은 기관들이 작동되는 좀 더 쉬운 말로 촉觸이 아주 정밀한 사람들 특히 아라한들은 보살의 존재와 만나고 대화했을 것임은 자명한 일일 것이다. 그런데 그 보살들은 자신과 대상을 인식하는 방법이 아라한들과는 완전히 달랐다.

다시 말해서 인식 주체와 인식 대상이 나누어진 상태의 아라한들과 달리, 그것이 하나가 되어 나와 남의 구별이 전혀 없는 것이었다. 그것을 부처님은 이렇게 설명하신다. 어떤 상相도 없다고….

"주위를 잡고 있으세요!" 하는 필자의 말은 불교에서 말하는 '기연'을 일으키기 위해서다. 반드시 누구나 그렇게 된다. 거기서는 모든 것이 하나다! 당연히 부처님과도 하나가 되고, 하느님과도 하나가 된다. 즉 당신의 기도는 그 자리에서 이루어지는 것이다. 부탁드리고 싶은 것은 그때 만약 어떤 존재가 나타난다면 심지어 부처님이 나타나도 "아 오셨어요? 저는 당신을 압니다. 고맙습니다. 제가 반야심경 한 편 읽어 드릴 터이니 제 선물 받으시고 가시면 감사하겠습니다."라고 하고 가시게 하면 된다. 주책없이 절을 한다든지, 거래를 시작하면 당신은 시작은 창대하나 그 끝은 서글프게 될 것임을 미리 말한다. 그래서 부처가 나타나면 부처를 죽이고 조사가 나타나면 조사를 죽이라고도 한 것이다.

17-2. 究竟無我分(구경무아분)

佛告須菩提(불고수보리): 부처님께서 수보리에게 말씀하시었다.

若善男子善女人(약선남자선여인): "선남자·선여인들이

發阿樓多羅三邈三菩提心者(발아녹다라삼먁삼보리심자): 보살들의 마음자리인 아녹다라삼먁삼보리의 발심을 하였다면

當生如是心(당생여시심): 마땅히 이와 같은 마음을 격발하

여 발심을 하여야 하느니라.

我應滅度一切衆生(아응멸도일체중생): '내가 일체의 중생을 제도하리라'고 발심을 하고

滅度一切衆生已(멸도일체중생이): 그렇게 인연이 연결된 일체 중생을 다 제도하고 나서는

而無有一衆生實滅度者(이무유일중생실멸도자): '실은 한 중생도 제도한 바가 없다'고 생각해야 하느니라.

何以故(하이고): 왜냐하면

須菩提(수보리): 수보리야,

若菩薩(약보살): 만약에 보살이

有我相人相衆生相壽者相(유아상인상중생상수자상): 아상·인상·중생상·수자상이 있으면

卽非菩薩(즉비보살): 곧 보살이 아니기 때문이니라."

✳ 17-3: 영적 자아로서의 보살들의 행

그렇다면 보살들은 세상을 아니 우리 한 개인을 볼 때 어떻게 보는가? 그는 5단계로 본다. 예를 들어 어느 암호화폐를 열심히 채굴하며, 자신이 채굴하고 있는 암호화폐가 비트코인처럼 자신의 인생을 한꺼번에 극장 인생으로 만들어 줄 것을 기대하고 있

는 사람이 있다고 치자. 보살은 그 사람을 볼 때 어떻게 보는지 아는가?

처음 보살이 그 사람을 보면 그의 순수한 에너지체로 보살 자신과 동일한 하나의 맑은 에너지체로 본다.

두 번째로 보살은 그는 암호화폐를 채굴하고 있지만, 그 사람의 행위가 무엇인가 채워지지 않는 부족함과 그것이 채워지지 않을 경우의 두려움의 주파수라는 것을 즉각 인지하게 된다.

세 번째 단계로 보살은 그의 에너지체가 발산하는 주파수를 분석할 필요도 없이 그 원인을 알 수 있는데 그것은 그 사람의 모든 의식의 거울이 보살의 의식과 같은 거울이기에 알 수 있는 것이다. 쉽게 말하면 그 당사자는 무엇인가 갈증과 부족함과 두려움의 주파수를 쏘아대기는 한다. 그런데 그 주파수가 그의 몸의 신체적 상황, 그의 살림살이 혹은 사업하고 있는 사업체의 경제적 상황, 그리고 그의 가족관계를 포함한 모든 인적, 사회적, 물질세상 거울에 그냥 비치고 있는데도 당사자는 그것을 모르고 있다. 물질세계는 삶에 대한 우리의 그릇된 이해를 계속해서 그의 의식세계를 통해 자신에게 되돌려 비춰주지만 그는 그것을 모른다. 물질 영역 전체가 '그 사람', 다시 말해 채굴하고 있는 당사자의 의식을 비추는 하나의 거대한 거울임을 그는 모르고 있다. 이것을 보살들은 아주 당연하게 안다.

보살들의 네 번째 안목은 자비심과 절복심이 동시에 존재하는 영역이다. 만족과 행복을 기대하는 그와 달리 그가 원하는 일이 지금 그 일로 이루어질 것인지, 그가 바라는 일 자체가 성립이 안 되는 것인지, 그가 포기하고 말 것인지, 아니면 성공을 하기는 하지만 그 성공이 그 드라마가 희극이 될지 비극이 될지 처음과 끝을 다 아는 것이다. 이 보살들의 안목을 커닝해서 직업으로 삼는 사람들이 있는데 그들이 소위 점占 보는 사람들이다. 예상외로 종교인들 중에도 많다. 그들은 미래를 잠깐 볼 수 있는 재능이 있거나 연마했기 때문이다. 그들은 그런 재능이 있는데 우리들 대부분에게 그런 재능이 없는 것은 각기 타고난 저마다의 재능이 다르기 때문이다. 누구나 노래를 잘하고 누구나 수학을 잘하고 누구나 길을 잘 기억하는 것이 아니듯이 말이다.

보살들의 다섯 번째 안목은 참으로 슬프다. 대부분이 사람들이 자신의 육안肉眼만으로 살기 때문이다. 그래서 이들은 조건에서 행복과 만족을 찾는다. 외모, 출신 집안, 졸업한 학교, 자격증, 인맥 등등이다. 이들은 눈뜬장님들이다. 그러한 조건은 원래 자신의 의식 무의식이 반영해서 외부에 만들어가는 것임을 모르고 있기 때문이다. 이들은 곧 무너질 집에 페인트칠만 다시 번드레하게 만들어 두는 것과 마찬가지로 결과를 원인으로 알고 결과만을 볼 줄 알기 때문이다.

그리하여 보살들은 우리가 찾을 수는 없지만, 각자의 의식이 만들어낸 자화상 즉 아상·인상·중생상·수자상이 언제나 자신을 외부로 드러내고 있어서 보살들에게는 다 보이는 것인데, 참으로 대단하고 신기하게도 평생을 살면서 단 한 번도 어떤 외부적 징후의 원인을 찾는 대신에 불만족의 징후를 만족의 징후로 바꿔 보려고 쉬지 않고 애쓰고 있음을 보살들은 안다. 그래서 보살들은 한없이 슬프기도 하다. 우리 모두가 그들에게는 마치 아픈 손가락과 같기 때문이다.

그렇게 보살들은 자신들과 대상이 한 몸이다. 일주문 안의 하나가 셋으로 나타난 성부 성자 성신의 삼총사의 화신이 보살이며, 법신 보신 화신이 삼총사가 보살이며, 삼신할미가 보살인 것이다. 생각해보면 보살이 되는 것은 아주 쉽다. 누가 자격증을 주는 것도 아니다. 애써 구하는 것도 아니다. 일주문 밖의 자기 자신에게 속지만 않으면 자신도 모르는 사이에 일주문 안의 삼총사 멤버가 되어있는 자기 자신을 보게 되는데 그런 사람들이 부처며

여래며 보살들이기 때문이다.

17-3. 究竟無我分(구경무아분)

所以者何(소이자하): "그 까닭은 무엇인가

須菩提(수보리): 수보리야,

實無有法(실무유법): 보살이 대상을 인식하는 방법은 실로
정해진 법이 없었기에

發阿樓多羅三邈三菩提心者(발아뇩다라삼먁삼보리심자):
아뇩다라삼먁삼보리의 마음을 낼 수 있게 된 것이니라.

須菩提(수보리): 수보리야,

於意云何(어의운하): 그대는 어찌 생각하는가.

如來於然燈佛所(여래어연등불소): 내가 연등부처님 처소
에 있을 때

有法得(유법득): 내가 그 연등부처님으로부터 받은 어떤
법이

阿樓多羅三邈三菩提不(아뇩다라삼먁삼보리부): 다시 말해
서 '아뇩다라삼먁삼보리'라는 어떤 법이 얻은 것이더냐?"

不也(불야): "아닙니다.

世尊(세존): 세존이시여,

如我解佛所說義(여아해불소설의): 부처님께서 설하신 바에 따르면

佛於燃燈佛所(불어연등불소): 여래가 연등부처님 회상에 있을 때

無有法(무유법): 개별적 별도의 어떤 특수한 법이 없으셨기에

得阿耨多羅三邈三菩提(득아뇩다라삼먁삼보리): 아뇩다라삼먁삼보리를 얻으셨음을 저는 알고 있습니다."

佛言(불언): 부처님께서 말씀하시었다.

如是如是(여시여시): "옳다. 그러하니라,

須菩提(수보리): 수보리야,

實無有法(실무유법): 실로 어떤 것을 목적으로 해서 그것을 얻기 위해 행위하는 법이 없었기에

如來得阿耨多羅三邈三菩提(여래득아뇩다라삼먁삼보리): 나는 '아뇩다라삼먁삼보리'를 얻은 것이니라.

須菩提(수보리): 수보리야,

若有法(약유법): 만약에 법이 있어

如來得阿縷多羅三邈三菩提者(여래득아뇩다라삼먁삼보리자): 여래가 아뇩다라삼먁삼보리를 얻었다면

燃燈佛(연등불): 연등부처님께서는

卽不與我授記(즉불여아수기): 나에게 수기를 이렇게 내리지 않았을 것이니라.

汝於來世(여어내세): '그대는 장차 오는 세상에

當得作佛(당득작불): 반드시 부처가 될 것이며

號釋迦牟尼(호석가모니): 이름을 석가모니로 하리라.'라고 말이다.

以實無有法(이실무유법): 그렇게 나는 실로 구하던 어떤 법도 없었기 때문에

得阿縷多羅三邈三菩提(득아뇩다라삼먁삼보리): 내가 아뇩다라삼먁삼보리를 얻었으며

是故(시고): 그러므로

燃燈佛(연등불): 연등부처님께서

與我授記(여아수기): 나에게 수기를 내리고

作是言(작시언): 이 말을 하시었다.

汝於來世(여어내세): ‘그대는 내세에

當得作佛(당득작불): 반드시 부처가 되리니

號釋迦牟尼(호석가모니): 그 이름을 석가모니라 하라.’고 말씀을 하셨느니라.

何以故(하이고): 왜냐하면

如來者(여래자): 여래란

卽諸法如義(즉제법여의): 곧 ‘모든 법이 진실하다.’는 뜻이기 때문이니라.

若有人言(약유인언): 만약 어떤 사람이

如來得阿樓多羅三邈三菩提(여래득아뇩다라삼먁삼보리): ‘여래는 아뇩다라삼먁삼보리를 얻었다.’고 말을 하기는 하지만

須菩提(수보리): 수보리야,

實無有法(실무유법): 부처는 실로 얻어야 할 대상인 그 어떤 법도 없기 때문에

佛得阿樓多羅三邈三菩提(불득아뇩다라삼먁삼보리): 부처는 아뇩다라삼먁삼보리를 얻은 것이니라.

須菩提(수보리): 수보리야,

如來所得阿樓多羅三邈三菩提(여래소득아뇩다라삼먁삼보리): 부처가 얻은 아뇩다라삼먁삼보리에는

於是中(어시중): 가운데에는

無實無虛(무실무허): 세상살이에 실질적인 그 어떤 것도 없고, 그렇다고 세상살이에 필요 없는 허망한 것도 없느니라.

是故(시고): 그러므로

如來說一切法(여래설일체법): 여래가 설하는 것이니라.

皆是佛法(개시불법): 작용이 일어나는 '모든 법이 다 불법'이라고 말하는 것이니라.

須菩提(수보리): 수보리야

所言一切法者(소언일체법자): 내가 또 '일체법'이라고 말하기는 하지만 그것은

卽非一切法(즉비일체법): 3차원의 세계에서 인식하는 그런 일체법이 아니고

是故名一切法(시고명일체법): 그러므로 다만 그 이름이 일체법일 뿐이니라."

�֍ 17-4: 일곱 빛깔 무지개와 칠구지 불모 대준제보살

그래서 우리가 우리 자신을 찾아야 한다는 것이다. 나는 도대체 누구지? 무엇이지? 나는 이번 생에 왜 태어나 무엇 하러 여기에 있지? 지금 내 몸과 내 상황 등 모든 것이 의미하는 바는 뭐지? 이렇게 우리는 우리들 자신에게 물어봐야 한다.

이런 물음들을 던진다는 건 수없이 윤회를 당하면서도 무명의 어둠 속을 헤매던 억겁의 세월 이후 처음으로 올바른 방향으로 내비게이션을 설정하고 발걸음을 내딛는다는 뜻이다. 그래서 보살들이 당신을 도우러 전부 몰려온다는 것이다. "나무칠구지 불모 대준제 보살 옴 자례 주례 준제 사바하 부림!" 한다고 보살이 나타나는 것이 아니라는 말이다. 물론 발심을 제대로 하고 그렇게 주력呪力을 입으로 하고 귀로 듣는 놈을 분리하여 자기를 보는 공부를 같이하면 가능하겠지만 말이다.

이제 우리에게는 우리가 회피하거나 무시하거나 덮어 두었던 알 수 없는 두려움을 다루는 문제만이 남아 있다. 두려움을 없애는 방법은 더 높은 의식을 갖는 것이며 가장 높은 의식의 삶의 목적이 천수경의 여래10대 발원문처럼 당신의 삶의 목적이 바뀌면 된다. 그렇게 되면 당신 몸의 일곱 개의 챠크라들이 다 열리게 될 것이다. 그러면 단 2개의 챠크라가 만든 두려움의 정체를 알게 되고, 그 두려움을 잘 대처할 줄 알면 당신이 지금 어떤 소원을 가지고 있든 당신의 꿈은 현실로 드러날 것이다. 그런 일은 당신의 영혼 핵심부에서 당신보다 훨씬 더 적절하게 일을 잘해 나갈 것이다. 그래서 우리가 할 일은 '내가 누구인가?'에 대해 배울 만한 공부를 하여 자기 정체성을 다시 규정하고 그 어떤 두려움을 내려놓게 되는 것, 그리고 나와 세상 모든 존재의 실상을 알게 된 당신이 우리 존재를 일주문 안의 모든 영적 각성자들이 갖고 있는 무한하게 다양한, 그리고 궁극적인 영혼의 의도와 다시 튜닝을 하여 맞추는 것, 이것이 모든 인간 특히 우리 공부의 목적이다.

이 공부를 해 나가는 가운데 당신 삶의 장애물이 하나하나 사라져가는 것이 이 공부의 가장 큰 즐거움일 것이다. 위에서 밝혔지만 부처님은 이곳에서 연등불과의 인연을 설명하시면서 우리들 3차원 중생에게 맞는 사실 아닌 사실을 밝히셨다. 부처님은 연등불에게 수기를 과거에 받으셨다고 했다. 그런데 당장 다음 일체동관분에서 나오지만 깨달음의 영역에 과거가 있나? 도대체 연등불이 석가모니 전생의 청년에게 너는 미래에 부처가 된다고 했다는데 그게 진실일까? 과거, 현재, 미래가 없는데, 언제 부처가 된다는 말인가? 지금 필자의 말은 유마경에서 유마거사가 미래의 부처인 미륵보살에게 한 말이다. 그렇게 말에 끌려다니면 안 된다고 하면서…. 무아는 눈에 보이는 것을, 금강경처럼 그렇게 보이지만, 그렇게 여겨지지만, 그렇다고 믿어지지만 '아니구나. 단지 내게 그렇게 보이는 것이구나.'를 모든 대상을 보고, 가급적 같은 숲을 여러 날 거닐면서 눈에 들어오는 존재들에게 그렇게 하면 된다. 그들은 매일 변한다. 특히 음력 3월 3일부터 7월 7일까지 말이다. 그렇게 당신의 영혼도 성숙해가고 무상을 몸으로 알게 된다. 마치 근육을 만들듯 그렇게 연습하면 된다. 운동을 하루 한두 시간이라도 매일 꾸준히 하기만 하면 1달에서 3달이면 근육이 만들어지는 것과 같다고 할 것이다. 그리고 겨울이 되면 결국 알 것이다. 그들이 당신의 거울에 비친 또 다른 당신이라는 것을…. 이것을 알고 모든 대상에게 사랑을 베푸는 자들이 보살이다. 그러니 어찌 보살이 내가 누구를 제도했네, 도와주었네 하는 망상을 일으키겠는가?

17-4. 究竟無我分(구경무아분)

須菩提(수보리): "수보리야,

譬如人身長大(비여인신장대): 비유하여 말하면 사람의 몸이 크다는 것과 같으니라."

須菩提言(수보리언): 수보리가 아뢰었다.
世尊如來說人身長大(세존여래설인신장대): "세존이시여,
여래께서 사람의 몸이 크다고 하신 것은
卽爲非大身(즉위비대신): 곧 큰 몸이 아니라
是名大身(시명대신): 그 이름이 큰 몸인 것입니다."

須菩提(수보리): "수보리야,
菩薩亦如是(보살역여시): 보살도 역시 그렇게 세상과 사람을 바라보느니라.
若作是言(약작시언): 그런데 만약에 어떤 보살이 이렇게 말한다고 해 보자.
我當滅度無量衆生(아당멸도무량중생): '내가 반드시 무수한 중생을 제도하리라.' 하고 말한다면
卽不名菩薩(즉불명보살): 곧 보살이라고 이름하지 못할 것이니라.

何以故(하이고): 왜냐하면

須菩提(수보리): 수보리야,

實無有法(실무유법): 그렇게 실로 일주문 밖의 상대성의 세상 법에 집착하지 않는 것을

名爲菩薩(명위보살): 일컬어 보살이라 하기 때문이니라.

佛是故說(시고불설): 그러므로 부처님은 설하기를

一切法無我無人無衆生無壽者(일체법무아무인무중생무수자): '일체법이란 무아·무인·무중생·무수자'라고 설하느니라.

須菩提(수보리): 그런데 수보리야,

若菩薩(약보살): 만약 어떤 보살이

作是言(작시언): 말하기를

我當莊嚴佛土(아당장엄불토): '나는 반드시 불국토를 장엄하리라.' 하고 말한다면

是不名菩薩(시불명보살): 그도 역시 보살이라고 할 수 없느니라.

何以故(하이고): 왜 그런가 하면

如來說莊嚴佛土者(여래설장엄불토자): 여래가 설한 불국토의 '장엄하게 꾸민다.'라 함은

卽非莊嚴是名莊嚴(즉비장엄시명장엄): 곧 장엄하게 무엇

을 꾸밈이 아니라 다만 그 이름이 장엄하게 꾸밈을 말하기 때문이니라.

須菩提(수보리): 수보리야,
若菩薩通達無我法者(약보살통달무아법자): 만약에 이렇게 어떤 보살이 무아의 법에 통달했다면
如來說名眞是菩薩(여래설명진시보살): 여래는 '그야말로 진실한 보살'이라고 일컬을 것이니라.

✳ 스리랑카

나는 스리랑카에서 새벽별을 두 번 보았다. 새벽별은 샛별, 금성金星, 효성曉星, 계명성鷄鳴聲 등 여러 이름으로 불린다. 부처님은 새벽별을 보고 깨달음을 얻었다고 했다. 그게 사실일까? 혹시 그렇게 말할 수밖에 없던 것이 아니었을까? 답은 이것일 것이다.

부처님은 새벽별을 보고 있는 자기 자신을 보고서 깨달으신 것!

즉 자기가 새벽별이 되신 것이다. 새벽별이 되어 보리수 아래 6년째 앉아서 끙끙대는 자신을 보니, 보리수 아래 자기 자신이 12

연기로 즉 무명無明에서 시작된 자기 자신임을 저기 우주 금성에서 보신 것이다. 그래서 12연기에서 벗어나실 수 있었다. 태어남과 죽음의 기준이 육신이 아니라 새벽별이 되다가 보니, 우주가 되다가 보니 무생無生의 이치를 깨달으신 것이다.

새벽별 입장에서 이익과 손해가 있을까?

새벽별 입장에서 국토를 장엄하게 한다는 것이 있을까?

새벽별 입장에서 내가 누구를 도와준다는 말이 성립이 될까?

새벽별 입장에서 나와 상대방이, 산이 강이, 엄청난 재산이, 원수가 다 하나 아닐까?

자기 앞에 나타난, 자기 의식세계에 들어선 모든 존재는 그것이 사람이건 상황이건 감정이건 그것은 자기 의식이 투영된 것이다. 즉 세상과 감정과 상황은 자신의 거울이다. 그러니 새벽별이 부처의 의식에 거울로 나온 것을 6년 만에 석가모니는 깨달으신 것이다. 이것을 알면 금강경의 '통달무아'법을 알게 된다. 문제는 나라고 여기던 것이었다. 그 여김이 문제였던 것이다. 그러니 개별 자아의 힘으로만 욕심이 산더미처럼 커진 사람들이 어찌 두려움과 불안과 근심이 없겠는가 말이다. 자기 자신의 큰 정체를 알면 어떤 것도 가능한데…. 그래서 다음에 "모든 것을 똑

같이 본다!"라는 말이 나온다.

자~~ 이제 우리 모두 새벽별이 되자. 그리고 새벽별로 세상과 자신과 상황을 보자. 그것이 금강경에서 말하는 반야이며 참된 인식이다. 참된 인식은 깨달음으로 가는 직행열차다. 그러나 분명히 알자. 참된 인식은 깨달음보다는 한 단계 낮다. 이것을 반야심경에서는 삼세의 모든 부처님들도 '참된 인식~반야바라밀다'에 의지해서 고득(깨달음~아뇩다라삼먁삼보리)을 얻게 되었노라고 말한다.

제18분

화엄경이
가슴속에 울려 퍼지기 직전에…

선친께서 돌아가시기 전에 내게 한 말씀이 있다. 평생을 자랑스럽게 생각했고 이 말씀을 하시는 순간에도 지금도 나는 선친을 자랑스럽게 생각하고 있었는데 이상한 말씀을 하신 적이 있다. 돌아가시기 직전에 말이다. "참 너에게 면목이 없구나." 이제 30년이 지나 나도 그 이야기를 자녀들에게, 혹은 주위 사람들에게 해야 할 처지가 될까 봐 두려움이 밀려오기 시작했다. 그때 내가 시작한 것이 이 공부다. 틈틈이 이야기했지만 '주위를 잡고 있는 훈련'처럼 소원 성취 심지어 깨달음에 중요한 것은 없다고 나는 항상 말한다. 주위를 잡고 있는 훈련은 매 2시간마다 10

분씩 하면 아주 좋은데, 최종 목적은 자기 자신의 정체성을 새로 규명하기 위해서다. 즉 의법 출생 혹은 부활을 하기 위해서다. 간단하다. 세상을 판단하는 인식 주체를 자신의 지켜보는 나로 바꾸어 그 실습만 하면 된다.

'주위를 잡고 있다'라는 것은 자기 자신의 의자나 방에서 하는 것이 제1단계다. 자기 차 안에서도 좋다. 즉 자신의 몸이 아니라 자신이 점유하고 있는 공간 자체가 자신의 몸이라고 여기는 순간이 반드시 온다. 여기까지는 아주 쉬운데 그렇게만 되어도, 그는 스스로 자기 방을 치우게 된다. 이불도 항상 깨끗하게 두고 책상이나 거울의 먼지도 왜 그런지 항상 깨끗하게 하는 것이 명행, 안 그러다가 그렇게 된다. 그 단계를 지나 자기 집 안이 자기 몸처럼 느껴지는 단계가 온다. 그렇게 되면 누가 시키지도 않았는데 집 안 쓰레기 치우기, 화장실 청소하기, 심지어 설거지도 자기도 모르게 하게 된다. 당연하지 않는가? 공간 자체가 자기 몸이라는 인식 단계가 오면 그렇게 된다. 매일은 아니라도 자기도 모르게 그렇게 된다.

새해 들어 척추 협착증으로 고생하던 나는 하루 6,000걸음을 걸어야 한다는 유튜브 의사의 권고를 보고 걷기 시작했다. 새싹

이 올라오기 전이었다. 파란색과 노란색, 흰색의 봄의 색깔이 기미도 없을 때였다. 수많은 나무와 나무 사이로 아침저녁 차를 두고 그렇게 걸었다. 나도 모르게 나무와 풀과 땅과 하늘과 친근해졌다. 봄이 왔다. 산수유가 피고 개나리, 진달래, 벚꽃, 목련이 차례로 피더니 요사이는 벚꽃이 만발해 있다. 사철나무와 신록의 연두색이 올라오고, 시커먼 담쟁이도 어느새 녹색 잎사귀가 언뜻 보인다. 그렇게 오랫동안 나는 육안肉眼으로 대상을 보고 다녔다.

18-1. 一切同觀分(일체동관분):
오직 지켜보는 나만이 만물을 하나로 볼 수 있다

須菩提(수보리): "수보리야,

於意云何(어의운하): 그대 생각은 어떠하냐.

如來有肉眼不(여래유육안부): 여래에게 육안이 있느냐."

如是(여시): "그렇습니다.

世尊(세존): 세존이시여.

如來有肉眼(여래유육안): 여래에게 육안이 있습니다."

✳ 18-2: 보려고 하면 볼 줄 아는 눈

그러나 항상 주위를 잡은 상태에서 걸으려고 노력을 했다. 그러다 보니 매일매일 달라지는 나무들과 꽃들과 친숙해졌다. 벌써 산수유는 노란 꽃이 다 없어져 간다. 그렇게 걷다 보니 주변 나무, 꽃 그리고 땅 자체가 나의 주위에 잡혀 갔다. 방 안에서만 하던 나의 주위가 조금 넓어졌다. 그리고 방 안에서 하는 것보다 훨씬 더 잘되는 것 같았다. 처음에는 잘되지 않았다. 오고 가는 사람들, 우측통행, 별 흉측한 자세로 운동하는 할머니들, 그리고 조용한 명상 길에 핸드폰으로 시끄럽게 통화하는 사람들로 주위가 잡히지 않았다. 그래서 모자를 푹 눌러쓰고 땅만 보며 주위를 잡은 채 걷기를 했다. 그렇게 10여 일 하다 보니 나무와 꽃들은 눈 앞에 있어도 내가 지나온 등위에 있어도 한 몸처럼 느껴지는 순간이 온 것 같은 의식적인 의식 상태를 유지할 수 있었다. 심지어 어두운 하늘에 이미 없는 해도, 구름에 갇힌 달도, 뿌연 구름에 보이지 않는 별도 나의 의식세계에 잡히기 시작했다. 이른바 천안天眼이다.

물론 이 천안은 소위 도통한 사람들이나 무속인들이 다른 신들의 도움으로 일정 부문이나 일정 시기를 컨닝하는 것과는 차원이 다른 천안이다. 앎의 영역에서의 차원은 모든 때에 모든 곳을 볼 수 있는 천안이다. 나는 그 천안을 얻은 것은 아니지만 그 개발되지 않은 천안을 느끼며 걸었다. 유마경에서 말하는 부처의 천안이 내게도 잠자고 있음을 알고 있었기에….

18-2. 一切同觀分(일체동관분)

須菩提(수보리): "수보리야,

於意云何(어의운하): 그대는 어찌 생각하는가.

如來有天眼不(여래유천안부): 여래에게 천안이 있느냐?"

如是(여시): "그렇습니다.

世尊(세존): 세존이시여.

如來有天眼(여래유천안): 여래에게 천안이 있습니다."

✸ 18-3: 인연의 뿌리를 살필 줄 아는 눈

그렇게 또 주위를 잡은 채 걷기를 지속했다. 이제는 제법 친숙해진 나무와 풀들, 꽃들이 나의 마음과 리듬을 같이 타고 있는 것처럼 느껴졌다. 내 마음이 즐거워져 꽃이 반가운지, 신록이 반가운지 모르겠으나 내가 잡고 있는 주위와 주파수 공명이 일어나기 시작했다. 뭔가 내가 잡고 있는 주위 속의 사람들의 시끄러움도, 오가는 사람들도 내 의식 상태를 흔들지 않았다. 그래서 모자를 푹 눌러쓰고 앞을 안 보고 걷는 습관이 필요 없는 행위가 되어 버렸다. 내가 잡고 있는 주위 속에 공존하는 하늘, 사람, 꽃, 나무, 돌들과 나의 관계 주파수가 같은 진동수를 발산하는 주파수에 있는 듯 여겨졌다. 최소한 내가 잡고 있는 주위 속에서의 상대와 나를 별개로 여기기 않는 인연과 인연의 관계에 대한 혜안慧眼이라고 해도 좋을 것이다.

이 혜안은 얽힌 실타래처럼 얽힌 당신의 운명의 실타래를 풀 수 있는 단초가 된다. 상대와 내가 하나가 되는 것은 '불안'이다. 그런데 그 상대 혹은 어떤 상황이 내 앞에 나의 의식의 거울 즉 하늘 거울 천경에 비추어진 나의 또 다른 모습임을 아는 것이 '법안'이다. 그리고 나의 또 다른 나의 모습을 어떻게 대하는지, 그리고 그 상황이 나를 어떻게 끌고 가는지, 그 상황에 대한 나의 대응까지를 행하는 디테일이 혜안이다. 그래서 혜안은 아주 중요하다.

18-3. 一切同觀分(일체동관분)

須菩提(수보리): "수보리야,

於意云何(어의운하): 그대는 어찌 생각하는가.

如來有慧眼不(여래유혜안부): 여래에게 혜안이 있느냐?"

如是(여시): "그렇습니다.

世尊(세존): 세존이시여.

如來有慧眼(여래유혜안): 여래에게 혜안이 있습니다."

✸ 18-4: 법계 이치를 다 아는 눈

그러기를 계속하던 중 어느 날 나는 나무가, 꽃이, 연녹색의 풀들이 '본래 나의 다른 표현'이라는 말이 생각났다. 물론 다분히 의식적인 것이지만 저 아름다운 길에서 동료가 앞을 막아주고 있는 사이에 소변을 보고 있는 내 또래 사람들도, 휴대폰으로 시끄럽게 오가는 근처 직장인들도, 엄마 아빠와 즐겁게 길을 걷는 수많은 아이들도, 별로 어울리지도 않는 몸매에 착 달라붙은 레깅스를 입고 길을 걷는 젊은 여자들도 나의 과거의 어떤 평가 기준과 나 자신의 모습들을 보여주는 나의 거울이라는 생각이 들었다. 말 없는 나무도 풀도, 즉 내 앞에 보이는 지팡이를 짚고 보폭이 10센티도 안 되는 90세 정도로 보이는 할아버지의 힘겨운 운동하시는 모습도 나의 혹은 나의 가족의 어떤 상황을, 과거의 모습 현재의 모습 미래의 모습을 투영해주는 것 같았다.

즉 내가 잡고 있는 주의에 속하는 모든 존재들의 상황 상황이 나의 내부를 비추어 주는 외부의 거울이라는 것을 알아차릴 수 있었다. 이런 것이 법안法眼일 것이다. 당신 앞에 펼쳐진 모든 상황이 당신의 하늘 거울에 비추어진 자기 모습임을 아는 것이 법안인 것이다.

18-4. 一切同觀分(일체동관분)

須菩提(수보리): "수보리야,

於意云何(어의운하): 그대 생각은 어떠하냐.

如來有法眼不(여래유법안부): 여래에게 법안이 있겠느냐?"

如是(여시): "그렇습니다.

世尊(세존): 세존이시여.

如來有法眼(여래유법안): 여래에게는 법안이 있습니다."

✳ 18-5: 부처의 눈

천안도 혜안도 법안도 아직 내게 익숙한 경지는 아니다. 그런데 나는 분명 알고 있는 게 있었다. 우주적 자아가 참 나라는 것을, 참 나는 내 안의 부처라고도 하고, 내 안의 하느님이라고도 하고, 내 안의 창조주라고도 한다는 것을 알고 있었다. 그리고 그것이 불안佛眼임을 알고는 있었다. 부처의 눈은 내가 대상을 어떻게 인식하느냐가 아니다. 그냥 하나다. '앎' 그 자체이다. 오솔길을 출퇴근하는 내가 있지만 나의 본질이 해에서 파생된 광자 덩어리 햇살이라면 나무도 풀도 꽃도 오가는 사람도 모두 햇살인 것이다. 우리 모두 해다. 모든 세상 존재의 실상을 그렇게 한 눈으로 앎의 단계에 있는 것, 그 상태의 눈이 불안佛眼이다.

『금강삼매경』 본문에 그 상황이 자세히 설해져 있다. 그때 세존께서는 남녀 수행자 그리고 남녀 일반 대중인 사부대중들에게 둘러싸여 그 자리에 모인 일체의 대중을 위해 '모든 생명들, 생명 요소들이 다 같이 일심一心 한마음의 존재임을 가르치는 즉 세상의 운용원리(O/S 시스템)를 설명하는 대승경'을 설하셨다.

그 경의 이름을 '한 가지 맛의 가르침', '사실이 아닌 진실의 가르침'이라 한다. 세존께서는 그렇다고 보이고, 믿어지는 것들이 사실은 환영과 같음을 가르치며, 각자가 그렇다고 아는 것이 그의 뇌에서 만들어 낸 '상 자체가 없는 것'임을 가르치며, 태어나고 죽는다는 것이 사실은 '꿈속의 모든 것처럼 꿈을 깨도 나면 사실은 없는 것'과 같다는 것을 가르치며, '나도 언제 태어나 언젠가는 죽는 유한 존재'라고 알고 있던 그 자체가 본래부터 태어남이 없었던 것이라는 것을 가르쳐주셨다.

그 가르침은 모든 존재의 생각과 행동을 결정하는 주체, 그리고 공空이지만 공空 속에서도 묘妙한 작용이 작동하고 있기에 실질적 존재의 실상은 일체 만법이 모두 청청한 "각覺의 바다" 자리에서, 모든 생명 요소들의 실질적 이익을 위한 가르침이라고 하셨다.

부처님께서 말씀하시길, 만일 이 모든 법의 운용원리를 듣거나, 혹은 이 가르침의 핵심요소인 4구절 게송만을 마음으로 심득心得하여 받아 지녀도 이 사람은 곧 부처와 같은 깨달음의 지혜의 경지에 들어가 여러 가지 수단과 방법 즉 각각의 존재에게 맞는 편리한 방법으로 일체 모든 생명 존재들을 교화할 수 있을 것이며, 일체 모든 생명 존재들을 위한 위대한 스승이 되리라고 하셨다. 부처님께서는 이 하늘의 운용원리를 말씀하신 뒤, 가부

좌가부좌跏趺坐를 틀고 앉으셔서는 즉각 보석과 같은 금강의 무념무상 금강삼매金剛三昧에 들어가시어 몸과 마음이 외부요인들에 의해 움직이지 않는 '부동의 경지'에 들으셨다.

 나와 대상에 흔들리지 않는 경지. 자신의 앞에 반연된 인연이 살인자이건, 내 돈 빌려 가서 안 갚고 잘 사는 그 친구이건, 나에게 독촉장을 보내는 고리대금업자이건, 채권자 샤일록 같은 은행원이건, 희대의 악마건, 나라 팔아먹은 매국노건, 미국인 중국인 일본인이건, 흑인이건 백인이건, 어떻게 하면 대한민국을 파멸시킬까 양심으로 가득 찬 그 누구이건 불안으로는 그가 부처인 것이다. 대상에 흔들리지 않고 끊임없이 사랑의 눈길을 주며 감정의 흔들림이 없는 것 그것이 부동不動의 경지이다.

 불자들의 최대 불행은 천안, 혜안, 법안의 과정 없이 육안으로 불안을 얻겠다는 욕심일 것이다. 아니 그것은 욕심이 아니라 착각이거나 과대망상이다. 게다가 더욱 심각한 것은 산신이나 제석천신이나 심지어 부처를 만났다고 부처를 보았다고 수기를 받았다고 하는 분들이다. 그분들은 조작된 신들의 거짓 불안을 잠시 얻은 것이기에 법안과 혜안과 진정한 의미의 천안은 없다. 필자가 그런 분들에게 엎어지고 자빠진 경험은 참 많다. 그러나 그

분들 덕에 오늘날 여기 있다는 것을 알기에 감사함도 잊지 않고 있다. 그분들이 그때의 나였음을 나는 이제 법안으로 알기 때문이다.

18-5. 一切同觀分(일체동관분)

須菩提(수보리): "수보리야,

於意云何(어의운하): 그대 생각은 어떠하냐.

如來有佛眼不(여래유불안부): 그렇다면 여래에게 부처의 눈 즉 불안이 있다고 생각하느냐?"

如是(여시): "그렇습니다.

世尊(세존): 세존이시여,

如來有佛眼(여래유불안): 여래에게는 부처의 눈 불안이 있습니다."

✹ 18-6: 어떻게 부처님은 우리 마음을 다 알 수 있었지?

여기까지는 좋다. 그런데 내가 알고 싶었던 것이 있다. 내가 그렇게 힘들고 괴롭고 두려울 때 그리고 그 상황이 누가 봐도 명백

한 삶의 위협이고, 허상이라고 무시하기에는 너무나도 당연한 미래가 보이는데 모든 상이 상이 아니라고 하면서 불안이 열린다고 무엇이 바뀔까? 이런 자기 의심이 있을 것이다. 바뀐다. 걱정 말고 해 보라!

그렇지만 그런 의심으로 금강경의 부처님 약속을 함부로 가치 없는 것으로 여기는 것은 더 큰 문제가 된다. 앞에서 말한 '주위를 잡고 있는 상태'의 5단계를 해 보면 알게 된다. 각 단계를 하나씩 하나씩 실천해 나가다 보면 자신이 의심하던, 자신을 두렵게 하던 자신의 영혼이 만든 자신의 삶에 정면으로 맞서는 듯이 여겨졌던 장치들이 하나씩 하나씩 사라지는 것을 알게 되기 때문이다. 어느 날 전체 우주를 움직일 것 같은, 아니 전체 우주의 누구에게든 명령을 내리면 즉각 나서게 될 하늘의 군사들(다분히 오해가 있는 말이기는 하다.)이 마치 주군의 명령만을 기다리고 있는 듯한 충만한 주위를 자신이 잡고 있음을 감지하는 날이 온다.

모든 것이 자기 몸이 된 듯한 순간, 과거 현재 미래가 없는 것은 이미 과학자들에 의해 밝혀진 바다. 그래서 우리는 알게 된다. '영원한 지금'이라는 것이 바로 자기가 잡고 있는 주위의 모든 것에서 자기 순수의식이 느끼고 있는 것임을…. 그리고 그때 알게 된다. 종교에서 말하는 믿음이라는 것이 무엇인지를. 결국 자기가 자기를 믿는 것임을 알게 되는 날이 올 것이다. 그때는 과거의 마음이 생각나다가도 그것이 나타났다가 사라지고, 미래의 꿈에 그리던 어떤 느낌이 오더라도 내려놓게 된다. 그냥 영원한 현재에 있게 된다. 그렇다고 아직 필자가 여래처럼 다른 사람들이나 나무나 돌이나 별들의 마음을 다 보고 다 알지는 못한다. 아니 아직 전혀 그렇지 않다. 그러나 알고 있는 게 있다. 나는 아직 부처의 눈이 열리지 않았지만 부처의 눈처럼 나의 외부 환경과 내부 환경을 대하는 것이 이 공부인의 자세라는 것은 분명히 안다. 그렇게 길을 걷다 보면 그렇게 모든 것이 하나임을 알고 느끼고 실천해 나가는 그 길이 불안을 여는 길이었음을 우리는 알게 될 것이다.

그런데 부처님은 우리 마음을 다 안다고 하신다. 어떻게 알지? 간단하다. 우리는 밤에 꿈을 꾼다. 꿈속의 나는 별의별 생각을 다 한다. 어느 날 꿈속에서 나는 도둑으로 몰린 어린 남매의 엄마를 만난 적이 있었다. 나는 그 엄마에게 이야기했다. "당신의 아이들은 아무런 잘못이 없다. 그 돈 주인은 나다. 원래 얼마였고 그 돈을 내가 신문지 밑에 두었는데 그 아이들이 신문지를 잡아 당기다가 돈이 빠져나온 것이고 그 돈을 막 주워서 나를 주었는데 원래 내가 가지고 있던 그 금액 그대로였다. 그러니 사람들이 당신 아이를 의심하는 것은 옳지 않다. 당신 아이들은 정말 정직하고 사랑스러운 아이들이다."라고 말했더니 그 엄마가 "선생님 고맙습니다. 은혜를 갚고 싶으니 은행 계좌번호 좀 가르쳐 주세요."라고 했다. 나는 "아닙니다. 무슨 말씀을 하세요?"라고 이야기했다. 그러고는 꿈에서 속으로 중얼거렸다. '에이~ 돈은 무슨 돈? 어디 근사한 데 같이 가서 키스나 하면 될 텐데.' 그러다가 꿈을 깼다. 그런 망칙하고 음흉한 생각을 하는 놈의 마음을 누가 알까? 꿈에서 깬 나만 아는 것이다. 그러니 깨어난 부처님이 우리 마음을 다 안다는 것은 100% 진실이다.

18-6. 一切同觀分(일체동관분)

須菩提(수보리): "수보리야,

於意云何(어의운하): 그대 생각은 어떠하냐.

如恒河中所有沙(여항하중소유사): '항하 가운데 있는 모래 알'이라고

佛說是沙不(불설시사부): 부처가 모래 이야기를 한 일이

있느냐?"

如是(여시): "그렇습니다.
世尊(세존): 세존이시여,
如來說是沙(여래설시사): 여래께서 이 모래 이야기를 한
일이 있습니다."

須菩提(수보리): "수보리야,
於意云何(어의운하): 그대 생각은 어떠하냐.
如一恒河中(여일항하중): 만약 한 항하 가운데 있는
所有沙有如是沙等恒河(소유사유여시사등항하): 모래 수만
큼의 항하가 있고
是諸恒河(시제항하): 이러한 여러 항하에
所有沙數(소유사수): 그 모래알 수대로
佛世界如是(불세계여시): 이 같은 부처의 세계가 있다면
寧爲多不(영위다부): 가히 많다 하겠느냐?"

甚多(심다): "대단히 많습니다.
世尊(세존): 세존이시여."

佛告須菩提(불고수보리): 부처님께서 수보리에게 말씀하시었다.

爾所國土中(이소국토중): "그렇게 많은 국토 가운데의

所有衆生若干種心(소유중생약간종심): 중생들의 갖가지 마음을

如來悉知(여래실지): 여래는 낱낱이 다 알고 있느니라.

何以故(하이고): 왜냐하면

如來說諸心(여래설제심): 여래가 말하는 갖가지 마음이란

皆爲非心(개위비심): 마음이 아니라

是名爲心(시명위심): 다만 그 이름이 마음이기 때문이니라.

所以者何(소이자하): 왜 그런가 하면

須菩提(수보리): 수보리야,

過去心(과거심): 과거의 마음도

不可得(불가득): 가히 얻을 수 없으며

現在心(현재심): 현재의 마음도

不可得(불가득): 얻을 수 없으며

未來心(미래심): 미래의 마음도

不可得(불가득): 얻을 수 없기 때문이니라."

❋ 본래면목

왜 부처님은 우리들의 마음이 마음이 아니라고 했을까? 그리고 과거 마음 현재 마음 미래 마음이 다 없는 것이어서 얻을 수 없다고 했는가? 그 이유는 우리가 아는 마음은 몸 기준에서 원초적인 불안감으로 스스로 만들어 낸 것으로 그 실체와 정체가 없는 것이기 때문이다. 마치 꿈에 나타나서 그런 흉측한 마음을 먹은 나의 마음이 내 마음이 아니듯이 말이다.

지금까지 나는 '참된 인식'과 '참 나'에 대해서 이야기를 했다. '면목이 없다!'라는 말은 상대방을 정면으로 바로 볼 눈 목目이 없다는 것과 그렇게 얼굴 면面을 대할 수 없다는 것을 고백할 때 사용하는 말이다. 눈 목目과 눈 안眼은 같은 의미로 이해해도 좋다. 언제 어느 때라도 정말로 당신은 상대방에게, 부모에게, 남편에게, 아내에게, 자녀에게, 주변 사람들에게 "정말 면목이 없다."라고 말하는 날이 올지도 모른다.

그런 일이 안 생기게 지금까지의 모든 그릇된 일을 바로잡는 방법은 불안과 법안을 여는 법이다. 그러나 불안을 뜨겠다는 것을 목표로 삼아서는 안 된다. 그것은 법안法眼에 이어 뒤따라 오는 것이기 때문이다. 물론 혜안慧眼 천안天眼은 법안을 공부할 때 밑에서 자신을 가르쳐 줄 것이니 또한 걱정이 없다. 그리고 육안은 소중하니 몸을 소중히 다스릴 일이다. 이제 천천히 본론으로 들어가 보자.

제19분

이제 당신은 온 우주의 힘을
다 끌어다 쓸 줄 아는 사람이 된다

당연한 이야기 아닌가? 방금 공부한 것처럼 모든 것을 하나로 본다. 그 하나는 전체와 다 연결되어 있고, 또 당신이 한 생각 찰나와 억만 겁의 데이터를 다 사용할 수 있다는 말이다. 그것이 '일미진중 함시방, 일체진중 역여시, 무량원겁 즉일념 일념즉시 무량겁' 아닌가 말이다. 그리고 당신에게 필자는 계속해서 '주위를 잡고 있다'는 말을 하고 있다. 약속할 수 있다. 아침 9시부터 저녁 9시까지 하루 6번 2시간마다 시계나 핸드폰에 알람을 설정한 후 2시간마다 3분씩 모든 것을 내려놓고 가만히 자신이 있는 공간의 상하좌우를 다 느껴보는 연습을 딱 한 달만 해 볼 것을 권한다. 장소는 당신의 차 안이어도 좋고, 사무실 의자라도 좋고, 만약에 당신이 회사원이라면 회사 화장실도 좋다. 물론 집 안의 편안한 의자라도 좋고, 야외라면 나무 아래면 더 좋다. 당신의 몸이 있는 공간 자체가 당신이라고 의식적으로 생각하면서 몸을 잊는 연습을 하면 된다. 그렇게 하면 꼭 2시간마다 3분이 아니라, 버스 안에서 당신 집에서 그렇게 30분, 1시간도 스스로 하고 싶은 마음이 들 것이다.

그러면 어떻게 되는지 아는가? 수억만 겁 동안 당신의 생각에 매몰되어 있던 당신 영혼의 깊은 곳에서 공간과 소통하는 일이 일어난다. 그리고 한두 달 지나면 몸이 당신이 아니라 그 공간이 당신의 새로운 몸이라는 것을 느끼게 된다. 그래서 그 공간 내의 모든 것이, 방 안의 모든 물건이, 걷고 있는 길의 모든 나무와 풀과 바람과 새와 오가는 사람이, 당신이 아직은 소중하게 여기기에 버리지 않고 사용하고 있는 방 안의 애착 물건들처럼 주변 모두가 당신임을 자각하는 순간이 오게 된다. 즉 나와 남이 하나로 통합되는 순간이 온다. 그때 비록 의식적이기는 하지만 남을, 형태를 달리한 나라고 보는 안목이 생기는데 그것이 바로 앞서서 공부한 부처의 눈 즉 불안佛眼이다.

그리고 마치 봄꽃들이 예쁜 꽃잎을 조금씩 조금씩 만개해 나가 듯이 당신의 의식세계도 그렇게 열리면서 당신은 온 하늘이 온 우주가 당신의 몸일지도 모른다는, 기존의 생각과는 전혀 다른 의식 각성의 순간을 맞이하게 된다. 그 자리다! 그 자리는 인식 할 수 있는 것이 아니고, 이해할 수 있는 것도 아니다. 단지 당신 영혼 깊숙한 곳에서 당신 영혼이 오랜 잠에서 깨어나 기지개를 켜며 태곳적 '앎'의 기억을 끄집어내고 있는 것이다. 그런 사람은 설사 물 한 컵을 보시하더라도 우주의 모든 기운을 주고받음이 하나로 균형이 이루어지는 엄청난 과보를 받게 된다. 그것이 금 강경 19분의 가르침이며, 그러한 이치로 이런 사람이 받게 되는 복덕이 많다고 하는 것이다. 이것은 복덕이 실의 형태를 가지고 있다면 있을 수 없는 일이다. 그러나 당신에게 내가 "주위를 잡 고 있으세요."라고 말하는 것은 당신의 온갖 감각기관하고는 전 혀 상관없는, 그래서 인간의 말로는 실實이라고도 할 수 없고 허 虛라고도 할 수 없는 그런 당신만의 자각을 말하는 것이다.

금강경에서 계속 보시 이야기가 나오는 것은 사람들이 아까워 하는 돈이나 물질이 전혀 아니다. 금강경 4분이나 11분에서 나왔 던 무주상보시나 무위無爲복, 보상의 법칙으로 받게 되는 복덕은 3차원적으로 인간의 언어로 이해되는 복덕이 아니기에 복덕이 많다고 하는 것이다. 아직 이해가 안 되어도 주위를 잡고 있는 것을 계속하면 당신은 어마어마한 능력을 가진 새로운 당신을 발견할 것이다.

19. 法界通化分(법계통화분):
지켜보는 나는 부처님 하느님 다 통한다

須菩提(수보리): "수보리야,

於意云何(어의운하): 그대 생각은 어떠하냐.

若有人滿三千大千世界七寶(약유인만삼천대천세계칠보): 만약 어떤 사람이 삼천대천세계를 가득 차게 값비싼 일곱 가지 보물로

以用布施是人(이용보시시인): 그렇게 칠보를 모두 보시한 다면 이 사람이

以是因緣(이시인연): 우주 법계 인연의 보상 균형의 법칙 으로 인해서

得福多不(득복다부): 다시 받게 되는 복이 많겠느냐? 그렇 지 않겠느냐?"

如是(여시): "그렇습니다.

世尊(세존): 세존이시여,

此人以是因緣(차인이시인연): 그 사람은 그 '줌'의 보시의 인연으로

得福甚多(득복심다): '받음'으로 얻게 되는 복덕은 심히 많을 것입니다."

須菩提(수보리): "수보리야,

若福德有實(약복덕유실): 그런데 만약에 그 복덕이 실질적 형태를 갖춘 것만으로 있게 된다면

如來不說得福德多(여래불설득복덕다): 나 여래는 그가 '복덕을 많이 얻을 것이다.'라고 말하지 않았을 것이다.

以福德無故(이복덕무고): 왜냐하면 이제 일체를 동관하는 사람이 복덕이란 것은 단지 형태만으로는 표현할 수 없을 정도로 막대할 것이기 때문에

如來說得福德多(여래설득복덕다): 여래는 그 사람이 받게 되는 '복덕이 정말 많을 것'이라고 말하는 것이니라."

✹ 본래면목

태곳적 '앎'의 기억을 지닌 본래면목 – 우리는 지금까지 참 나 즉 우리의 '본래면목'을 찾는 공부를 해왔다. 우리는 우리 자신과 상황을 제대로 보는 눈을 갖기 위해 지금 금강경을 공부한다. 상황을 제대로 볼 줄 아는 사람은, 지금 그 사람이 아무리 면목 없는 처지가 되었을지라도, 그 처지의 상황을 바꾸려고 하지 않는다. 단 그 처지와 상황에 대한 자신의 인식을 바꾸어야 한다. 그것이 참된 인식이다. 참된 인식을 하기 시작하면 태곳적부터 모든 정보를 알고 있는 '참 나'가 주는 복덕이 기지개를 켠다.

금강경 제8분에 이어 말하지만, 복덕의 성품은 자성이 없다. 자성이 없기에 언젠가 그 복덕은 소멸한다. 그 소멸됨을 알기에 그는 두렵다. 그 두려움은 진실이 아니다. 진실은 소멸하지 않는다. 그래서 부처님이 복덕이 없다는 것은 복덕의 본성인 두려움이 없다는 말이다. 이 사람의 보시는 그런 두려움이 없기에 얻게 되는 복덕이 엄청나게 많다는 것이다. 필자는 도반들과 아프리카 토고 아이들에게 크리스마스와 부처님 오신 날 약간의 보시를 한다. 그런데 이 말이 맞는 것일까? 아니다. 우리는 그들의 모습을 한 우리에게 돈을 보내는 것이다. 이 말이 온전히 납득이 되면 당신은 금강경 제18분 일체동관분–모든 것을 하나가 다르게 표현된 것으로 보는 것-을 몸으로 체득한 사람이 된다. 그리고 그들의 모습을 한 내가 즐거워한다. 그들의 즐거움이 나의 즐거움이 됨을 느끼는 것은 법안이 열리기 시작하는 사람이다. 이렇게 하는 것이다. 장미꽃이 완전 개화되어 그 엄청난 향을 뿜을 때까지….

우리는 삼혼칠백의
마음과 몸을 가지고 산다

요즘은 요양원에서 죽지 않고 제발 2~3일 정도 아프다가 죽는 것이 소원인 사람이 많다. 그런데 그 소원을 이루는 방법을 모르고 그냥 그렇게 말만 할 뿐이다. 그 이유는 이렇다고 본다. 현대 사회는 형태와 내용이 다를 뿐 10세 이하 아이들부터 90세, 100세 이상의 모든 세대들이 고통을 받고 살고 있다. 온갖 정보와 오락으로 마취를 당한 사람처럼 자기의 문제를 연기하면서 뒤로 미루고 금생에 몸 받아 나온 숙제를 할 생각은 새까맣게 잊고 살 뿐이다.

한국에서 사찰에 다니는 사람은 삼혼칠백이라는 말을 많이 들었을 것이다. 우리의 혼이 사실은 하나이지만 삼총사이고, 우리의 몸도 사실은 하나이지 칠 공주 혹은 칠 공자라는 것이다. 그래서 사찰에서도 21일 기도를 한다고 하지 않고 3.7일 기도를 한다고 한다. 3혼은 삼혼대로 소통을 먼저 시킨 다음 각 3혼이 7가지 몸과 또 소통하여 몸이 막히건 원하는 것이 막히건 경제가 막힌 것을 풀어낸다고 묘사한 것이다. 그래서 이 3가지 혼과 7가지 몸이 그냥 놀고 먹는 것이 아니다. 좋은 일이 생기건 안 좋은 일이 생기건 항상 사인을 먼저 준다.

예를 들어보자. 모든 병은 신체 순환 과정의 막힘이다. 무엇인가가 소통이 되지 않으니까 즉 그 어떤 것이 불통不通이기에 장기에 아픔 즉 통痛이 발생하여 경미한 경고를 먼저 주는 것이다. 그래서 불통이면 즉각 아픔이 일어난다고 해서 불통不通즉통則痛이라고 한다. 인간의 몸에 나타나는 모든 아픔 즉 질병은 그것이 변비이건 관절염이건 혈관 문제이건 신경 문제이건 그것은 우리 내면 깊은 곳의 우리 영혼이, 우리가 이번에 세상 여행을 하러 나오게 여행을 계획한 우리 영혼이 우리 신체를 통해서 우리에게 경고를 하고 있는 것이다.

모든 질병과 문제는 우리 마음속에 있다. 그럼 무엇이 문제일까? 온갖 좋은 말 좋은 글을 다 배워도 우리는 왜 경제 문제, 몸의 병 문제, 인간관계의 문제 등을 못 풀고 넘어가는 것일까?

그것의 답은 명확하다. 자기 자신의 정체성을 잘못 알고 있는 것이다. 자기 정체성을 잘못 알고 있는 데다가 온갖 사회적 교육과 습관적 체험으로 소위 상식이라는 것이 발목을 잡고 있는 것이다.

자 이제 그냥 간단하게 여기서는 결론만 이야기하고 가자. 금강경에서 색色 즉 몸이 우리가 알고 있는 그런 용도가 아니라는 것이다. 또 금강경에서 우리가 가지고 있는 정신세계가 만드는 자화상 그 상相이 우리가 알고 있는 그런 의미가 아니라는 것이다.

신체적 병, 경제적 통증이라는 상황이 자기 영혼의 순수의식이 몸이라는 물질에 반영되어 나타난 표시임을 깨닫지 못하는 우리는 그 상황을 극복하거나 무시하거나 싸워야 할 나쁜 것으로 따로 가려낸다. 그것이 본래의 자기 할 일을 잊고 사는 우리 자신에게 보내는 경고메시지임을 모르고 단지 귀찮고 삶을 짜증나게 하는 원인으로 보는 것이다. 즉 모든 색과 상은 본래의 자기가, 각자의 지금 자신이 알고 있는 그 자기에서 보내는 메시지 통로로 보는 것이다.

몸의 병이건 경제(돈)의 병이건 무엇이 막히거나, 친하게 지내던 인간관계가 이해할 수 없는 일로 남보다 못한 관계로 되어 관계가 막히는 것은 모두 우리가 삶에서 배우지 못한 것을 배우라고, 똑똑하고 아는 것들이 많아져서 자신이 알고 있는 방법 외에 다른 식으로는 배우길 거부하는 우리들에게 우리 영혼이 보내는 적극적 사인이다. 보통 21세 이후부터 시작된다고 하지만 눈치채지 못하고, 그나마 30 이후에 시작되는데 사람은 또 그때가 제일 정신없을 때다. 결혼하고 취직하고 돈 벌고 등등으로 자기 육신의 기운이 가장 활성화될 때이기 때문이다. 그래서 보통 나이 40 이후에 본격적으로 들이닥친다고 보면 정확하다.

그런데 자기의 존재 의식이 자기에게 보내는 메시지를 무시하고 상황을 잘못 다루어 결국은 치매로 생각하는 라인에 막힘이 생기거나, 오장육부의 흐름이 막혀 요양병원에 가고, 그 대가로 공범인 가족들에게까지 '제발 당신 아버지 어머니를 통해서 봐라! 제발 당신 자신의 본래 자기 쪽으로 고개를 한 번 돌려서 당신들 후손들이라도 정신 좀 차려라!' 한다는 것이다.

20. 離色離相分(이색이상분):
'보는 나'가 있어야 자화상으로 만들어 낸
형태, 이미지와 이별할 수 있다

須菩提(수보리): "수보리야,

於意云何(어의운하): 그대 생각은 어떠하냐.

佛可以具足色身見不(불가이구족색신견부): 부처가 부처의

형상의 몸을 갖추고 있다고 보느냐."

不也(불야): "아니옵니다.

世尊(세존): 세존이시여,

如來不應以具足色身見(여래불응이구족색신견): 여래께는

부처의 형상의 몸인 색신을 갖추고 있다고 할 수 없습니다.

何以故(하이고): 왜냐하면

如來說具足色身(여래설구족색신): 여래께서 '색신을 갖추

고 있다 함은

卽非具足色身(즉비구족색신): 3차원적 관점에서의 여래가

색신을 갖추고 있다는 것이 아니라

是名具足色身(시명구족색신): 3차원에 갇혀 살고 있는 중

생들에게 말하기 위해서 그 이름만으로 색신을 구족하였
다.'라고 하셨기 때문입니다."

須菩提(수보리): "수보리야,

於意云何(어의운하): 그대 생각은 어떠하냐.

如來可以具足諸相見不(여래가이구족제상견부): 여래는 가
히 모든 상을 갖추고 있다고 보겠느냐?"

不也(불야): "아니옵니다.

世尊(세존): 세존이시여,

如來不應以具足諸相見(여래불응이구족제상견): 여래께서
모든 상을 갖추었다고 할 수 없습니다.

何以故(하이고): 왜 그런가 하면

如來說諸相具足(여래설제상구족): 여래께서 모든 상을 갖
추고 있다 함은

卽非具足(즉비구족): 곧 3차원적 관점에서의 상을 갖추고
있는 것이 아니라

是名諸相具足(시명제상구족): 3차원에 갇혀 살고 있는 중
생들에게 말하기 위해서 모든 상을 갖추었다고 이름 붙여
말할 따름입니다."

✱ 본래면목

대부분의 사람은 1혼만을 그의 삶 99%에 사용한다. 몇몇 사람이나 동물들은 2혼을 삶에 1% 정도 사용한다. 대부분의 사람들에게 3혼이 있기는 하나 그 3혼을 의식적으로 사용하는 방법을 모르고 살아간다. 3혼이 작동되게 하는 시작이 발심이다. 금강경 2분에서 수보리 존자는 선남자 선여인 발아뇩다라삼먁삼보리심…이라는 구절로 시작된다. 즉 발심을 할 수 없고, 발심이 무엇인지 모르는 사람은 선남자 선여인이 아닌 것이다. 물론 당신은 지금 변해가고 있다. 걱정하지 말라. 당신들은 선남자 선여인의 길을 착착 가고 있다.

"상황에 대한 인식을 바꾸지, 상황을 바꾸려 들지 말라!"

이 말은 금강경을 공부하는 사람은 벽에 써 붙여두어야 하는 아주 중요한 어구다. 금강경의 상相은 생각이기도 하고, 인식이기도 하고, 감각이기도 하다. 우리는 평생 바로 그것에 속아 온 것이다. 그럼 할 일은 무엇인가? 바로 그 자신의 생각, 인식, 감각이 밖으로 드러난 것이 지금 당신의 눈앞에 펼쳐진 당신의 모든 상황이며 현재다.

즉 우리 앞에 펼쳐진 상황은 당신의 의식세계가 투영된 거울이라는 것이다. 당신이 거울 앞에 섰다. 머리 스타일이 너무 엉망이다. 당신은 어떻게 하겠는가? 거울을 바꾸겠는가? 아닐 것이다. 거울 앞에 선 당신의 헤어스타일을 바꾸면 된다. 지금 부처님은 우리의 인식을 바꾸는 훈련을 도와주시고 계신 것이다.

제21분

같은 말도
인식 주체가 다르다

참으로 인간의 언어는 할 수 없이 말하자니 그렇게 말할 뿐이고, 정확한 의미 전달은 애당초 불가능하다. 듣는 것은 인식이고 말하는 것은 표현이다. 생각을 말로 다 표현할 수 없듯이, 듣는 것 역시 그 사람의 인식 그릇에 따라 다를 수밖에 없다. 일반적인 말도 그런데 하물며 법계의 진실을 어찌 말로 표현할 것이오?

금강경 21분의 공부를 비유적으로 2가지로 나누어서 해 보자.

1) 첫째 이야기

필자는 어떤 사업을 하려고 지인과 각 3억씩 투자하기로 했다. 나는 3억을 투자했는데 지인은 자기가 나중에 줄 터이니 자기 몫을 먼저 좀 내어달라고 했다. 물론 그는 이 핑계 저 핑계를 대며 내게 3억을 주지 않았다. 시간이 지나다 보니 그 사업이 돈 들어간다고 수익이 날 것 같지 않았나 보다. 그래서 나는 약 6억을 날리고 말았다. 이와 비슷한 사정을 그 전에 어떤 도인道人에게 미리 배운 바 있었지만 나는 억울함과 분함 속에 며칠을 힘들어했다. 그때 그 도인은 내게 이렇게 말했다.

"그래, 그럼 그 친구를 고발할 것이오? 아니면 어떤 다른 수를 쓸 것이오?"

"그런 사람은 가만히 두면 안 되겠지요. 안 그러면 또 다른 곳에서 그런 짓을 할 테니까요."

"거 참 우 선생은 공부했다는 사람이 그렇게 사리 분별이 안 되시오?"

"그럼, 다른 방도가 있습니까?"

"우 선생이 반성부터 하셔야 하지 않을까요?"

"물론 반성을 해야지요. 사람을 너무 쉽게 믿었고, 돈을 너무 쉽게 벌려고 했고, 도道 공부를 한다는 사람이 그런 욕심을 내었으니 참회는 하고 있습니다."

"내 말은 그런 말이 아니오. 만약에 하늘이 죄의 경중을 저울로 단다면 우 선생 잘못이 90%이고, 그 사람 잘못이 10%밖에 안 되는데 그런 이치를 모르시오?"

"글쎄요. 그게 왜 그렇죠?"

"생각해보시오! 지금 그 사람과 우 선생 마음 중 어느 사람 마음이 더 아플까요?"

"당연히 제 마음이 더 아프지요. 그 사람은 지금 자기 돈 3억 손해 안 본 것으로 행복하게 도망가서 잘 살고 있으니까요."

"그것이 답이란 말이오. 우 선생도 하늘 계산법 천산天算을 아실 것이오. 하늘이 매를 들어 두 사람을 친 것인데, 우 선생은 90대 매를 맞고 그 사람은 10대 매를 맞은 것이오. 그래서 우 선생 마음이 더 아픈 것이오. 아직도 내 말을 모르겠소?"

마누라에게 이 이야기를 했을 때 마누라는 그 도인이 정말 훌륭하다고 말했다. 내가 평소에 사람을 쉽게 믿는 스타일이라서 그런 일을 당할 줄 알았다고 했다.

2) 둘째 이야기

아는 친구가 나이가 들어 돈도 제법 많이 벌고 여유가 생겼는지 아내 몰래 아주 깊게 사귀는 여인이 생겼다. 그런데 불행히도 그 친구 아내가 그것을 알아버렸다. 그 이야기가 내게 전해졌다. 나는 그 도인에게 그런 경우 어떻게 그의 아내를 안심시킬 수 있 겠는지를 물었다. 그 도인은 이렇게 말했다. 같은 이치였다.

"친구가 바람을 피우다가 아내에게 걸렸군요. 쯧쯧. 그래 그 부부는 어찌 한답니까?"

"아내가 눈치는 챈 것 같고, 제 친구는 현장을 들키지는 않은 것 같습니다. 그렇다고 아내와 헤어진 후 지금 만나는 여인과 결혼할 생각은 없는 것 같고, 부인도 심증은 거의 100%지만 물증과 현장 확인이 되지 않아 이혼할 생각은 없는 것 같습니다. 그냥 심각하게 부인이 화병을 앓고 있어 그것이 문제랍니다."

"누가 화병이 나요?"

"친구 부인이요."

"글쎄 중생들 계산법으로야 당연히 그렇겠지만 그 부인도 절에 다닌다는 사람이 자기 잘못이 더 크면서 왜 그럴까요?"

나는 그 도인이 어떻게 판단하는지 이미 알고 있었지만 일부러 그 이유를 물었다.

"부인이 죄가 더 크다고요? '사음중죄 금일참회'라는 말이 천수경에도 있는데 그 친구가 원인 제공을 해서 자기 부인이 그렇게 되었으니 친구가 참회를 해야지요."

"우 선생 알고도 그러시는지 아니면 제가 지난번에 말씀드린 것을 잊으셨는지 모르겠지만, 그 사건으로 인해 친구 마음보다 부인 마음이 훨씬 더 아프다면 당연히 부인의 죄가 더 크지 않을까요? 더구나 불교 신자이니 일체유심조도 아실 것이고, 어떤 일이건 마음 아픈 놈이 범인이고, 그 친구분은 자기의 행위로 마음이 아픈 게 아니라 자기의 행위를 아내에게 들킨 것이 마음 아프지 않을까요? 그러니 부인 죄가 더 크지요. 하늘 저울로 죄의 경중을 달아보면…."

나는 이 말을 집사람에 한 적이 있다. 집사람은 내게 이렇게 말했고 나는 한참 혼났다.

"무슨 말도 안 되는 소리 하고 있어? 그런 말을 하는 인간이 도인이야? 당신 이제 그 사람 만나지 마! 무슨 개떡 같은 소리를 하는 거야?"

당신은 그 도인의 말을 이해할 수 있는가? 그 도인이 말한 것을 '말한 바所說(소설)'라고 하고, 말도 안 되는 소리를 비설非說이라고 한다.

두 눈 뜨지 못한 시커먼 중생들은 고정된 인식이라는 함정의 홈에 깊숙이 박힌 신념체계로 이루어져 있다. 그래서 진실을 말해주면 그렇기 화를 내거나, 무슨 소리인지 몰라 어리벙벙해한다. 하늘의 말과 하늘의 법이 사실은 간단한데, 그 간단함의 경지에 도달하지 못한 사람들에게는 전혀 이해가 안 된다. 필자도 그렇게 21년을 지나서 이제 이해할 수 있게 되었다. 죽기 전에 두 눈 떠서 감사할 따름이다.

위 도인의 말을 이해하려면 우리의 자기 정체성이 '지켜보는 나'임을 알아야 한다. 그리고 그 제3혼, 혹은 자성, 혹은 참 나라는 우리 안에 내재되어 있는 영혼 핵심부에서 이 경고를 할 때, 알 만한 사람이 그 이치를 모를 때 특정범죄가중처벌로 더 큰 벌을 받게 된다. 쉽게 표현하면 하늘은 사랑하는 자녀, 자기의 권능을 물려받아야 할 자녀에게 더 엄하다. 그래서 같은 죄를 지어도 마음 아픈 놈이 범인인 경우가 많다. 거의 그렇다.

21. 非說所說分(비설소설분):
지켜보는 나는 우리 언어로 말하지 않고,
말한 바도 없다

須菩提(수보리): "수보리야,

汝勿謂如來作是念(여물위여래작시념): '너는 여래가 법을 설한 바 있다.'고 말하지 말며

我當有所說法(아당유소설법): 내가 금강경 법을 그렇게 설한 바 있다고

莫作是念(막작시념): 그런 '생각'일랑은 하지 말아라.

何以故(하이고): 왜냐하면

若人言(약인언): 만약 어떤 사람이

如來有所說法(여래유소설법): '여래가 법을 설한 바 있다.' 고 말한다면

卽爲謗佛(즉위방불): 그것은 곧 부처를 비방하는 일이 된다. 이해하지 못했기 때문이다.

須菩提(수보리): 수보리야,

說法者(설법자): 하늘 법을 설한다 함은

無法可說(무법가설): 인간이 언어로 설할 수 있는 하늘 법은 없기에

是名說法(시명설법): 다만 할 수 없이 인간의 언어로 말하자니 그렇게 설한다고 일컬을 뿐이니라."

爾時(이시): 그때

慧命須菩提 白佛言(혜명수보리백불언): 혜명 수보리가 부처님께 여쭈었다.

世尊頗有衆生(세존 파유중생): "세존이시여, 그렇다면 많은 중생들이

於未來世(어미래세): 다음 세상에 있어서

聞說是法(문설시법): 여래께서 설하신 이 법을 듣고

生信心不(생신심부): 어떻게 믿는 마음을 내겠습니까?"

佛言(불언): 세존께서 대답하시었다.

須菩提(수보리): "수보리야,

彼非衆生(피비중생): 그들도 3혼 7백이 있어서 100% 중생도 아니고

非不衆生(비불중생): 그렇다고 3혼 7백을 다 사용하는 것

도 아니어서 중생이 아님도 아니니라.

何以故(하이고): 왜냐하면
須菩提(수보리): 수보리야,
衆生衆生者(중생중생자): 사람들은 중생 중생 하지만
如來說非衆生(여래설비중생): 여래가 말하기를 그들은 중생이라는 고정된 존재들이 아니며
是名衆生(시명중생): 다만 아직은 그 이름이 중생일 뿐인 것이니라."

✸ 본래면목

그러나 단 하나도 숨기지 않는다. 우리는 아프기도 하고, 생각대로 일이 안 되어 꼬이기도 하고, 억울한 일을 당하기도 한다. 그럼 그 일을 사람들은 어떻게 처리할까? 우리는 그런 일들과 그런 상황에 어떻게 대처하며 살아왔던가? 그 짜증 나는 불편한 상황을 바꾸어 마음이 편안하고 기분이 나아지는 상황으로 바꾸려고 온갖 노력을 다하며 산다. 그래서 소송도 하고 싸움도 하고 고발도 한다. 그래서 어떻게 되는 것일까? 답은 하나다! 본래면목은 말하지 않는다. 존재의 권리를 부정당한 그 상황이 다시

그에게 찾아온다. 형태를 바꾸어서…. 이것을 알아채기 시작하면 당신은 법안이 열리기 전인 혜안이 열리기 시작한다.

그래서 방법이 있음을 밝힌다. 상황을 바꾸려 하지 말고, 그 상황에 자기의 운명을 맡겨라. 그냥 받아들여라. 상황에 대한 인식을 제대로 할 수 있는 참된 인식이 아직 발달하지 않았을 때는 그렇게라도 하라. 물론 용기가 필요할 것이다. 그래서 '백척간두진일보!'라는 말이 정말 필요했다. 혹은 '배째라!'라고 당신의 참 나에 모든 일을 맡겨보라! 그렇게 했는데도 일이 안 풀리는 경우는 없다. 이 가르침은 비틀즈의 '렛잇비'에도 나오는 동서양 공통의 진실이다. 해 보라. 해 보면 알게 된다.

어느 경우에도
원하는 것을 얻는 공식은 없다,
루트만 있을 뿐

금강경뿐만 아니라 사실 모든 종교는 3차원의 용어로 인식되는 세계가 아니다. 우리는 인식하는 것만을 볼 수 있기에, 눈에 보이고 감각기관에서 받아들이는 것만을 현실이라고 인식하는 것은 당연하다. 그래서 내가 있고, 남이 있고, 누구나 살다가 죽는 것이고, 우리 편이 있고 남의 편이 있다. 교회 등에서 형제여 자매여 하지만 우리는 우리 형제들을 분리되어 개별적으로 존재하는 자아로 본다. 그들의 존재를 우리 자아와 별개인 자아로 보는 것이다. 금강경에서는 이런 게 바로 환상이고 꿈이며, 거짓 자기이고, 사회의식이자 그릇된 인식이라는 것이다.

반면 불교의 보살이나 기독교의 그리스도 등 중생 제도 혹 구세주의 역할을 하는 분들은 우리가 알고 있는 3차원을 넘어 하늘의 법도를 다 알고 행하며, 사실이라고 알려진 잠에서 완전히 깨어난 존재들을 말한다. 이들의 인식 방법은 우리와 전혀 다르다. 이들은 초월적 의식을 갖고 있다. 이들은 대상을 인식하는 주체가 없다. 즉 주체와 대상이 하나인 '앎' 그 자체다. 이러한 실체를 나타내는 지혜를 불교에서는 궁극지, 혹은 아뇩다라삼먁삼보리, 백장식, 제9식, 암마라식, 일심, 한마음 등으로 말한다.

불교에서 흔히 말하는 관지觀智 즉 꿰뚫어 볼 줄 아는 지혜는 여기에 들어가지 않는다. 관지, 다른 말로 반야지般若智는 궁극지가 아닌 과정지이기 때문이다. 요즘 쉬운 말로 바른 인식, 정견 혹은 '참된 인식'이라고 한다.

금강경 22분은 '얻을 수 있는 법은 없다.'이다. 얻음은 목적어인 그 무엇이 있어야 되고, 얻음의 주체인 주어가 있어야 성립되는 말이다. 그러나 전도몽상에서 깨어난 집단이 알고 사용하는 지혜를 여전히 잠자고 있는 집단에게는 수백만 번을 가르쳐주어도 그들은 알지 못한다. 아니 알 수가 없는 것이 정상이다.

남은 방법이 딱 하나 있다. 금강경처럼 1차적으로 인식된 것이 사실이 아니라 자신의 의식이 어떤 불균형을 균형으로 맞추어 달라며 나타난 환영임을 알면 된다. 그것이 반야심경이고 금강경이다. 기존의 고정된 사회적, 개인적 모든 계산 방법이 진실眞實이 아닌 그냥 사회적 계약에 의한, 그때그때 달라지는 시간적 사실事實임을 스스로 인정하게 해주는 것이다. 그렇게만 의식적으로 공부해 나가도 하늘의 천인, 천사, 화엄성중들이 그 사람의 의식을 무의식으로 스스로 깨닫게 해주고, 이런 사람이라도 엄청나게 귀한 사람이라서 천신들이 도와줄 수밖에 없는 것이다. 그래서 그 복덕은 이루 말할 수 없다는 것이 수도 없이 나온다. 그리고 이 사람들은 자기의 생각, 자신의 계산 결과를 포기하고, 발심한 그래서 지켜보기 시작한 내가 이제 보게 되고 알게 된 것을, 아직은 알 수도 없고 볼 수 없는 그들에게 그들이 필요로 하는 것을 주는, 보시의 주체가 되어야 하기 때문에 당신들은 엄청난 복이 이미 정해진 사람들임을 미리 말해주고 싶다.

22. 無法可得分(무법가득분):
보는 나만 제대로 자리 잡으면
지켜보는 나가 알아서 할 뿐

須菩提白佛言(수보리백불언): 수보리가 부처님께 여쭈었다.

世尊(세존): "세존이시여,

佛得阿樓多羅三邈三菩提(불득아뇩다라삼먁삼보리): 부처님께서 아뇩다라삼먁삼보리를 얻으심은

爲無所得耶(위무소득야): 얻으신 바가 없음이옵니까?"

佛言(불언): 부처님께서 대답하시었다.

如是如是(여시여시): "그러하다, 그러하다.

須菩提(수보리): 수보리야,

我於阿樓多羅三邈三菩提(아어아뇩다라삼먁삼보리): 나는 아뇩다라삼먁삼보리의 법을

乃至無有少法可得(내지무유소법가득): 있던 것을 사용할 뿐 조금도 얻음이 없었으니

是名阿樓多羅三邈三菩提(시명아뇩다라삼먁삼보리): 그것을 그냥 아뇩다라삼먁삼보리라고 말할 뿐이니라."

✳ 본래면목

본래면목은 이름 그대로 우리의 본래 모습이다. 이것을 아직 모르는 우리가 할 수 있는 것은 금강경에서 부처님이 말씀하신 대로 상황에 대한 우리의 인식을 바꾸는 것이다. 즉 '참된 인식'이다. 이것을 반야바라밀이라고 한다. 당연히 아뇩다라삼먁삼보리도 얻을 수 있는 것도 아니고 얻어지는 것도 아니다. 그것은 우리가 상황을 제대로 보는 '참된 인식'을 하면 그냥 뒤따라 오는 것이다. 이렇게 상황을 밖에서 해결하는 것이 아니라 내면 의식 세계에서 해결하는 것이 참된 인식이다.

착한 일 한다고 한 것이
나쁜 일을 하고 만 것임을 알면…

필자가 '일주문 밖'이라고 표현하는 우리가 사는 세상에서 우리 자신은 무엇이든 선택할 수 있다고 여기지만, 불행히도 우리의 선택은 둘 중 하나뿐이다. 우리가 선택할 수 있는 것은 성공과 실패, 마이너스와 플러스, 남성과 여성, 이익과 손해, 돈 번 자와 돈 벌지 못한 자, 선과 악, 좋아함과 싫어함, 유리함과 불리함처럼 두 가지 측면들 중 어느 한쪽만을 고를 수 있을 뿐이다. 착한 일과 나쁜 일도 그렇다.

괴테의 필생의 대작 『파우스트』의 실질적인 내용은 신과 악마 메피스토펠레스의 대화에서 시작된다. 악마 메피스토펠레스는 세상 만물을 '참된 인식'을 하는 존재가 아니라, 자신의 육신을 진짜 자기의 정체성으로 알고 있는 '그릇된 인식'을 하고 있는 '거짓 자기'라고 할 수 있다.

"운명아! 비켜라!"라는 말을 무척이나 좋아하는 거짓 자기에 중독된 우리들은 모든 종교의 신神의 콧대를 납작하게 해주겠다며 신에 대한 도전의식에 불타 있는 나름 잘났다는 사람들이 많다. 그런데 모든 중생을 결국 깨달음에 도달하게 하려는 신은 자신에게 도전장을 내미는 악마 메피스토펠레스를 전혀 경쟁 상대로 보지 않는다. 대신 본래 부처인 인간 파우스트의 인간적 향상을 위해 악마를 이용하려는 의도에서 내기를 수락한다.

자 이제 진짜 중요하다. 우리는 일주문 밖에서 모두가 나누어진 것으로 보지만, 실제 우리는 하나다. 설사 그 어떤 사람이 하나가 아니라고 주장해도 결국 그 역시 몇 번의 태어남과 죽음을 거쳐 하나 상태로 돌아간다. 그러면 지금 내 앞에 펼쳐지는 모든 경제 상황, 건강 상황, 마음 상태, 그리고 주변 인물과 TV 등에서 연일 나오는 사회 상황은 무엇인가? 그것은 모두 당신의 현 의식 상태를 비추어 주는 거울이다. 그리고 당신 눈에 세상이 그렇게 보이는 것은 본래 하나인 당신의 순수 청정심이 거울에 묻은 먼지를 닦아 달라고 비추어 주는 것이다. 그런데 우리는 지금 자기 앞의 상황이 맘에 들지 않으면 그 상황을 어떤 수를 써서라도 바꾸려고 한다. 흉凶한 것을 길吉한 것으로 말이다. 그런데 우리는 알아야 한다.

자기 상황에 대한 어떤 저항도 그것은 자신의 의도와 반대되는 결과를 갖고 온다는 것이다. 그것을 괴테의 『파우스트』에 나오는 악마에 빗대어 '메피스토의 법칙'이라고 한다. 경제를 살린다고 어떤 조치를 취하면 그것이 결국 경제를 망치는 효과를 만든다. 여성들을 위한다고 여성들을 위한 어떤 정책을 내어놓으면 그것은 또 다른 여성들을 망치는 효과를 만들어낸다는 것이다. 우리는 착한 일을 하라고 배웠다. 그래서 보시도 하고, 기부도 하고, 사회 봉사도 하고, 가난하고 병든 사람을 돕기도 한다. 착한 일이다. 그런데… 그런데 일주문 밖에서 착한 일이라고 우리가 하는 모든 것은 우리가 보이지 않는 곳에서 악한 일을 하는 사람들을 만들어내게 된다는 것이다. 이것이 금강경 23분의 진짜 가르침이다.

그렇다고 사람들이 많은 악을 행해야 한다고 강조하면 그 반대인 선을 하는 사람들이 많이 생겨나게 될까? 참으로 목으로 삼켜 먹기 힘든 음식 같겠지만, 답은 '그렇다!'이다. 그래서 그런 악의 역할을 맡는 사람은 자신이 다른 사람의 교과서가 되어 '저렇게 살면 저렇게 된다!'라는 착한 일을 하는 것이다.

일주문 밖의 양극성의 세계에서 선이란 악의 반대일 뿐이다. 이 세계에서는 선 역시 악과 마찬가지로 본래의 자기 반쪽과 결합하여 하나로 되기는 하지만, 사람들이 선을 행하고, 악을 행하는 것은 모두 그릇된 인식하의 두려움에 근거하고 있다.

그렇다면 금강경에서 말하는 보살들의 일주문 안의 선은 어떤 식으로 좋은 일을 할까?

23. 淨心行善分(정심행선분): 두려움부터 정리하고 할 일을 하라! 자칫하면 다른 사람의 교과서가 된다

復次須菩提(부차수보리): "다시 또 수보리야,
是法平等(시법평등): 이 법이 평등하여

無有高下(무유고하): 높고 낮음이 없으므로

是名阿樓多羅三邈三菩提(시명아뇩다라삼먁삼보리): 그 이
름이 아뇩다라삼먁삼보리이니라.

以無我無人無衆生無壽者(이무아무인무중생무수자): 그러
므로 무아·무인·무중생·무수자의 상으로

修一切善法(수일체선법): 일체의 착한 행을 닦으면

卽得阿樓多羅三邈三菩提(즉득아뇩다라삼먁삼보리): 곧 아
뇩다라삼먁삼보리를 얻을 것이다.

須菩提(수보리): 수보리야,

所言善法者(소언선법자): 좋은 법이라고 말하는 것은

如來說(여래설): 여래가 말하는 것이

卽非善法(즉비선법): 좋은 법이 아니라

是名善法(시명선법): 다만 그 이름이 착한 법일 뿐이니라.”

✵ 본래면목

임진왜란 때 사명대사를 시켜 왜군을 무찌르게 하던 서산대
사는 자신의 법을 사명대사에게 주지 않았다. 많은 살생을 했기
때문이라고 했다. 그리고 동시대 스님이신 진묵대사는 서산대

사를 비웃었다. "조선인은 살리고 왜놈은 죽이는 게 깨달은 자의 할 짓이냐?" 하고 말이다. 이 참으로 소화하기 어려운 법계의 진실을 당신이 배우려고 하면 이것을 알았든 아니든 누구나 기대하지 않았던 엄청난 가치를 받게 된다. 즉 화엄세계 보이지 않는 힘들 전체가 당신을 도와 당신의 모든 문제를 해결하기 시작한다.

그 이유는 세세생생 왜 태어나는지도 모르고 수없이 윤회를 할 수밖에 없었던 당신의 영혼이 대자유를 얻게 되어 그 기쁨과 환희의 진동 주파수가 법계의 모든 화엄신중들에게 전해져 그들 모두 당신 주위로 몰려들게 되기 때문이다. 이런 사람은 정말 희유한 사람이라 온 우주가 나서서 그를 돕게 되는데, 정해진 우주의 자동정산장치가 이미 작동되고 있기 때문이다.

페테르 에르베는 『우리는 신이다』라는 책에서 이렇게 말했다. "그래서 모든 인간의 거짓된 마음 상태를 치유하는 건 어떤 인간 존재에게나 가장 성스러운 과제다. 이 과제를 참으로 진지하게 해내려는 사람에게는 이 과정을 가로막는 모든 장애가 그의 삶에서 제거되리라는 약속이 주어져 있다. 애초에 그 사람을 가르치는 데 사용된, 그 스스로 만들어낸 장애들이 배움의 정도에 따라 하나둘 사라져가기 때문이다. 지금 단계에서 어째서 이런 식으로 되는지 놀라워할 필요는 없지만, 결국 당신은 왜 이렇게 될 '수밖에' 없는지 이해하게 될 것이다."

보이는 나의 환상이 바뀜을 구하지 말고, 지켜보는 나를 구하라!

우리가 참으로 구求해야 할 것이 무엇인지 깨닫는 순간, 우리는 두 번 다시 일주문 밖에서 하는 선택의 필요성에 예전과 같은 심각성이 없어진다. 하지 않게 된다. '금강경의 복福과 지혜는 비교할 수조차 없다!'라는 말은 당신이 발심이 무엇인 줄을 알고, 지켜만 보고 있던 자기의 참 나와 소통하는 법만 알면 너무나 당연한 사실임을 알게 된다. 이 말은 당신이 복을 구할 필요가 없다는 말이 아니다. 우리가 지혜를 찾아 길을 떠나는 순간 복이 동시에 우리를 따라올 준비를 한다는 것이다. '금강경은 우리가 무엇을 해야 하는지를 가르쳐 준다!'라는 것이다.

복은 절대로 실체성을 부여해서 좋아 다닐 대상이 아니다. 어차피 복이란 것은 '저 사람이 전생에 나라를 구했나?'라는 말처럼 그 어떤 정체성도 없기 때문이다. 그렇다면 복은 어떻게 쌓여서 넘치며 우리를 따라오는가? 우리는 복 중에 최고의 보살 원리가 작동되는 무위無爲복을 금강경 11분에서 공부했다. 그리고 그 무위복을 짓는 방법도 안다. '지켜보는 나'가 짓는 복이기 때문이다. 유위복의 복은 반드시 화를 동반하기 때문이라는 것을 우리는 안다. 그러나 무위복은 다르다. 그런데 이런 이치를 모르는 사람이 오직 자신의 영혼 1/3만 가지고 착한 일을 한다고 복 짓는다고 하면서 자신이 인식하고 있는 상황을 바꾸는 것은 잔머리 굴리기이지, 지혜가 아니다. 그 상황에 대한 자신의 인식을 바꾸는 것이 지혜이다. 그것이 아닐 비非와 단지 그 이름 명名일 뿐이라는 금강경의 지혜다. 그러니 상황과 대상을 인식하는 또 하나의 앵글을 사용하는 것이 바로 지혜. 그 지혜를 사용하는 순간 복은 저절로 쌓여간다.

모든 상황은 그 상황이 아니라 그렇게 그 상황으로 보일 뿐이라는 금강경식 사고 앵글은 사실 인생 성공의 엄청난 비결이다. 금강경에서 중요시하는 보시를 정말 엄청나게 할 수 있기 때문이다. 우리는 미워하는 대상, 피하고 싶은 일, 당황스러운 일에는 어떤 두려움이 동반된다. 그 두려움은 싫어하는 상황과 좋아하는 상황이 일주문 밖에서 대치하고 있음을 우리의 체험과 감각으로 알기 때문에 생긴다. 그런데 이제 그 상황을 바꾸는 것이 아니라 그 상황에 대한 인식을 바꿀 줄 아는 우리는 어떤 반응을 하게 될까? 증오 대신 냉랭하긴 하지만 식은 사랑이라도 가능하고, 두려움 대신 마치 처음 만난 강아지처럼 확 껴안지는 못하지만 쭈뼛쭈뼛하는 사랑이고, 저주 대신 미운 놈 떡 하나 더 준다는 식의 거친 사랑일지라도 사랑을 주고 있는 당신을 본다. 그 모든 줌은 보시이다. 그러니 그 지혜에서 나오는 복이 임계점을 넘을 때까지 그 지혜의 보시를 계속할 일이다. 진짜 푸근하고 편안하여 받는 사람도 행복하게 느낄 그런 사랑이 나올 때까지. 하나만 조심하자. 그런 체하는 것만….

24. 福智無比分(복지무비분):
식탁 아래 음식 부스러기인 복과
식탁 위의 진수성찬인 지혜를 비교?

須菩提(수보리): "수보리야,

若三千大千世界中(약삼천대천세계중): 어떤 사람이 삼천

대천세계 가운데 있는

所有諸須彌山王(소유제수미산왕): 수미산왕만 한 크기의

如是等七寶聚(여시등칠보취): 칠보의 더미를

有人持用布施(유인지용보시): 어떤 사람이 가져다 모두 보

시하였다고 해 보자.

若人以此般若波羅蜜經(약인이차반야바라밀경): 그런데 또

어떤 사람이 이 반야바라밀경

乃至四句偈等(내지사구게등): 또는 사구게만이라도

受持讀誦(수지독송): 그 형태 너머 내용의 낙처를 받아 지

니고 읽고 외우고

爲他人說(위타인설): 게다가 남을 위해 설해 주기까지 한

다면

於前福德(어전복덕): 앞서 말한 사람이 받게 되는 복덕은

百分不及一(백분불급일): 이 사람의 백 분의 일에도 미치

지 못하고

百千萬億分(일백천만억분): 백천만억 분

乃至算數譬喩(내지산수비유): 내지 어떠한 숫자의 비유로

도

所不能及(소불능급): 미치지 못할 것이니라."

✹ 본래면목

2022년 10월 외국에 있는 어떤 외국인에게 10년 만에 전화를 받았다. 2000년도에 나와 내 지인들이 그 사람이 하는 일을 도와준 것에 대한 보답으로 비트코인 1만 개를 보내겠다는 것이었다. 그래서 그 당시 사람들을 찾아달라고 했다. 나는 열심히 그 사람들을 찾았다. 나를 포함해서 13인이었다. 비트코인 1만 개면 그 당시 시세로 우리 돈으로 3,000억 원 지금 돈으로는 1조 원에 달하는 금액이다. 그는 2023년 1월 혹은 5월까지 비트코인 1만 개를 주기로 했지만, 사정상 어느 금액에 도달해야 보내겠다고 했다. 나는 20년간 잊고 살았던 나머지 12인에게 갑자기 하늘에서 나타난 천사가 되었다가 아주 싱거운 사람이 되고 말았다. 나는 그에게 내 심정을 토로했다. 왜 20년 전 다 잊고 사는 사람들 허파에 바람을 불어넣고 약속을 지키지 않느냐고 했다. 그렇게 시간이 흐르고 있다. 그리고 나에게 묻는다. 금강경의 지혜 그 본래면목의 지혜와 1조 원 중 어느 것을 선택하겠느냐고…. 답은 독자분들 각자에게 맡기겠다. 그렇지만 이제는 안다. 그 사람이 약속을 지키건 안 지키건 그 사람의 행동은 나의 의식 수준의 거울이라는 것을…. 그리고 그가 나에게 가르쳐 준 인생 공식이 있다. 그 공식은 비트코인 1만 개보다 나에게 더 값어치가 큰 것임을 나는 알고 있다. 나는 그 공식을 이 책 독자들에게 금강경

30분에서 보시할 것이다. 이것만으로도 나는 그에게 감사해하고
있다.

4장

'참된 나'를
만나는 시간

제25분

지켜보는 나는
나의 영혼 핵심부에 있다,
그는 그의 영혼을 교화한다

보살은 어떤 사람인가? 보살은 나와 남을 생각이 아닌 영혼으로 동관同觀하는 사람들이다. '동관한다' 함은 자신과 남을 동일하게 본다는 뜻이다. 2024년 현재도 그랬고 과거에도 그랬고 필자도 2001년 9.11 테러로 이미 겪었다. 벤처 투자, 혹은 금융기관이 파는 파생상품 투자로 고객들은 많은 돈을 잃었다. 그중 딱한 사람, 필자가 경험한 사람이 있었다.

그는 금융기관을 원망하지 않았다. 그 금융상품을 판 직원이 아무것도 모르는 자신에게 그런 것을 권했다고 해서 직원을 원망하지도 않았다. 그냥 딱 한마디 했다. "참, 내가 내 직원들 힘들게 하고 어렵게 번 돈 이렇게 날리는구나!"

그에게 돈은 에너지였다. 그에게 금융기관 직원도 에너지였다. 그에게는 번 돈도 에너지였고, 손해 본 돈도 에너지였다. 그가 어렵게 했다는 사람들도 에너지였다. 그는 삼성전자 CEO였다. 그리고 몇 년 지나지 않아 그는 삼성전자 스톡옵션 주식을 팔아서 그 당시 손해 본 금액 이상으로 엄청난 돈을 벌었다. 그는 그 자체가 에너지체임을 알고 있었다. 그는 사장이라는 에너지체로서 직원과 고객들이라는 에너지체의 도움으로 돈이라는 에너지체를 벌었으나, 그 에너지체 자체를 더 큰 에너지체로 만들려고 하다가 그만 원래 있던 에너지체가 폭삭 쪼그라들었음을 알고 있었다.

그는 모든 형상 너머의 내용을 대하는 사람이었다.
사람들은 자기라는 물체를 고정된 존재로 인식한다.
사람들은 자기 돈이라는 존재를 고정된 존재로 인식한다.
사람들은 '손해'라는 사건을 고정된 존재로 인식한다.
사람들은 '천만 원 손해'와 '10억 원 손해'를 다르게 인식한다.

그는 그렇게 인식하지 않았다.

그는 천만 원과 10억을 동일한 에너지체로 보았다.

그는 번 돈, 손해 본 돈, 들어올 돈을 동일한 에너지의 흐름으로 인식했다.

이런 사람들은 자신에게 일어난 불균형이 손해의 형태이든지, 암이나 사고 같은 원하지 않는 형태이든지, 자신의 관점과 의식이 균형 상태에 있다가 불균형 상태가 되었기에 그것이 다시 균형 상태로 돌아가기 위해 그런 일이 생긴 것임을 간파한다. 그래서 그가 다시 형태 너머 내용을 대하듯 모든 대상을 대하면 마이너스가 되어 불균형 상태가 되었던 은행 잔고가 다시 균형 상태가 된다. 마치 냉장고에 있던 차가운 사이다병을 상온의 식탁 위에 놓았을 때, 그 차가운 사이다가 상온의 온도로 바뀌듯이 말이다.

그런데 이러한 이치를 알아도 사람들은 이렇게 하지 않는다. 자기에게 손해를 입혔다고 자신이 오해하는 사람을 원망하고 저주하고 앙갚음까지 생각하며 자기가 잃은 돈을 되찾기 위해 무슨 짓이든 하는 존재들이 중생들이다. 그러나 누가 그를 욕하고 탓할 수 있으랴. 분명한 것은 상황에 저항하면 그 상황이 다시 더 악화되어 나타난다는 것이다. 그 이유는 간단하다. 그에게 나타났던 손해라는 상황이 자신의 존재 이유를 박탈당했기 때문에 다시 그 존재 이유를 그가 받아들일 때까지 다른 형태의 손해를 들고 나타나서 균형을 맞추려고 할 것이 100% 자명하기 때문이다.

필자가 처음 이러한 법계의 운용원리를 알았을 때 과거에 저질렀던 그 무지막지한 무명無明의 업보가 가지고 올 과보가 두려웠다. 그러나 그 방법을 원효대사의 『금강삼매경』의 지경공덕분 즉 『금강삼매경』을 지니고 공부하는 사람들의 공덕에서 찾을 수 있었다. 그것은 나와 남이 없음을 영혼에서 자각하는 그 단 한 순간의 참회로 모두 정산이 된다는 것이다. 나는 그 가르침이 납득되었다. 그러나 내 생각이 납득한 것과 내 영혼 깊숙한 곳에서 납득하는 것은 다르다. 그것은 현실에서 채점해서 답안지를 돌려주니 걱정할 일도 아니다. 세상은 참으로 친절한 헬렌 켈러의 선생님 앤 설리번만큼이나 자상하고 꼼꼼하게 우리가 세상에 내어놓은 답의 정답과 오답의 과정마저도 가르쳐주는 위대한 스승이다. 이것이 '지켜보는 나'가 자신을 교화하는 방식인 것을 나는 아주 늦게 알았다. 그래서 교화를 하기는 해도 그에게는 교화의 대상이 남인 적은 단 한 번도 없기에 교화한 적도 없다는 말이다.

25. 化無所化分(화무소화분):
내가 나를 교화한 것을
어찌 중생을 교화했다고 하나?

須菩提(수보리): "수보리야,

於意云何(어의운하): 그대 생각은 어떠하냐.

汝等勿謂如來作是(여등물위여래작시): 너희들은 절대 이런 생각하지 마라.

念我當度衆生(념아당도중생): '여래가 응당 중생을 제도했다.'라고.

須菩提(수보리): 수보리야,

莫作是念(막작시념): 그런 생각도 하지 말아라.

何以故(하이고): 왜냐하면

實無有衆生如來度者(실무유중생여래도자): 실로 여래가 제도할 중생은 없기 때문이니라.

若有衆生如來度者(약유중생여래도자): 만약에 여래가 제도할 중생이 있다면

如來卽有我人衆生壽者(여래즉유아인중생수자): 이는 곧 여래에게 아상·인상·중생상·수자상이 있다는 뜻이 되느

니라.

須菩提(수보리): 수보리야,

如來說有我者(여래설유아자): 여래가 아상이 있다고 말하
는 것은

卽非有我(즉비유아): 곧 아상이 있음이 아니라

而凡夫之人(이범부지인): 다만 범부들이

以爲有我(이위유아): 아상이 있다고 생각할 따름이니라.

須菩提(수보리): 수보리야,

凡夫者(범부자): 범부라는 것도

如來說卽非凡夫(여래설즉비범부): 여래의 말한 바는 범부
가 아니나

是名凡夫(시명범부): 그 이름이 범부일 뿐이니라."

✹ 본래면목

관세음 보살은 머리 위에 아미타불을 수지하고 있다. 나는 스리
랑카에서 친견한 부처님 진신사리를 이마에 수지受持하고 살기
로 했다. 어떤 상황을 대하건, 누구를 만나건, 그 사람이 내가 좋
아하는 사람이건, 근본적으로 헛말만 하는 사람이건 나는 부처

의 눈 즉 본래면목의 눈으로 그를 대하기로 했다. 그때 내가 필요한 것은 '참된 인식'이다. 그 이유는 본래면목으로는 그 사람이 바로 나이기 때문이다. 그렇게 본래면목이 자기의 영혼과 만나게 되면 어떻게 될까? 영혼이 몸과 마음을 통해 만들어 온 모든 불균형이 균형으로 맞추어진다. 마치 우리가 일반 환경 상태에서 어떤 진공으로 잘 포장한 상자를 가지고 있는데, 그 상자에 구멍이 나면 순식간에 밖의 상황이 그 상자로 밀려 들어와 균형을 맞추듯이….

그렇게 우리가 삶에서 만든 모두 불균형이 진짜 우리가 누구인지 알았을 때, 그리고 진짜 우리 삶의 모습대로 길을 걸어갈 때, 그 사람의 모든 불균형을 그것이 건강상의 불균형이건, 경제적인 불균형이건, 모두 균형으로 돌아갈 수밖에 없다. 당연히 당신을 본래의 당신으로 만들기 위해 필요했던 당신의 손실 금액도 균형으로 맞추어진다. 필자가 몰랐던 것이 바로 이것이었다. 지금 그렇게 믿음을 가지고 길을 걷고 있다. 이것은 금강경의 부처님이 하신 약속이기 때문이 아니라, 나의 영혼이 이것을 믿게 되었기 때문이다.

기가 막히게 잘 맞추는
용한 무속인을 처음 만났을 때

부처님이 수보리 존자가 걸려들 수밖에 없는 보이스피싱을 했다. 금강경 13분에서 내내 잘해 오다가 26분에서 부처님 보이스피싱에 걸린 수보리 존자의 모습을 볼 수 있다.

須菩提 於意云何(수보리 어의운하): 수보리야, 너는 어떻게 생각하느냐?
可以三十二相(가이삼십이상): 가히 32상으로 형상으로 차별화된 상으로
見如來不(견여래부): 여래를 볼 수 있겠느냐?

不也 世尊 不可以三十二相 得見如來(불야 세존 불가이삼십이상 득견여래): 아닙니다. 32상으로는 여래를 볼 수 없습니다.

이렇게 부처님이 볼 견見을 써서 질문을 하였을 때는 정답을 말하더니, 26분에서는 부처님이 볼 관觀을 써서 보이스피싱을 탁 걸었더니 냉큼 걸려들고 만다. 부처님이 "흥! 그럼 너는 나 말고 나하고 똑같이 32상을 가진 전륜성왕을 보고도 여래라고 가서 푹 엎어지겠구나!"라고 하시니 그제야 정신을 바짝 차려 말실수를 정정하는 모습이 나온다. 그에 따라 금강경의 멋진 게송이 나온다.

그런데 수보리 존자는 무엇이 문제였을까? 내가 처음 금강경을 만나고 그 뜻을 알았다고 생각했을 때의 모습이 수보리 존자에게도 그대로 나온다. 교회나 절 혹은 성당에 처음 나간 종교인, 혹은 용한 무당과 신통한 점술가 혹은 족집게 주식이나 코인 투자자와 처음 사귀게 되었을 때의 느낌과 같다고 할 것이다.

모든 것을 부처님처럼 알게 되는 지혜를 갖는 것은 우리가 눈, 귀, 코, 혀, 몸, 생각 등으로 접하는 대상에 대한 자신의 참된 인식이 100% 작동한 상태에서 우리가 우리 안의 순수한 100% 우리의 진아眞我인 '참 나'가 활동할 때다. 금강경을 통해 형태 너머 내용을 인식하는 단계에 이른 우리는 마치 무엇이든 100% 정확하게 미래를 점지해 줄 수 있는 용한 무속인을 만났을 때처럼 내일은 무슨 주식을 살지, 내일 만나는 사람은 어떤 방법으로 대할지 등에 있어서 근거 없는 자기 확신에 찬 사람으로 바뀐다. 쉽게 말해 드디어 자기에게도 '그분'이 오셨다고 믿기 시작하는 것이다. 참담했고 억울했던 나의 과거와는 이제 영원히 이별하고 찬란한 미래가 다가왔다고 생각하고 그분이 가르쳐 준 주식이나 코인을 샀는데… 어? 이거 며칠이 지나도 오르기는커녕 서서히 내려가는 것 아닌가? 이거 뭔가 이상한데? 이렇게 생각하면서도, '아~ 아직도 내가 도道가 부족하구나!'라고 생각하고 다시 마음을 바로잡아 다른 종목과 또 다른 오늘을 기대해 본다.

오랫동안 습관처럼 굳어있던 열등감과 큰소리쳤던 나에 대해 주변 사람들은 비웃고 있지만, 나를 비난하는 그 웬수들을 참된 인식으로 형태 너머 내용을 관하는 관법으로 즉 사랑으로 용서하고 다시 열심히 다른 기회를 물색하며 하늘의 때가 다시 올 것임을 확신한다. 그래서 드디어 그분이 오심을 느꼈을 때 우리는 또 나머지 없는 돈을 투자한다. 그런데 펙! 이번에는 사자마자 폭락해버린다. 하필이면 시장 전체가 폭락하는 코로나 사태가 발생한 것 아닌가? 나무 관세음보살! 우리는 또 절망한다. 아 역시 나는 이번 생에는 돈과는 상관이 없나보다 생각하고 이 지긋지긋한 머니게임의 업계를 떠날 생각도 한다.

그리고 다시 금강경을 처음부터 펼쳐가며 모든 마음을 비우고, 주변 모두를 사랑으로 감싸고 다시 나의 욕심과 모든 욕망을 버린다. 그러다가 다시 보살행에 도전하지 않고 사는 중생의 삶에 싫증을 느껴 다시 한번 '영적 깨달음의 단계에 도달한 것 같다!'라는 강력한 인식이 생긴다. 그래서 이번에는 마지막 모든 힘을 모아 승부수를 던진다. 실력도 좋고, 운도 좋고, 그 마음마저 쓰임새가 선량한 파트너를 만나 하나의 팀을 꾸리기로 했다. 그런데 이게 뭔가? 이번에는 펀드의 알고리즘을 만들어 운영하기로 한 친구가 교통사고로 죽어버렸다. 뭔가 번뜩하는 불길한 예감이 들고 갑자기 어두운 망상이 마구 솟아난다.

그렇게 몇 날, 몇 달이 흐르면서 모든 것을 포기하고 내려놓고 싶을 때, 영혼의 깊숙한 곳에서 노크 소리가 들려온다. '그냥 목표 없이 해 봐~'라고…. 돈을 벌겠다는 희망은 그냥 두고, 계획하던 일도 그대로 하고, 그냥 지금처럼 그렇게 만나는 대상마다 참된 인식으로 그렇게 금강경 관법을 행해 봐! 그래서 우리는 계속 계속하면 된다.

금강경을 부처님에게 잘 배우고 금강경의 경명까지 부처님에게 받고 금강경의 관법대로 세상을 인식하고 그 결과 13분에서 그렇게 현명하게 바뀐 수보리 존자. 어두웠던 과거가 억울하고 영혼 깊은 곳에서 광명의 눈물이 폭발적으로 터져 엉엉 울기까지 했던 수보리 존자. 거기다가 전생의 악업으로 인한 업장이 주변 사람에게 천대받고 멸시 몇 번 당한 것으로 정산 깔끔하게 소멸되고 했던 수보리 존자가 보이스피싱에 덜커덩 걸려 다시 까막눈으로 바뀐 것이다. 그래서 부처님은 "만약 형상을 통해 나를 보거나 어떤 소리나 음성을 통해 나의 여래 너의 여래를 찾는다면 이 사람은 삿된 도를 행하는 것일 뿐 자신의 여래도 나 여래도 능히 보지 못하리라."라는 가르침을 준 후 원래 하던 것을 다시 하라는 말씀을 주신다. 그것이 다음 27분인 '버리지도 말고 없애지도 말아라!'이다.

26. 法身非相分(법신비상분) :
법신 즉 지켜보는 나는 어떤 상도 없다

須菩提(수보리): "수보리야,

於意云何(어의운하): 그대 생각은 어떠하냐.

可以三十二相(가이삼십이상): 가히 32상으로 형상으로 차별화된 상으로

觀如來不(관여래부): 여래를 꿰뚫어 볼 관觀을 할 수 있겠느냐?"

須菩提言(수보리언): 수보리가 말했다.

如是如是(여시여시): "그러합니다.

以三十二相(이삼십이상): 32상의 여래의 특징만으로도

觀如來(관여래): 저는 여래를 꿰뚫어 볼 관을 할 수 있습니다."

佛言(불언): 부처님께서 다시 말씀하시었다.

須菩提(수보리): "수보리야, 너 이상한 소리를 하는구나.

若以三十二相(약이삼십이상): 만약 32상의 특징만으로도

觀如來者(관여래자): 네가 그 독특한 여래를 본다면

轉輪聖王(전륜성왕): 너는 전륜성왕도

卽是如來(즉시여래): 곧 여래라 하겠느냐?"

須菩提 白佛言(수보리백불언): 수보리가 부처님께 대답하여 여쭈었다.

世尊如我解佛所說義(세존여아해불소설의): "세존이시여, 부처님께서 설해주신 바에 따르면

不應以三十二相 觀如來(불응이삼십이상관여래): 32상만으로는 여래를 볼 수 없다고 알고 있습니다."

爾時世尊(이시세존): 그러자 이때 세존께서

而說偈言(이설게언): 게송으로 말씀하시었다.

若以色見我(약이색견아): "만약 형상을 통해 나를 보거나

以音聲求我(이음성구아): 음성을 통해 소리를 통해 나 여래를 구한다면

是人行邪道(시인행사도): 이 사람은 삿된 도를 행하고 있을 뿐

不能見如來(불능견여래): 그 자신의 여래도, 나 여래도 능히 만나지 못하리라."

❋ 본래면목

부처가 나타나면 부처를 죽이고, 조사가 나타나면 조사를 죽여라! 왜 그래야만 하는가? 어떤 상을 가지고 나타나서 그가 무슨 말을 하건 그것은 당신의 그림자다. 필자는 꿈에서 노태우 대통령 2번, 노무현 대통령 1번, 김대중 대통령 1번, 이희호 여사 1번, 윤석열 대통령도 1번을 만났다. 그런데 내 꿈에 나타난 그 대통령들은 누구였을까? 뭐 시간 끌 일이 아니다. 바로 나다. 내 꿈에 나타난 사람들은 모두 나다.

잊지 말라. 하늘 거울은 낮에만 작동하는 게 아니다. 당신의 밤 꿈에도 작동함을 잊지 말라. 지금 당신의 마음에 좋아하는 사람 미워하는 사람들이 다 있을 것이다. 응원하는 편이 있을 것이고 저 팀은 우리가 꼭 이겨야만 한다고 하는 팀이 있을 것이다. 당신의 의식에 나타난 사람들은 다 누구냐? 모두 당신이다. 당신의 본래면목은 그렇게 있는 그대로 본다.

당신은 그렇게 살지 않았다. 나와 다른 사람을 분리된 객체로 보았다. 그래서 우리 편 내 편이 있었고, 반드시 꺾어야 할 대상, 내가 허리 굽혀야 될 사람으로 나누어 보았다. 그리고 그 결과 나는 상대방의 부처를, 상대방의 하느님을, 상대방의 신을 무시하는 일을 하면서도 그것을 몰랐다. 그래서 아마 당신도 지금 말은 안 하지만 누군가에게 면목 없이 살고 있는 것이다.

그렇게 나의 의식이 본래 나의 의식과 막히면 당연히 그것은 물질 세상에 투영된다. 그 막힘이 변비, 혈관 장애, 관절염, 암 등의 신체적 막힘 혹은 경제적 막힘으로 나타난다는 것을 아직 모르는 사람이 많다. 슬픈 일이다.

깨어남은 다 끊어버리고
다 없애버리고
다시 시작하는 것이 아니다

이제 당신이 여기까지 온 것은 이미 당신이 가졌던 어떤 소원이 다 이루어질 강력한 조짐이고 징조이며 이미 싹이 돋아난 것이라고 말할 수 있다. 주의해야 할 것은 단 하나다. 당신이 이 금강경 공부를 시작할 무렵 어떤 소원을 갖고 있었든지, 당신의 욕망이나 지나온 일이 얼마나 무모하게 크고 복잡했든지, 당신 생각에 당신의 삶이 얼마나 맑지 않은 업을 많이 지었든지… 좋다, 좋다. 바로 그것이다. 그것은 그대로 두어야 한다. 단지 그것을, 그 바람을, 그 좌절감을, 그 허망함을, 그 초조함을 지니고 있는 당신 가슴속 깊은 곳을 영혼이 지켜보기만 하면 된다. 반드시 가

습으로 가슴을 지켜보아야 한다. 괴롭다고 부끄럽다고 회피하지도 말고, 금강경을 공부하고 있으니 잘될 것이라고 무시해서도 안 된다. 아마 당신이 어떤 죄를 지었건, 지금 어떤 두려움에 시달리건, 무척이나 초조함에 시달릴지라도 지켜보는 것은 5분이면 충분할지도 모른다. 당신이 봐야 할 것은 당신 영혼에서 솔솔 새어 나오는 감정에 대한 반응이다. 그냥 다 포기하고 싶다. 죽고 싶다. 그 ×× 가만 두면 안 될 것 같다. 만약 어떤 상황에 몰리면 나는 이렇게 해야 되는 것 아닌가? 이렇게 내가 가만히 있으면 더 바보 되는 것 아닌가? 그렇게 당신의 감정에서 일어나는 반응만 보면 된다. 그 반응이 그 사람을 죽여버리고 싶은 마음이어도 상관없다. 아니면 누구에게도 말하고 있지 않은, 포기하기 싫은 당신만의 애욕의 대상과 가서 그냥 엎어져서 모든 시련을 잊고 싶을지도 모른다. 그것도 아주 좋은 반응이다. 당신의 감정에서 일어나는 어떤 반응이건 다 당신의 꿈을 이루기 위한, 당신이 기다리는 어떤 일이 생기기 위한 징조다.

단지 당신 영혼이 그것을 충분히 느끼도록 이제는 제발 기회를 좀 주어라. 생각해보라. 이런 생각은 하면 안 되지, 아니지 내가 그래도 명색이 평생 불교 공부한 사람인데, 그건 죄악이지 안 돼, 안 돼, 내가 이런 생각을 하다니…. 아니다, 아니다. 제발 당신의 영혼이 느끼고 싶었던 그 느낌을 제발이지 이제는 좀 느끼게 해주어라. 어떤 감정이 생기든지 그것이 나타난 이유가 있고, 그것은 법계의 원리상 '그 존재의 권리'가 있으니까 나타난 것이다.

제발이지 끊어버리거나 중간에 멈추어버리거나 그러지 말아라.

사람들은 깨달으면 마치 부처님처럼 모든 것을 다 버리고 아무것도 바라지 않고 조용히 산속이나 숲속에서 지내야만 하는 것인 줄 안다. 아니다, 아니다, 절대 아니다.

당신이 무슨 일을 꿈꾸었건 그것을 계속하게 될 것이다. 그리고 그 일을 계속하면서 대하는 모든 상(相)을 형태 너머 내용을 보고 대하게 되고, 삶이 당신에게 맞서고 방해하는 여러 가지 일이 생겨도 그 상황에 대한 반응을 다 받아들이고, 그 반응의 감정 역시 하나의 상임에 불과하다고 존재의 권리를 부여하면… 당신도 모르게 당신은 부처가 되어가고 있는 것이다. 참고로 필자가 이것을 받아들이는 데 3년 정도 걸린 것 같다. 독자분들은 30일이면 충분할지도 모른다.

27. 無斷無滅分(무단무멸분):
당신이 가진 가족과 재산과 희망을
버리라는 것이 아니다

須菩提(수보리): "수보리야,

汝若作是念(여약작시념): 네가 만약에 이렇게 생각하기를

如來不以具足相故(여래불이구족상고): 여래는 모든 부처

가 될 만한 상을 갖추었기 때문에

得阿樓多羅三邈三菩提(고득아뇩다라삼먁삼보리): 아뇩다

라삼먁삼보리를 얻었다고 여긴다면

須菩提(수보리): 수보리야,

莫作是念(막작시념): 그런 생각을 하지 말아라.

如來不以具足相故(여래부이구족상고): '여래는 여래가 될

수밖에 없는 모든 조건들을 다 갖추었기에

得阿樓多羅三邈三菩提(고득아뇩다라삼먁삼보리): 아뇩다

라삼먁삼보리를 얻었다.'고….

須菩提(수보리): 수보리야, 또한

汝若作是念(여약작시념): 네가 만약에 이런 생각을 하여

發阿耨多羅三邈三菩提心者(발아뇩다라삼먁삼보리심자): 나도 '아뇩다라삼먁삼보리를 마음에 발심했다.'라고 하면서

說諸法斷滅(설제법단멸): 이제 모든 욕망과 생각과 꿈을 다 없애고 끊어야겠다!

莫作是念(막작시념): 그런 생각은 하덜덜덜 마라.

何以故(하이고): 왜냐하면

發阿耨多羅三邈三菩提心者(발아뇩다라삼먁삼보리심자): 자기의 마음에서 제3혼, 다른 말로 지켜보기 시작한 나의 마음, 금강경식으로 아뇩다라삼먁삼보리의 마음을 사용하기로 한 사람은

於法不說斷滅相(어법불설단멸상): 기존의 자신의 모든 법은 끊었다느니 멸했다느니 하는 것이 아니니라."

✹ 본래면목

그릇된 인식이 만들어 낸 상相으로 살고 있는 것이 우리 인간들이다. 그리고 그 상은 자기 의식이 밖으로 투사된 것이다. 마치 거울처럼…. 거울 속에 있는 것은 실제가 아니다. 환영幻影과 같은 것이다. 그런데 우리는 그것이 환영인 줄을 모르고 실체를 부

여한다. 그래서 그것을 무시하거나 없애려고 하거나 치워버리려고 한다. 마치 거울 속 자기 모습이 싫다고 거울을 부수어 버리거나 거울을 치워버리듯이…. 이 사람은 선남자 선여인도 아니다. 발심을 안 한 사람이기 때문이다. 기존 마음을 고쳐서 쓰려고 하는 무식한 사람일 뿐이다.

금강경은 말한다. 없애지도 말고, 치워버리지도 말라고…. 왜 그럴까? 세상을 보는 앵글만 아눅다라삼먁삼보리의 마음으로 바꾸어서 세상을 보라고 한다. 기존 마음에 나타난 어떤 환영이건 그것을 실체로 알고 우리가 의식의 힘을 주면, 즉 그것에 저항을 하면 그것은 반드시 복리의 법칙으로 다시 나타나기 때문이다. 받아들여라…. 그것이 환영임을 알고 있으니 얼마나 다행인가? 그래서 당신 영혼이 그 거짓 환영에서 느끼고 싶고 배우고 싶던 감정을 충분히 그렇게 또 3~4분 투자를 하면 된다. 우리가 진정 해야 할 투자는 자기 영혼이 기획했던 체험을 하도록 시간을 그 영혼에 투자하는 것이다.

복福은 내가 만든 불균형,
덕德은 남이 만든 불균형에서 생긴다

금강경 제28분은 보살 경지에 이르면 그 어떤 복덕도 받지도 탐하지 않게 되는 삶을 사는 사람들에 대해 말한다.

당신이 비트코인 암호화폐 100개를 가지고 있다고 해 보자. 지금 시세로도 100억이다. 당신은 핸드폰을 지금처럼 덜렁덜렁 들고 다닐 수 있을까? 핸드폰을 잃어버리거나, 도둑이라도 맞는다면 당신은 그 암호화폐 지갑 번호도 기억하지 못할 것이고, 정신이 하나도 없을 것이다. 더 간단하게 당신이 아주 사랑하는 개를 집에 두고 있다고 하자. 그 개가 그 어떤 누구보다도 당신을 사랑하기 때문에 당신도 그 개를 자식보다 더 귀엽게 대한다. 그런데 당신이 금강경을 공부한 사람답게 혹은 주위를 잡는 훈련을 집중적으로 한 달 정도 한다고 미국이나 스페인, 스위스 같은 나라들을 마음 편하게 다녀올 수 있을까?

소유는 그런 것이다. 사람들은 소유하고 싶어서 안달이지만, 사실 무엇을 소유하면 소유물이 당신을 소유하게 된다. 즉 소유물이 주인이 되고 당신은 소유물의 노예가 된다. 그런데 건강, 명예, 재산, 외모, 좋고 즐거운 성격 등 사람들이 소유하고 싶어 하는 모든 것은 그의 복과 덕에서 격발되는 것임을 아는가? 지금 당신이나 나나 사실 그 복과 덕이 아직 우리가 바라는 우리의 모습과 불균형을 이루고 있음을 지각은 하고 있을 것이다. 적어도 금강경이라는 책을 손에 쥘 정도의 당신은 당연히 그런 순수영혼이 발산하는 소리를 감지하고 있기 때문이다.

그렇다. 우리는 지금 어떤 불균형 상태에 있다. 무엇과 무엇의 불균형인지 생각해보라. 이것은 아주 중요한 질문이다.

복은 내가 품고 있는 삶과 물질세계에 드러난 나의 현실과의 불균형이다. 그래서 우리는 착하게 살려 하고, 보시도 하고, 이런 공부도 한다. 분명히 당신의 복이 증진하고 있을 것이다.

반면에 덕은 나 아닌 다른 사람이 삶의 불균형 상태에 놓여 있을 때 그 불균형을 당신이 어떤 도움을(물질적 기부이건 정신적 도움이건 그것은 중요하지 않다.) 주어서 상대방의 불균형을 균형으로 잡아주려는 그 마음에서 나온다.

그런데 우리는 보통 어떻게 사는가? 남과 나의 불균형을 만들려고 애를 쓴다. 모든 상업, 비즈니스 세계가 그렇고, 스포츠가 그렇고, 회사의 승진제도가 그렇고, 부모의 재산을 물려받는 같은 자식들 사이에서도 그렇다. 나는 많이 가지고 상대방은 적게 하려고 한다. 소송하는 것을 좋아하거나 남을 고발해서 상 받는 것을 좋아하거나 재판을 즐겨 하는 것은 그중 최악이다. 상대방은 어떻게 해서든지 불균형을 마이너스로 만들어야 하고, 나의 불균형은 어떻게 해서든지 플러스로 만들려고 한다. 그러니 과자 부스러기를 고아원 양로원에 주는 일을 덕 쌓는 일이라고 생각하거나, 김장 김치를 만들려고 고춧가루를 손에 묻히는 것을 큰 복을 짓는 것으로 생각하는 것이 과히 그릇된 생각은 아니다.

보살들은 그래서 상대성 세계에서 즉 세간 밖의 이겼다 졌다,

이익이다 손해다, 복덕을 받는다 복덕을 베푼다에 아무런 관심이 없다. 모두가 빈 호두인 줄 알기 때문이다. 그런데도 보살들은 복덕을 짓는다. 빈 호두인 줄 알면서도 호두를 깨는 것이다.

보살들은 안다. 그 중생들이 자기의 과거 모습인 것을, 그러나 일주문 안에서의 보살들은 과거 현재 미래가 없다. 오직 동시성이 적용되는 영화의 5차원 세계 같은 '곳 아닌 곳'이 '일주문 안'이다. 그래서 과거의 자기 모습을 한 자기들이 자신임을 안다. 아이들과 소꿉장난을 하는 어머니는 아이들이 좋아하는 가짜 돈으로 아이들과 놀아야 한다는 것을 알고 진심으로 아이들과 소꿉장난을 한다. 바로 보살의 중생교화 모습이 이와 같다.

28. 不受不貪分(불수불탐분):
'A+1=0'임을 아는데 뭘 받고 뭘 탐하랴
그냥 A를 갖고 즐길 뿐

須菩提(수보리): "수보리야,

若菩薩(약보살): 만약에 보살이

以滿恒河沙等世界七寶(이만항하사등세계칠보): 항하에 가득한 모래와 같은 세계에 가득한 칠보로

持用布施(지용보시): 보시하더라도

若復有人(약부유인): 다시 어떤 사람이

知一切法無我(지일체법무아): 일체법이 무아임을 알고

得成於忍(득성어인): 자기 감정에서 일어나는 모든 상황을
관찰하는 인내심을 성취한다면

此菩薩(차보살): 이 보살이

勝前菩薩(승전보살): 그 보시하던 보살보다

所得功德(소득공덕): 얻게 되는 공덕이 훨씬 뛰어날 것이다.

何以故(하이고): 왜냐하면

須菩提(수보리): 수보리야,

以諸菩薩(이제보살): 모든 보살은

不受福德故(불수복덕고): 복덕을 받지 않기 때문이니라."

須菩提白佛言(수보리백불언): 수보리가 다시 여쭈었다.

世尊(세존): "세존이시여,

云何菩薩不受福德(운하보살불수복덕): 어찌하여 보살은
복덕을 받지 않는다고 생각하십니까?"

須菩提(수보리): "수보리야,

菩薩所作福德(보살소작복덕): 보살은 복과 덕을 짓기는 하지만

不應貪着(불응탐착): 다시 복덕을 탐내거나 집착하지 않는 것이니라.

是故說(시고설): 그렇게 욕심이나 집착 없이 복과 덕을 짓기에

不受福德(불수복덕): 보살은 준 복덕도 받지 않는다고 말하는 것이니라.

✳ 본래면목

우리는 보살행을 한다고 한다. 그런데 보살행은 일주문 안에서만 가능하지 일주문 밖의 의식 상태로는 그것은 위선이며 또 하나의 기만인 것을 당신은 아는가? 왜 금강경 1분에서 부처님이 빈 그릇을 들고 나가셨을까? 그는 자신의 의식이 일심一心의 의식이었기에 그 빈 그릇은 반드시 채워짐을 알고 있었다. 왜 부잣집도 아니고 당장 먹을 끼니도 부족할 것 같은 가난한 집 앞에서도 뻔뻔스럽게 밥을 달라고 탁발을 하셨을까?

'나는 줄 것이 없다.'라는 그 그릇된 인식에서 '나도 줄 것이 있구나.'라는 것을 알게 하기 위함이다. 쌀 한 톨도 없는 집에서 무엇을 줄 수 있다는 것일까? 답答을 말하겠다. '사랑'이다. 그 사랑의 형태가 돈일 때도 있고, 밥일 때도 있고, 웃음일 때도 있고, '죄송해요'라는 말 한마디일 수도 있다. 그렇게 사랑을 주면 그는 사랑을 받게 된다. 받게 되는 사랑의 형태는 그에게 가장 필요한 것임에 틀림없다.

당신이 발심을 제대로 하여
지켜보는 나로 살게 되면

금강경에는 나 아我와 부처 불佛, 세존世尊, 여래如來 등 여러 가지 호칭이 나온다. 여래如來는 글자 그대로 '그냥 그렇게 오는 존재'를 인간 용어로 옮겨 적어둔 것이다. 금강경金剛經은 석가여래께서 설하신 법문이다. 화엄경華嚴經도 석가여래께서 설하신 법문이라고 한다. 그런데 인간의 육체를 가진 그 어떤 자도 석가여래가 화엄경 설하는 것을 육안으로는 보지 못했고, 더구나 그 많고 많은 화엄경 청중들을 본 적도 없다. 그런데 많은 불자들 특히 한국 불자들을 당황하게 하는 것은 석가여래 말고도 불교에는 수많은 여래가 존재한다는 인간의 의식수준과는 다른 사실이 펼쳐질 때다.

약사여래가 계시고 아미타여래도 계신다. 사찰마다 모신 여래들이 다르다. 조선시대 말까지 한국의 불교를 음지에서 풍미하던 한국인들은 약사경의 약사여래를 아주 소중한 여래로 알고 지냈다. 많은 부녀자들이 절에 '치성드리러 다닌다.'고도 했다. 여기서 '치성'은 칠성七星님이다. 즉 북두칠성 사상이다. 인간의 복과 건강, 태어남, 죽음을 관장하는 별을 북두칠성으로 여겼기 때문이다.

그렇다면 여래는 어떤 존재인가? 약사여래는 돈에서의 고통과 질병에서의 쾌유와 같은 물질 등을 구하는 사람들에게 도움을 주겠다는 44가지의 원대한 소망을 가지고 수행하여 그러한 능력을 갖게 된 존재를 의미한다. 그래서 상대성 양극성의 상징인 만물을 창조하는 광합성 능력을 가진 해를 상징하는 양陽 에너지의 일광보살과 그 열을 중화시켜줄 음陰 에너지의 월광보살이 좌우에서 보좌하는 보처보살이다. 그런데 '달'을 가지고는 '해'와 균형을 맞출 수 없다. 참으로 대단한 우주 감지 능력을 갖춘 성인들께서 이 지구라는 행성의 합일 상태를 이루기 위해, 추가적으로 막대한 음의 에너지를 가진 북두칠성을 모시어 약사칠불

여래라는 개념을 창조해낸 것이다. 드디어 지구는 균형을 이루어 만물을 창조하기 시작한 것이다.

반면에 아미타여래에서 '미타'라는 말은 중생들의 세계 즉 물질세계를 말한다. 아미타에서 '아'는 영어의 Not과 같은 부정의 의미를 가진 접두사다. 그래서 아미타여래는 물질세계가 아닌 의식세계를 상징하는 여래이시다. 그래서 그 의식의 힘으로 3차원 물질세계의 중생을 돕는 관세음보살과 지구를 넘어 행성 전체에 더 막대한 힘을 가진 대세지보살이 좌우에서 아미타여래가 부여한 어떤 일을 부촉받아 행하고 있는 것을 의미한다.

서양의 성인들도 만만치 않았다. 하느님도 하나님도 하나임도 하늘님도 그냥 그렇게 '하늘처럼 있는 존재'를 인간의 언어로 적어둔 것이다.

그렇다면 하느님은 어떻게 만물을 창조한 것일까? 누구일까?

하느님은 어디에 계실까? 인간의 과학이 더 발전하면 그제야 갈 수 있는 우주의 어느 공간인 하느님의 나라에 계실까? 아니다. 천국은 우리의 의식 속에 있다. 그러나 불행히도 우리 의식은 심히 오염되어 있다. 서양과 동양의 맑디맑은 의식세계에 계셨던 분들이 하느님을 만난 것이고 여래를 만났던 것이다. 결국 만물을 창조한 것은 의식이다. 그러나 이런 말을 듣고 이해할 만한 사람이 몇이나 되겠는가? 다행히도 요즘 MZ세대들은 앞으로 10년이 지나지 않아 이 모든 것을 스스로 알게 되리라고 하니 참 다행이다.

29. 威儀寂靜分(위의적정분):
엄청난 능력을 가지고 있지만
조용히 있는 지켜보는 나

須菩提(수보리): "수보리야,

若有人言(약유인언): 만약 어떤 사람이 말하기를

如來若來若去(여래약래약거): '여래가 혹은 온다, 간다,

若坐若臥(약좌약와): 앉는다, 눕는다.'라고 말한다면

是人不解我所說義(시인불해아소설의): 이는 내가 말하는 바를 이해하지 못하기 때문이니라.

何以故(하이고): 왜냐하면

如來者(여래자): 본래 여래란

無所從來(무소종래): 어디서 오는 것도 아니며

亦無所去(역무소거): 어디로 가는 것도 아니기 때문에

故名如來(고명여래): 여래라 일컫는 것이기 때문이니라."

✳ 본래면목

우리나라 불자들에게 널리 사랑받는 포대화상은 당나라 때 인물이라고 전해지지만 그것도 알 수 없다. 인간의 역사는 기록의 역사이고, 그 기록을 거짓으로라도 해 두면 다 그런 줄 알고 믿고 살았기에 그냥 그런 줄 알고 있는 것이다. 그 포대화상의 다른 이름은 미타화상이다. 위 본문에서도 이야기했지만 본래면목의 세상은 아미타의 세계이다. 그런데 우리가 살고 있는 물질 세계는 미타의 세계이다. 그래서 아직 물질 공부가 부족한 사람들에게 물질 공부를 시켜주는 공덕을 수행한 아라한이 부처님 500 제자 중에 320번째 아라한으로 알려진 '미타 가르마 존자'이다. 그의 이름을 한자로 옮기면서 그의 이름이 금金부富락樂 존자가 되었다. 금부락 존자는 어떻게 이런 능력을 갖게 되었을까? 그것이 본래면목 즉 여래의 능력이다. 물론 골드바 금金이건 부자될 부富이건 즐거울 락樂이건 사실 본래면목의 안목에서는 빈 호두이다. 그렇게 보살과 아라한은 빈 호두인 줄 알면서도 중생들을 위해 호두를 따고 까고 먹는다고 한다.

제30분

금강경의 아닐 비非는
오일러 공식의 '-1'

금강경 제30분의 정식명칭은 一合理相分(일합이상분)이다. 부처님이 그렇게 이름하신 것이 아니라 후대의 사람들이 일반인들이 이해하기 쉽게 정리해둔 개념이라는 뜻이다. 필자는 거의 20여 년간이나 一合理相의 이치 리理를, '버리다, 여의다 혹은 떠날 리離'인데 잘못 표기한 것이라는 고집에서 벗어나지 못하고 있었다. 물론 지금은 아니다. 옛 어른들의 표현에 100% 공감하고 있다.

불교에서는 일심一心이라는 말을 참 중요히 여겨왔다. 이 우주의 모든 존재들에 작용하는 하나의 존재가 있는데 그것이 불성佛性이라는 부처의 종자라는 것이다. 그리하여 기둥 2개 세워놓고 할 수 없이 기둥 하나인 문이라는 일주문이라는 표현을 통해서라도 미혹한 우리 중생들을 깨우치게 하였다. 물론 기독교의 하나님도 마찬가지다. 유일하게 존재하는 '하나임'의 인격적 표현이다.

그런데 금강경에서 부처님이 그것마저 이게 부수어 버리라고 한다. 모든 것이 하나의 합일이라는 일합상마저 그냥 이치로 만들어 낸 상이라는 것이다. 이것은 선가禪家에서는 '모든 것은 하나로 돌아가는 것을 알겠는데, 그 하나는 어디로 돌아가는 것인가?'라는 '만법귀일 일귀하처萬法歸一 一歸何處'라는 화두로 전해져 내려오고 있다. 그런데 이것을 상념적인 것이 아니라 영적인 상념에서 지적인 지성으로 풀어낸 것이 있다. 그것이 바로 고등학생도 들어서는 알고 있는 '오일러의 공식'이다.

오일러의 공식은 이 세상에서 가장 아름다운 수식이라고 말들은 한다. 그런데 그렇게 말하는 이유는 바로 이 식이 삼각함수로도 바꾸어 표현할 수 있기 때문이다. 삼각함수로 바꿀 수 있다는 것은 우리가 사는 3차원의 물질세계에서도 통용되는 이 오일러의 공식은 3차원 대기권을 넘어 우주로 올라가는 모든 인공위성이 중력장을 벗어나기 위해서, 그리고 다시 중력의 세계로 돌아오기 위해서는 반드시 필요한 식이다. 오일러의 공식은 A+1=0의 형식이기에 이미 약간의 개념은 가지고 계실 것이다.

오일러의 공식

$$e^{i\phi} = \cos \phi + i \sin \phi$$

오일러 공식의 정의

$$e^{ix} + 1 = 0$$

〈오일러의 공식〉

위 그림에서 오일러 공식의 정의에 나오는 e는 자연의 존재 원리를 인간이 이해하는 언어로 표현하기 위한 자연상수라고 한다. 그리고 i는 인간이 이해할 수 없는 균형의 세계를 수식으로 만들기 위해 생각으로 만들어 낸 존재하지 않는 상상의 수, 즉 허수虛數이다. 그리고 π는 하늘은 둥글고 땅은 사각의 모가 난 형태라고 생각하고 원과 정사각형의 상관관계를 찾아내려다가 끝까지 아니 영원히 찾지 못할 것 같아 할 수 없이 줄이고 줄여서 3.14 파이라는 것을 만들어 표기한 숫자 기호이다.

불교의 일심一心, 만법귀일萬法歸一의 그 하나, 그리고 기독교의
하나님은 도대체 어디에 있는 존재를 말함인가? 그것을 찾는 인
간의 생각은 모두 그 하나를 부정하는 '-1'일 수밖에 없다는 것이
다. 그래서 모든 것은 '0'으로 일귀하처一歸何處의 답을 오일러의
공식은 말하고 있다. 결국 금강경의 아닐 비非는 A처럼 보이고,
A처럼 여겨지던 모든 것이 오일러의 공식의 '-1'이라는 것이다.

30-1. 一合理相分(일합이상분):
A+1=0에서 1은 스스로 존재하는 것일까?
아니다, 이치일 뿐

須菩提(수보리): "수보리야,

若善男子善女人(약선남자선여인): 만약 선남자·선여인이

以三千大千世界(이삼천대천세계): 삼천대천세계를

碎爲微塵(쇄위미진): 가루로 내어 티끌로 만든다면

於意云何(어의운하): 그대 생각은 어떠하냐.

是微塵衆(시미진중): 그 티끌의 수가

寧爲多不(영위다부): 많다고 할 수 있겠느냐?"

須菩提言(수보리언): 수보리가 말했다.

甚多 世尊(심다 세존): "매우 많습니다. 세존이시여.

何以故(하이고): 왜냐하면

若是微塵衆(약시미진중): 만약 그 티끌의 개수의 합이

實有者(실유자): 정말 그 숫자만큼의 숫자로 존재하고 있
는 것이라면

佛卽不說是微塵衆(불즉불설시미진중): 부처님께서는 그것
을 티끌의 무더기라고 말씀하시지 않으셨을 것입니다.

佛說微塵衆(불설미진중): 부처님께서 티끌의 개수가 많다
고 하시지만

所以者何(소이자하): 그렇게 표현하시는 이유는

卽非微塵衆(즉비미진중): 부처님께서 말씀하신 티끌의 무
더기는 인간의 의식으로의 상일 뿐 실제 미진은 아닙니다.

是名微塵衆(시명미진중): 그렇게 볼 수밖에 없는 중생들에
게 현 상황을 그렇게 이름할 수밖에 없기에 이름이 티끌
의 무더기라고 표현하신 것이기 때문입니다."

✵ 30-2: 있지만 없다는 것을 밝힌 금강경의 비(非)

자, 이제 우리는 보살들이 빈 호두인 줄 알면서도 호두를 깨고 있다는 말을 이해했을 것이다. 그리고 금강경 제2분과 제17분에서 왜 부처님이 보살들만 챙기고 보호하고 항상 그들에게만 위촉장을 주어 일을 위임하는지 알게 되었을 것이다. 물론 보살들이 복덕을 바라지도 탐하지도 않는다는 금강경 제28분의 '불수불탐분'도 이해했을 것이다. 그리고 이제 금강경에는 삼천대천세계가 많이 나오니까 행성 차원에서 부처님 말씀을 이해해보도록 하자.

우리가 알다시피 우리는 태양계에 속하는 지구별에 살고 있다. 그런데 1962년 우주 과학자들이 밝힌 바에 의하면 우리 태양계가 플레이아데스라는 더 큰 우주의 일부분이라는 것이다. 그리고 세로로 둥근 형태를 갖춘 큰 빛 덩어리의 광자대가 있는데, 광자대와 90도 수직 위치에서 우리 태양계가 순환한다는 것이다. 그리고 약 2011년부터 2000년간은 광자대 안에 태양계가 위치하게 된다고 한다. 광자대 안은 우리가 지금까지 말했던 음과 양이 있는 태극太極의 세계가 아닌 음양이 갈라지기 이전의 무극無極 즉 卽是一合相(즉시일합상)의 일합상의 시기라는 것이다.

지구가 그 광자대의 영역에 머무르는 2000년 동안은 인식 주체와 인식 대상이 있어서 이해하는 것이 아니라, 무엇을 구하고 바라는 것이 아니라, 그냥 필요하면 즉각 갖게 되는 신들의 세계라는 것이다. 그래서 우리가 아는 인간들이 우리가 아는 신들처럼 된다는 것이다. 2020년에 태양계의 일부인 금성 즉 샛별이 플레이아데스 둥근 광자대 안으로 진입했고, 2028년에 다시 진입한다고 한다.

하나 이전의 자리, 생각이 일어나기 이전의 그 자리로 가 보자. 간단하다. 우리는 나름대로 자동적으로 돌아가는 계산머리로 수없이 판단하지만, 그 판단을 한 계산기의 답을 흘낏 보고 난 후 버리기만 하면 된다. 그것이 하나마저도 버리는 유일한 길이다. 필자가 최근에 이런 일을 두 번 해 보았는데 그로 인해 얻는 바가 참으로 컸다.

30-2. 一合理相分 (일합이상분)

世尊(세존): "세존이시여,

如來所說(여래소설): 여래께서 말씀하시는

三千大千世界(삼천대천세계): 저 우주 하늘에 존재하고 있다는 삼천대천세계도

卽非世界(즉비세계): 그것이 세계가 아니라

是名世界(시명세계): 그 이름이 세계일 뿐입니다.

何以故(하이고): 왜냐하면

若世界實有者(약세계실유자): 세계가 정말 그 존재의 실체가 있는 것이라면

卽是一合相(즉시일합상): 이는 곧 티끌들이 모여 존재하는 형태로서 하나로 합해진 일합상의 모습을 갖춘 것일 뿐

如來說一合相(여래설일합상): 여래가 설하신 일합상이라는 것도

卽非一合相(즉비일합상): 일합상이라는 말을 +1로 설하긴 했지만 결국은 -1이 되기에

是名一合相(시명일합상): 다만 그 이름이 일합상일 뿐이기 때문입니다."

須菩提(수보리): "수보리야,

一合相者(일합상자): 그렇다. 존재하게 된 일합상이라고 하는 것의 실상은

卽是不可說(즉시불가설): 가히 인간의 언어로 표현할 수

없는 것인데

但凡夫之人(단범부지인): 다만 범부들이

貪着其事(탐착기사): 그렇게 존재의 실상이 하나라는 일
합상이라는 것에 집착하고 있을 따름이니라."

✳ 본래면목

기둥 두 개 세워놓고 일주문이라고 한 것은… 상대, 분별, 비교,
판단, 선호를 넘어 그것이 모두 짝을 이루는 하나임을 가르치기
위함이다. 우리가 그 하나님이라고 하는 순간, 하나님이라는 받
들어야 할 분이 생기고 그를 하나님이라고 부르는 완벽하지 못
한 내가 생길 수밖에 없다. 그러니 방법은 무엇일까? 그런 하나
로 합쳐진 상 즉 일합상—合相마저 저 멀리 던져버리라는 것이
다. 그래서 나오는 상이 이치理致로 만든 상! 이상理相을 만들어
온갖 자기 합리화를 위해 노력한다. 또한 자신에게 정당성을 부
여한다. 내가 하면 로맨스고 남이 하면 불륜이 되는 내로남불은
100% 모든 인간에게 존재하는 자기 생존방식이다.

그렇지만 이러한 공부를 하면서 자신의 마음으로 자신의 영혼
을 가르치는 일을 계속하다 보면 영혼은 더 이상의 어떤 체험도

재수 삼수 해서 할 필요가 없음을 느끼는 단계가 온다. 그때부터는 오직 앎과 느낌뿐이다. 그런 이치로 대부분의 사람들에게 절대로 이해할 수가 없는 존재가 하나님이다. 이해하려면 나와 대상이 분리되어 인식 대상과 인식 주체가 나뉘어야 하기 때문이다. 결국 금강경 32분에 나오지만 한 마음도 좋고 하나님도 좋고 그 이름은 무엇이라고 불러도 좋지만, 아침 이슬처럼, 번갯불처럼, 꿈처럼, 환처럼, 물거품처럼 +, −를 거쳐 0으로 돌아가는 과정상의 한 형태일 뿐이라고 하시는 것이기 때문이다.

엄마의 젖 모유母乳와
신의 젖 신유神乳

이제 금강경 인생 수업의 대미를 장식할 부문이 왔다. 그래서 기말고사를 볼 예정이다. 답은 이미 앞에서 아셨겠지만 다시 여기서 스스로 답해보기를 바란다. 이미 힌트는 30분 오일러의 공식을 통해 당신은 충분히 알고 있을 것이다.

금강경을 읽어본 사람이라면 '아뇩다라삼먁삼보리'라는 말과 아상·인상·중생상·수자상이라는 끊임없이 나오는 단어에 진절머리를 내는 분들이 많았을 것이다. 필자도 그런 범인 중 하나임에 틀림없지만, 스님들이나 법사들의 금강경 강의도 그 지긋지긋한 단어의 의미를 해석해주느라고 많은 시간을 투입하는 것을 알 수 있다.

아상·인상·중생상·수자상은 각 개인이 자기의 뇌에서 보내주는 정보로, 각자가 그려낸 자화상을 말한다. 그런데 금강경 31분에는 그러한 자화상이 다른 표현으로 대체가 된다. 바로 아견·인견·중생견·수자견이다. 상相을 시각적 표현이라고 할 때 견見은 의식적 표현이다. 상相을 자신의 감정으로 자신이 소화시키는 과정에서 자기가 만들어 낸 자기 이야기라는 말이다. 자기가 누군지, 남은 누군지, 공간은 무엇인지, 시간은 무엇인지를 자기 식으로 해석하여 자기가 만든 자기 이야기라는 말이다. 그러한 우리의 무의식적인 습관을 금강경 제31분에서는 지견知見−그렇다고 자기가 안다고 보는 것−이라고 하며, 그런 견해를 버리라는 것이다. 모두가 너 자신이 허공에다가 구중궁궐을 지은 것이니까….

즉 아상·인상·중생상·수자상은 전부 자화自畫상像 혹은 자화自畫상相이라는 것이다. 나이가 들어 실패해본 경험이 많은 것은 참 좋은 일이다. 그런데 자신의 실패에 온갖 정당성을 부여하면서 자신에게 피해를 초래한 어느 누구를 손가락질하고 있는 한, 그 사람의 실패는 그 사람의 자산이 되지 않는다. 그가 모르는 것은 이것이다. 바로 앞에서 공부한 것이다.

〈기말고사〉

A+1=0에서 A의 값을 구하라!

당신도 1이고 하느님도 1이고 이 세상 모든 존재가 1이다.

A는 무엇인가? 1은 무엇인가? 0은 무엇인가? 부처는, 지켜보는 나

는 그중 어느 숫자인가?

31-1. 知見不生分(지견불생분):
보이는 내가 지껄이는 소리에 속아서
그것을 마음으로 삼지 마라!

須菩提(수보리): "수보리야,

若人言(약인언): 만약 어떤 사람이 말하기를

佛說我見人見衆生見壽者見(불설아견인견중생견수자견):

부처님이 '아견·인견·중생견·수자견이라는 것을 말했어

요!'라고 한다면

須菩提(수보리): 수보리야,

於意云何(어의운하): 그대 생각은 어떠하냐.

是人(시인): 이 사람은

解我所說義不(해아소설의부): 내가 설한 참뜻을 이해했다고 생각하느냐?"

不也 世尊(불야 세존): "아닙니다. 세존이시여.

是人 不解如來所說義(시인불해 여래소설의): 이 사람은 여래께서 말씀하신 뜻을 잘 알지 못한 것입니다.

何以故(하이고): 왜냐하면

世尊說(세존설): 세존께서 말씀하신

我見人見衆生見壽者見(아견인견중생견수자견): 아견·인견·중생견·수자견은

卽非我見人見衆生見壽者見(즉비아견인견중생견수자견): 고정된 인식으로 받아들일 아견·인견·중생견·수자견이 아니라

是名我見人見衆生見壽者見(시명아견인견중생견수자견): 고정된 인식의 틀을 넘어 그 내용을 담고 있는 의미를 아견·인견·중생견·수자견이라고 표현하신 것일 따름이기 때문입니다."

✸ 31-2: '아뇩다라삼먁삼보리'를 얻는 법은 없다, 그러나 갖게 되는 법이 있었다

금강경에는 수보리 존자가 "보살이 되고 싶어요. 그래서 우리는 발아뇩다라삼먁삼보리심을 했어요. 그래서 우리는 선남자 선여인입니다. 그런데 기존 마음과 새로 발심한 이 마음을 어떻게 구분해서 기존의 마음을 항복받고, 새로 발심한 마음에 머물러야 하나요?"라는 구절로 시작한다.

부처님은 '아뇩다라삼먁삼보리'라고 하는 그 마음은 자신이 연등불에게서 받은 것도 아니고, 또한 그 마음을 어디에서 얻은 것도 아니라고 말한다. 아뇩다라삼먁삼보리는 나무의 이름이다. 줄여서 보리수라고도 한다. 그런데 문제는 그 나무가 발아하여 큰 거목이 되게 하는 마음이 필요한 것이다. 그 마음을 낸 사람들을 '발아뇩다라삼먁삼보리심자'라고 한다.

21년을 금강경을 파고든 나도 그 마음이 어디에 있는지를 정확히 몰랐다. 어떤가? 독자분들은 아는가? 그 아뇩다라삼먁삼보리라는 나무는 당신 마음의 정원에 있다. 즉 당신의 의식세계에 있다는 말이다. 그런데 이런 말은 시커먼 중생에게 아무런 의미도 없는 말이 된다. 수보리 존자처럼, 최소한 필자처럼 간절하기라도 해야 찾을 수 있는 나무다. 내 마음의 정원에 그 나무가 있다는 것을 알면 무엇 하나? 내 마음에는 이미 수천수만 종류의 나무와 풀이 있는데 어느 나무인지 어떻게 알 것이라는 말인가? 그래서 어느 나무가 아뇩다라삼먁삼보리의 나무인지 알아야 된다. 부처님에게도 한국의 어느 스님에게도 나는 그 나무를 찾는 법을 배우지 못했다.

그 나무를 찾아 나서서는 절대 찾지 못한다. 그 나무가 자신에게 찾아와야 한다. 왜냐하면 그 나무가 어떤 사람을 지켜보고 있기 때문이다. 여기서 눈치 빠른 독자분들은 아셨겠지만 아직 모르셔도 상관없다. 필자의 21년 탐험 과정을 간단하게 정리해 드릴 것이니까. 여러분은 그동안 이 책에서 '지켜보기만 하는 나', '지켜보기 시작하는 나', '지켜보는 나'라는 필자의 표현에 많이 익숙해지셨을 것이다. 바로 그것이다. 자기를 보는 공부를 해서 '보는 나'가 '보이는 나'의 생각, 감정, 억울함, 분함, 흥분, 이익의 환희, 실패의 절망, 돈 생김, 돈 떼임 등의 일주문 밖에서 항상 자기 계산기로 판단을 해서 흑암천녀 공덕천녀가 동전의 양면처럼 붙어있는 줄은 모르고 좋은 것만 가지고 나쁜 것은 박멸시키려는 그 '보이는 나'의 모든 감정을 금강경의 비非로, 기말고사 문제의 A로 그것이 어떤 형상으로 있건 어떤 견해로 나타나건 결국 A는 '-1'이라는 것을 바르게 참되게 인식하는 제대로 볼 줄 아는 '보는 나'를 만들기 시작하면… '0'의 답이 춤을 춘다. 그 '0'이 바로 아뇩다라삼먁삼보리의 우주 허공의 모든 정보와 에너지의 보배를 가지고 있는 자가보장이며, 모든 천신들과 천녀들과 천사들과 화엄성중들과 아수라 야차들이 당신에게 꽃을 뿌리고 공양을 준비하고 시작하는 장소인 것이다. 그 마음을 당신의 정원에서 격발시키는 사람들, 그 마음을 당신 의식의 정원에서 찾아내서 발아시키는 사람들, 그런 당신을 '지켜보기 시작하는 나'가 바로 아뇩다라삼먁삼보리다. 그래서 이 나무는 연등불이 주는 것도 아니고 부처님이 어디서 얻은 것도 아니라고 하는 것이다. 금강경은 그렇게 '보는 나', 일주문 밖 모든 판단을 하나로 합일하여 제대로 볼 줄 아는 '보는 나'를 시작하라는 가르침이었던 것이다. 이제 기말고사의 답을 찾았을 것이다. 다시 묻겠다.

A+1=0, A는 무엇인가? 0은 누구인가? 1은 누구인가?

답을 찾은 당신에게 이제 모든 행운과 기적과 인생 마법이 시작될 것이다. 마지막 허들이 있기는 하지만 그것은 32분에서 필자의 고백을 통해 넘어갈 수 있기를 바란다.

31-2. 知見不生分(지견불생분)

須菩提(수보리): "수보리야,

發阿縟多羅三邈三菩提心者(발아뇩다라삼먁삼보리심자):

아뇩다라삼먁삼보리의 마음을 낸 사람은

於一切法(어일체법): 일체법에 대해서

應如是知(응여시지): 마땅히 이렇게 알고

如是見(여시견): 이렇게 보고

如是信解(여시신해): 이렇게 믿고 깨닫되

不生法相(불생법상): 법상을 내지 말아야 하느니라.

須菩提(수보리): 수보리야,

所言法相者如來說卽非法相(소언법상자여래설즉비법상):

이른바 법의 상이라고 하는 것도 여래는 법상이 아니라고

말하는데

是名法相(시명법상): 그건 다만 그 이름이 법상일 뿐이기

때문이니라."

✳ 본래면목

몸은 영혼에게 중요하다. 자기의 체험을 위해 필요하기 때문이다. 그래서 우리 영혼은 더 쾌적하고 좋은 집을 구하고, 배고픔의 충족이 아니라 몸 전체의 아름다움을 위해 먹고 입히는 일에 매달리다 보니, 우리 영혼 자체가 금생에 몸 받아 나온 숙제를 할 시간이 없어지고 줄어드는 것이다. 몸에 위임해 아름답게 꾸미고, 장식하고, 몰락하고, 성공하고, 단지 생존하기 위해서 '땀 흘려' 일하고, 거짓 자기의 정신 나간 요구들에 시간을 보내다 보니 큰일이 난 것이다.

그래서 영혼은 우리의 경제 상황, 몸의 상황, 인간관계에 차례차례 경고 메시지를 보내기 시작한다. 송창식의 노래처럼 한 번쯤 뒤돌아볼 만도 한데 우리는 자신의 영혼 따위에는 관심도 없다. 영혼은 바짝 긴장한다. 시간은 다 와 가는데, 집에는 가야 하는데 조금만 더 조금만 더 기다려봐야지 했음에도 영혼에서 영靈의 각성이 일어나지 않으면 그가 그렇다고 믿고 있던 모든 법도 아닌 자신들이 물질 세상에서 배운 비법상非法相을 무너트리기 시작한다.

순서는 이렇다. 먼저 돈을 거두어가고, 사람을 거두어가고, 건

강을 거두어가고, 자식들을 거두어간다. 그래도 그가 끝까지 자기가 금생에 몸 받아 나온 일을 생각지 않으면 결국 몸을 거두어 버린다. 그런데 우리 시커먼 중생들 중에는 필자가 그랬듯이 나이 60이 넘어서도 그런 비법상非法相을 벗어나지 못하는 사람들이 자신의 인생을 다른 사람에게 교과서로 제공하는 슬픈 보시를 하다가 인생을 종 쳐버리는 가르침은 생각보다 많은 곳에서 배울 수 있다. 그런데 금강경은 정말로 모든 것을 이룰 수 있는 그 어떤 종교에서 말하는 진실의 법상法相마저 버리라는 것이다. 인간의 언어로 규정된 것은 근삿값일 뿐, 정확한 값이 표현되어 드러날 수 없기 때문이다. 그래서 어떻게 하라는 것인지에 대한 답은 금강경 제일 마지막 게송으로 나온다.

21년 전
심상사성 금강경에서의
실수를 고백하며…

이제 당신은 아뇩다라삼먁삼보리의 보리수 나무의 존재를 알고 있다. 그 나무가 어디 있는지도 안다. 그래서 당신은 부처님처럼 보리수 아래에서 당신이 원하는 것을 이룰 수 있는 깨달음을 얻을 수 있게 되었다. 그런데 당신은 부처님처럼 35살이 아니다. 다행히 부처님이 처음 공부를 시작하신 29살 이전의 독자분들도 계실 것이다. 그렇다고 해도 아직 나와 당신에게는 부족한 것이 있다. 우리는 보리의 열매를 수확해야 하고, 그 수확한 열매를 먹어야 하고, 그 열매를 먹은 효과로 당신 자신과 주변 사람들에게 그 열매의 효과를 알려야 하기 때문이다. 그렇다면 이제 당신이 할 일은 무엇인가? 지금껏 했던 그 어떤 선행과 보시와는 비교조차 할 수 없는 엄청난 보시를 시작해야 하지 않겠는가?

그래서 그 나무 열매의 효과와 그 효능에 대해서 남에게 가르쳐 줄 수 있어야 한다. 그것이 금강경 32분의 부처님 마지막 확인 말씀이다. 그 복은 엄청나게 당신에게로 온다. 그러면 지금 당신이 해야 할 일이 무엇인가? 바로 발심하는 일이다. 이제 당신은 발심發心이 [발 '지켜보는 나' 심]이라는 것을 안다. 이곳 32분에는 발보살심이라고 바뀌어 나온다. 무슨 말인가? 지켜보는 나의 동료들 보살들이 전부 튀어나오기 시작한다는 말이다. 당신이 그렇게 좋아하는 관세음보살이 지장보살 액사보살이 제일 먼저 당신에게 다가올 것이다. 그러하기에 여태껏 알던 자신의 판단에서 결정하던 모든 잣대를 항복받을 수 있도록 당신의 영혼을 그 영혼 자체의 지혜로 스스로 알게 해야 하며, '지켜보는 나'로 머물 때 그 머무름 없는 자리에 머물러 행하는 모든 행동을 차근차근 시작해야 한다. '항복기심'해야 한다는 말 아니겠는가?

이제 21년의 필자의 실수를 고백한다. 심心상相사事성成은 마음에 한 생각을 일으키면 그 일이 일어난다는 말이다. 그런데 문제가 있었다. 필자는 발심이 어떤 것인지, 어떻게 해야 발보리심 혹은 발아뇩다라삼먁삼보리심이 되는지를 몰라 어떤 마음을 항복받고 어떤 마음에 머물러야 하는지를 몰랐던 것이다. 그냥 보살의 마음에 머무르면 되는 것이라고 쉽게 생각하고 가급적 양보하고 가급적 좋은 일을 하려고 했고 가급적 착하게 살려고 했다. 그래서 받을 돈도 많이 안 받고, 안 주어도 될 돈도 많이 주었고 그렇게 가급적 갈등은 피하면서 나름대로 보살행을 하려고 했다. 그러나 세상에서 제일 위험한 말이 '나름대로' 아니겠는가? 결국 그 위선 그 거짓된 보살행은 간혹 나를 위험에 빠트렸고, 주위를 짜증 나게 했고, 내 생활을 더욱 복잡하게 만들었다. 무엇이 문제였을까?

바로 나의 영혼이 가진 세세생생 지니고 있었던 감정이었다. 감정은 의식만으로 통제되지 않는다. 밤에 꾸는 꿈에 무의식의 자기가 나타나듯이 감정은 100만 년 전의 자신의 영혼이 지녔던 감정부터 모든 감정을 저장하고 있는 것이다. 평양에 있는 검은 모루 동굴에서 발견된 인간의 뼈는 100만 년 전 인간이라는데 그런 인간의 이전에도 우리 영혼은 그때 상황에 맞는 영혼의 옷을 입었다. 동물의 시절, 새의 시절, 물고기의 시절, 나무의 시절에도 있었던 감정을 고스란히 지니고 지금 나와 당신의 영혼에서 또 지금의 옷을 입고 있는 것이다. 우리의 영혼이 가진 감정의 정체는 무엇일까? '두려움'이다. 지금도 생존하기뿐 아니라, 남들처럼 되기, 남들보다 잘되기 등으로 살기 힘든 이 세상도 이런저런 비교를 당하며 두려움에 사는데 그때는 어땠을까? 그렇게 우리의 감정은 온통 두려움에 대한 기억을 가지고 있다. 필자가 심상사성을 부르짖었지만 그 마음 심心에 겹겹이 쌓인 두려움의 감정을 청소하지 않았던 것이다. 그것이다. 초대받지 않은 손님인 그 두려움이 일을 만들어 내는 것이다. 그 결과는 거의 70% 이상이 안 좋은 일이었다. 왜였을까?

우리가 살고 있는 이 모든 세상, 아니 우주 전체를 요즘 말로 하면 '에너지와 정보의 바다'라고 하지만, 동양의 선인들은 그냥 간단히 '기氣의 바다' 기해氣海라고 표현했다. 기는 에너지이기도 하지만 기의 종류에 따른 정보도 다양하기에 동서양의 지혜가 요즘은 합일점을 찾아낸 듯하다. 이처럼 우리의 영혼이 지닌 감정도 언젠가 어느 누구의 몸을 입고 있을 때라도 기의 바다로 흘러가야만 하는 속성이 있다. 이것이 참으로 중요하다. 우주 전체의 균형을 위해서도 반드시 우리가 원하건 원하지 않건 우리 영혼이 지닌 감정은 균형을 이루어 자기의 본집인 기해로 돌아가야만 하는 것이다.

그런데 우리는 어떤가? 아니 필자는 어떻게 필자의 영혼이 정산하려고 하는 감정을 대했는가? 대수롭지 않게 생각하거나, 무시하거나, 바꾸려고 했거나, 물리쳐 극복하려고 했던 것이다. 그러면 어떻게 되는지 아는가? 우리 영혼은 자신의 감정이 그렇게 계속 처리되지 않으면 그 감정을 물질화하여 적극적인 처리를 시도하게 된다. 즉 두려움이 현실로 나타나게 되는 것이다. 마치 잡초를 무시하여 잡초를 계속 제거하려고 하면 잡초가 더 들끓게 되고, 나쁜 놈을 없애 버리려고 하면 나쁜 놈은 더 많아지고, 모기를 죽이려고 하면 그 모기가 더 극성을 부리는 이치와 같다. 자신이 두려움에 시달리는 것을 알면서도 그 두려움을 무시하거나 다른 방법으로 그 두려움을 처치하려고 하면 그 두려움은 각종 사고나 몸의 질병으로 나타나고야 만다. 필자가 경험한 일이다.

즉 심상사성心相事成은 원하는 일만 물질화되는 것만이 아니라 자신의 감정이 가지고 있는 두려움과 걱정과 근심과 의심도 영혼의 자각에 따라 그 중요도에 따라 물질화되고야 만다는 것을 필자는 몰랐다. 그래서 두려움은 금강경 가르침처럼 그냥 간단하게 항복받을 수 있는 것이 아니다. 물론 금강경 가르침대로 무아를 정말 잘 실천하거나 자신의 내부에서 지껄여대는 자기 이야기를 다 내려놓고 그래서 아무 판단도 없이 주변에서 생기는 모든 일을 좋다, 나쁘다를 떠나 그냥 받아들이면 가능하다. 그런데 직장 생활을 하고, 또 증권회사를 다니며 이익과 손해와 목표 달성과 목표미달로 매일 아침 회의를 하고, 직원들을 괴롭혀서라도 목표를 이루어야 했는데 그게 가능했겠는가? 불가능했다. 만약 계속 그렇게 했으면 나의 상사들이 나보다 먼저 좌천당했거나 집에 갔을 것이다.

자기의 감정이 어떤 감정을 만들어 내건 그것과 싸우지 말라! 이렇게 자신의 감정에 대고 말해보라.

"아~ 나의 영혼아! 너 지금 이 공부 하고 싶었니? 아, 이 감정에 대한 역감정의 균형을 찾으려고 하는구나? 그래 알았어. 사실 나 지금 이 상황 몹시 억울하고 내가 손해를 봐야 되는데 언젠가 내가 너와 같이 있을 때 그때 내가 저 사람처럼 그랬나 보지? 그래 알았어. 이 감정 충분히 느껴 봐. 나는 대응 안 하고 가만히 있을게."

이렇게 하면 당신의 시작은 힘들어도 당신은 당신이 생각지도 않았던 보너스를 받으면서 그 일이 종료된다. 이것이 보리수 나

무의 열매를 수확하고, 먹고, 효과를 보는 과정이다. 이 과정을 겪어야 아래 금강경 본문처럼 위인연설 하실 수 있다.

32-1. 應化非眞分(응화비진분):
'보이는 나'도 '보는 나'도 있었지만
없는 것들이었다

須菩提(수보리): "수보리야,

若有人以滿無量阿僧祇世界七寶(약유인이만무량아승지세계칠보): 만약 어떤 사람이 무량 아승지 세계에 가득한 칠보로

持用布施(지용보시): 그렇게 엄청난 재물로 보시하더라도

若有善男子善女人(약유선남자선여인): 만약에 어떤 선남자와 선여자가

發菩薩心者(발보살심자): 보살의 안목과 지혜로, 그리고 행위로 살겠다는 마음을 자기 마음에서 발아하도록 성공한 사람이

持於此經(지어차경): 이 금강경이 의미하는 바의 낙처를 항상 지닌 채

乃至四句偈等(내지사구게등): 혹은 금강경의 사구게 아래 나오는 게송만이라도

受持讀誦(수지독송): 그의 마음으로 받아 지니고 읽고 외우고

爲人演說(위인연설): 또 남을 위해 설하는 이가 있다면

其福勝彼(기복승피): 그렇게 해서 그 사람들이 받게 되는 복은 앞서서 칠보로 보시한 복덕보다 훨씬 수승한 결과로 현현하게 될 것이니라.

云何爲人演說(운하위인연설): 그렇다면 너는 궁금할 것이다. 이런 어려운 이치를 남들을 위해 어떻게 설할 것인가 하고 말이다. 그러나

不取於相(불취어상): 네 앞에 나타난 인연에게서 네가 받는 어떤 상에도 집착하지 않고

如如不動(여여부동): 참된 인식을 할 줄 아는 너의 순수영혼이 그대로 그 영혼이 만들어낸 감정의 외부 형태에 흔들리지 않고 잘 접대하면 되느니라."

✳ 32-2: 내 안의 3명의 내가 서로 통하면 경제도 몸도 인간관계도 이젠 어떤 아픔도 없다

이 공부를 여기까지 읽고 따라온 당신들은 정말 대단한 분들일 것이다. 여기까지 읽어온 것이 그 증거다. 그리고 당신들은 정말 엄청난 복을 받을 수 있는 사람들이다. 그 이유는 우리는 2000년이 넘도록 기독교인들이 그렇게 만나고 싶어 하던 하느님, 주체성이 있는 분리된 존재로서 우리의 삶과 운명이라 여기는 하느님도 이제 만날 수 있고, 하느님의 전지전능하심을 우리 스스로 행할 수 있게 될지도 모른다.

또한 수백 년 동안 수많은 불교 수행자 스님들이 그다지도 알고 싶었던 만법귀일 일귀하처萬法歸一 一歸何處의 그 하나가 돌아가는 곳에 들어가는 법을 알게 될 것이기 때문이다. 이제 우리는 우리가 실제라고 믿었던 현상계의 오퍼레이션 시스템이 얼마나 각자의 생각에 따라 흘러가는지를 꽤나 분명하게 이해하게 되었을 것이다. 우리가 아는 우리는 '거짓된 자기'였다. 즉 우리는 항상 '그릇된 인식'으로 정해진 알고리즘대로 살아왔다. 이런 그릇된 인식을 기반으로 우리는 자신을 개별적인 것을 극복해가며 맞서 싸우고 이겨야만 하는 것으로 보는 잘못된 관점과 많은 오해 속에서 살아왔다.

그렇기에 우리는 신체 구조상, 오직 인식하는 것만을 볼 수 있기에, 당연히 세상 역시 자기의 세상만 있게 되고, 우리가 경계해야 할 개별적 자아들로 가득한 세상으로 인식할 수밖에 없었다. 우리는 우리가 아닌 타인들은 그들만의 분리된 자아로 본다. 그들의 존재를 우리 자아와 별개인 자아로 보며 살았다. 이런 게 바로 환상이고 꿈이며, 물거품이고, 영상의 한 장면에 불과한 것인데 우리는 우리 생각이 사회에 의해서 의식이 조작이 되고 중독이 되고 오염이 되어 각자 그것이 맞다고 그것이 현실이라고 하는 그릇된 인식으로 살고 있다.

금강경에서 부처님은 우리가 인식하는 모든 것을 꿈으로, 허깨비로, 물거품처럼, 영화 영상처럼, 그리고 아침 이슬이나 잠시 번쩍해 있는 것처럼 보이지만 사라지는 번갯불처럼 보라고 하신다. 그런데 이렇게 보면 우리가 어떻게 되는지 아는가? 이렇게 보면 우리에게 눈길 한 번이라도 달라며 계속 경고의 메시지를 울려 퍼지게 하던 우리 가슴속 깊은 곳의 영혼靈魂이 느닷없이 자기 주파수가 사용되는 것을 알게 된다. 우리 영혼은 감격의 눈물을 흘리게 될 것이다. 실제 필자는 그 체험을 한 적이 있다.

2004년에 금강경을 나의 삶에 끌어들인 이후 나는 엄청나게

운 적이 있다. 왜 울었는지 전혀 모른다. 그런데 나의 영혼이 지니고 있던 어떤 감정이 혹은 나의 무의식이 덮어두고 있었던 어떤 감정이 폭발한 것일지도 모른다. 그 후 나는 한 번 더 억울한 일을 당했고, 그 억울함을 그냥 아무 저항 없이 받아들였다. 2004년의 억울함을 저항 없이 받아들인 것이 원각경에서 말하는 사마타 같은 것이라는 느낌은 있었다. 그리고 기적은 2005년부터 연속적으로 일어났던 것으로 기억한다. 그러나 금강경 8분에서의 복덕의 정체가 두려움이라는 것을 이제야 알게 되었다고 밝혔듯이 그때 기적의 연속으로 찾아온 복덕이 복덕성이 아닌 복덕이었음을 그때도 알았다면 필자의 인생은 정말 대단하게 달라졌을 것이다.

그러나 기적으로 여겼던 일들은 모두 복덕성이었다. 즉 신데렐라 기적처럼 시간이 지나면 소멸되는 것이었다는 말이다. 어찌되었건 그 과정이 어떻게 해서 그렇게 펼쳐진 것인지 21년이 다되어가도록 몰랐다. 그때는 외부의 어떤 사람이 그의 능력으로 나의 영혼을 터치한 것이지, 나의 노력이 아니었다. 그러나 그것만으로도 누가 봐도 기적일 수밖에 없는 일들이 내게 밀려왔다. 그리고 지금은 그 어떤 사람의 외부적인 도움이 내게 필요 없다는 것도 안다. 아마도 많은 분들이 그러실 것이다. 그래서 그 기적을 일으키실 수 있도록 그 이유를 이제 확실히 알았기에 21년 만에 금강경에 다시 도전하게 된 것이다. 내 마음에 응하는 것, 내 마음의 변화된 것은 모두 거짓이다! 얼마나 다행인가? 그러니 받아들여라!

32-2. 應化非眞分(응화비진분)

何以故(하이고): "왜냐하면

一切有爲法(일체유위법): 일체의 현상계는

如夢幻泡影(여몽환포영): 꿈이요 허깨비요 물거품이요 그림자요

如露亦如電(여로역여전): 이슬 같고 번갯불 같은 것이니

應作如是觀(응작여시관): 마땅히 이와 같이 볼지니라."

佛說是經已(불설시경이): 부처님께서 이 경을 설해 마치시니

長老須菩提(장로수보리): 장로 수보리를 비롯하여

及諸比丘比丘尼(급제비구비구니): 모든 남자 비구 스님, 여성 비구니 스님

優婆塞優婆夷(우바새우바이): 재가 남성 불교 수행자, 재가 여성 불교 수행자들

一切世間天人阿修羅(일체세간천인아수라): 그리고 온 세상 천지에 있는 자기 세상의 진리를 알고자 하는 모든 하늘 사람, 세상 사람, 아수라들마저도

聞佛所說(문불소설): 부처님께서 금강경을 통하여 모든 존재의 실상과 우주 법계 대자연의 운용원리를 설하신 바를 듣고

皆大歡喜(개대환희): 모두 크게 환희하고 즐거워하며

信受奉行(신수봉행): 이를 받들어 믿고 몸소 다 실천했다.

✹ 바보같이 21년 지나서 만난 본래면목

저도 금강경에서 얻은 것이 없습니다. 그리고 아무 말도 하지 않았습니다.

無得無說分(무득무설분): 필자의 일묵(一默)

須菩提 於意云何(수보리 어의운하): "수보리야, 너의 생각

은 어떠하냐?

如來得阿樓多羅三邈三菩提耶(여래득아뇩다라삼먁삼보리
야): 나 여래가 창조의 지혜, 전지전능의 지혜인 '아뇩다라
삼먁삼보리'를 얻었다고 생각하는가?

如來有所說法耶(여래유소설법야): 또 여래가 설한 법이 있
다고 생각하는가?"

須菩提言(수보리언): 수보리가 대답하였다.

如我解佛所說義(여아해불소설의): "부처님께서 말씀하신
뜻은

無有定法(무유정법): 에고의 부처가 아닌 셀프의 부처 즉
지켜보는 나의 작용인

名阿樓多羅三邈三菩提(명아뇩다라삼먁삼보리): 그 창조의
지혜, 실지실견, 전지전능의 지혜인 '아뇩다라삼먁삼보
리'이기에 세상의 언어로 명명할 그 무엇은 없습니다.

亦無有定法(역무유정법): 그러한 이유로 말로 할 수 없는
그 세상의 언어를

如來可說(여래가설): '여래께서 이렇게 말했다!'라고도 저
는 말할 수 없습니다.

何以故(하이고): 왜냐하면

如來所說法(여래소설법): 여래께서 설하신 법은 지켜보는 나가 설한 법이기에

皆不可取(개불가취): 다 귀로 마음으로 이해할 수 있는 것이 아니며

不可說(불가설): 말할 수도 없으며

非法(비법): 또한 상대적 법도 아니며

非非法(비비법): 그렇다고 법이 아님도 아니기 때문입니다.

所以者何(소이자하): 그 까닭은

一切賢聖(일체현성): 모든 성현聖賢도 모두 말로 안 되고 글로 안 되는 지켜보는 나의

皆以無爲法(개이무위법): 무위의 법으로써 나타내기 때문입니다."

이렇게 모든 문제를
스스로 해결할 수 있게 되시기를 바라며…

이제 우리는 우리 앞에 놓인 모든 상황, 우리 가슴에 있지만 회피하거나 무시하거나 끌려다녔던 그것의 정체를 모두 알게 되었다. 그리고 그들이 우리 가슴에서 존재의 권리를 주장하며 우리 눈앞에서 우리에게 원하는 것이 무엇인지 말하는, 그 감정을 지닌 우리 영혼의 소리 없는 소리를 들을 수 있게 되었을 것이다.

그들은 정체는 있지만, 있는 것이 아닌, 단지 있다고 이름할 수밖에 없는 존재들이었다. 금강경식 구조로 말하면 '근심 걱정, 비非 근심 걱정, 시명是名 근심 걱정'이 우리를 짓누르는 모든 감정들의 정체였다. 그렇게 우리를 짓누르는 상황을 역逆경계라고 한다. 반대로 우리를 희망차게 하고 무엇인가 기대하게 만드는 상황을 순順경계라고 한다. 그리고 뭔지 모르지만 남들이 움직이는 대로 따라가고 있는 상황을 종從경계라고 한다. 마지막으로 이럴까 저럴까 방향을 잡지 못하고 있는 상황을 횡橫경계라고 한다.

이제 우리는 모든 상황이 '우리 자신이 본래 부처이며, 본래 창조주 하나님이며, 본래 그리스도'인 것을 잊고 살아가는 우리에 대한, 우리 영혼의 경고임을 알게 되었다. 그리고 그 경고는 우리를 벌주기 위함이 아니라 모든 것을 스스로 해결할 수 있는 본래 자기로 돌아가게 하기 위한 간절한 바람에서 없지만 있는 것으로 나타나 발생한 것임을 알게 되었다.

그래서 우리는 절대 어떤 불편하고 힘든 상황을 편안하고 행복한 상황으로 바꾸려고 해서는 안 된다. 우리가 할 일은 그 상황에 대한 우리의 인식을 바꾸기만 하면 된다. 물론 그 인식을 바꾸는 주체는 지금 알고 있는 당신이 아니기에 당신이 인식을 바꾼다고 해서 모든 상황이 갑자기 바뀌지는 않는다. 인식의 주체는 당신의 영혼이기 때문이다. 그래서 100일 정도는 넉넉하게 생각해야 할 것이다. 그렇게 모든 역逆-순順-종從-횡橫의 경계를 상황을 바꾸는 것이 아니라 그 상황에 대한 인식만 바꾸고 그 상황들을 당신 가슴에 두고 지켜보기만 하면 당신은 보고 있는 볼 관觀이 자유자재한 관자재觀自在보살이 되는 것이다.

그렇게 되면 당신 앞에 나타난 모든 상황들은 자기의 목적(원인 지적)을 성취하였으므로 차근차근 스스로 사라지기 시작할 것이다. 그리고 우리 인생은 두려움에서 기쁨으로 바뀌기 시작한다. 절망이 희망으로 바뀌어 당신이 지금까지 하던 일을 계속할 수 있게 되거나 한 차원 높은 일을 하게 된다. 승진도 경제적 풍요도 이루고, 사람들도 당신 주위에 더 많이 모이고, 당신의 책임감도 높아지며 당신은 보살행을 할 수 있게 될 것이다. 그렇지만 당신은 그런 일이 가급적 빨리 일어나길 바랄 것이다. 그러기 위해서는 당신이 할 일이 있다.

오른쪽 페이지의 그림은 2600년 전 부처님의 진신사리인데, 스리랑카로 이운되어 2024년 스리랑카 마하매우나우 본사선원에서 75인의 대중 스님들에 의해 매일매일 기도가 행해졌다.

지금은 한국으로 이운되었지만 부처님 진신사리 사진을 볼 수는 없다. 한국에 도착하자마자 한국 안산의 마하매우나우 선원

의 스리랑카 스님들에 의해 왼쪽 사리함에 들어가 모셔져 있기 때문이다. 그 이유는 2600년간 지녀온 사리의 효험을 보존하기 위해서, 그 엄청난 기운이 흩어지는 것을 막기 위해서라고 했다.

자 이제 당신 차례. 당신의 걱정과 두려움을 당신의 가슴에 놓고, 당신 인생에 등장한 정당한 존재 권리를 인정해주자. 그리고 그 두려움에 그 미래에 대한 불안에 저 사리를 넣어주는 상념을 만들어보라. 이제 당신이 반야심경에서 아직 이러한 법계의 실제 작동 원리를 모르는 사리자私利子가 되었다. 즉 당신은 모든 것을 해결할 수 있는 '관자재보살'의 당신이 있고, 두려움과 생사의 고통을 가슴에 두고 사는 '사리자'의 당신이 있다.

우리는 현재 문제를 해결하기 위해 '상황을 바꾸려 하지 말고 상황에 대한 인식을 바꾸어야 한다.'라는 것을 알게 되었다. 인식이 바뀌면 당연히 그 상황에 대응하는 행동도 바뀌어야만 할 것이다. 그렇게 하는 당신의 대응 행동이 깊게 깊게 잘하고 있을 때 그것이 '행심반야바라밀다시'이다.

반야심경에는 오온五蘊이라는 말이 나온다. 오온은 '색, 수, 상, 행, 식' 즉 당신의 몸을 말하는 색色과 마음의 4가지 구성요소인 느낌 수, 생각 상, 움직임 행, 의식 식을 말한다. 즉 오온은 당신의 몸과 마음을 말한다. 우리는 그 몸과 마음에 끌려다니며 살아왔다. 그래서 항상 생각과 판단이 '그릇된 인식'을 한 것이다. 그 상황을 실제로 매만지며 살아왔기 때문이다. 그런데 우리가 공부한 것은 무엇인가? 그 몸과 마음에 나타난 모든 상황을 바르게 참되게 '참된 인식'을 하자고 이제껏 금강경 공부를 해오지 않았느냐 말이다.

그 참된 인식을 하는 방법은 우리의 몸과 마음을 우리 내면의 부처, 우리 내면의 하느님의 그 순수한 진짜 우리의 마음에 거울처럼 비추어보라는 것이다. 그것을 '조견照見'이라고 한다. 그동안 우리는 거울 속의 몸과 마음에 속아 살아왔다. 그 거울 속의 몸과 마음의 정체를 거울 앞에 서 있는 진짜 나, 우리의 참된 나, 본래면목에 비추어 보니 모든 것이 잠시 인연 따라 나타난 공空한 존재라는 것이다. 얼마나 다행인가? 이게 얼마나 대단한 부처님의 복음福音인가? 우리의 답답하고 끔찍한 눈앞의 절박한 모든 상황이 실제가 아니고 꿈이며 환상이며 공이라고 하니 그 얼마나 다행한 일인가 말이다. 공이니까 꿈이니까 우리는 지금 두려움으로 겪고 있는 모든 심리적, 경제적, 육체적 고통과 액난을 해결할 수 있다는 것이다.

지금까지 공부한 것이 반야심경의 '관자재보살 행심반야바라밀다시 조견오온개공도 일체고액'이었다.

자, 이제 우리 안의 두려움, 걱정, 근심, 공포, 불안, 초조, 안달, 기다림에 떨고 있는, 그러나 정말 복도 많지… 그 어느 누구도 잘하지 못하고 치워버리려고 하고 무시해 버리려는 다른 사람과 달리 우리는 비록 없는 존재들이지만 우리 안의 두려움, 걱정, 근심, 공포, 불안, 초조, 안달, 기다림에 '존재의 권리'를 부여하고, "아 그래그래 미안해. 그동안 너를 너무 무시해서… 알았어 알았어. 사과하는 의미에서 너에게 정말 귀한 선물을 줄게. 마음 풀어 응? 알았지?" 하며 선물을 준다. 그 선물이 바로 위의 부처님 사리다!

우리의 영혼은 춤을 출 것이다. 수억만 년을 윤회하며 몸을 바꾸어 태어났어도 그 어느 누구도 해결하지 못했던, 영혼 그 자신도 몰랐던 영혼의 공백을 부처님 진신사리로 이제 메웠음을 알고 우리의 영혼들은 안도의 한숨, 감사의 눈물을 흘리며 말할 것이다. "아~~이제 되었다. 아 이제 되었다. 나는 이제 드디어 끝이 없이 이어질 줄 알았던 영혼의 방황 여행을 마칠 수 있게 되었다. 고맙습니다. 나의 종이었던 나의 몸! 이제 당신이 나의 주인이십니다. 고맙습니다. 사두 사두 사두."

영혼의 종이었던 우리가 영혼의 주인이 되었다. 이제 우리가 우리 영혼을 위해 해 줄 수 있는 일이 없지만 그래도 마음이 여리고 착한 당신은 당신 영혼에게 무엇인가 하나라도 더 선물해주고 싶다면 이렇게 하라! 반야심경에서 '능제일체고'라 하며, 능히 모든 고통과 액난과 두려움과 걱정 따위를 스스로 녹아 사라지게 해준다고 하는 다라니이다.

아제 아제 바라아제 바라승아제 모지사바하
아제 아제 바라아제 바라승아제 모지사바하
아제 아제 바라아제 바라승아제 모지사바하.

과거의 부처님, 현재의 부처님, 미래의 모든 부처님들도 이렇게 상황을 제대로 인식할 줄 아는 참된 인식으로 최고의 지혜인 아뇩다라삼먁삼보리를 얻었다고 했다. 반야심경에서는 '삼세제불의 반야바라밀다 고득아뇩다라삼먁삼보리'라고 우리에게 알려 주었던 그 구절 말이다.

이것으로 우리의 금강경 여행을 마치기로 하자. 이제 우리가 인생길에서 할 일은 우리 앞에 나타나는 모든 사람과 상황, 그 모든 '존재의 실상'이 사실은 나와 나의 상황을 비추어 주는 거울이었으며, 그러하기에 내 감정과 내 지나왔던 삶과 그 인연들과 그 상황들에게 내가 해야 되는 반응 또는 행동은 오직 그 모든 것을 사랑으로 대해야 한다는 것, 그것이 물질 세상이건 저쪽 세상이건 나를 행복하게 하고, 내가 필요한 모든 것이 그 모든 불균형이 균형으로 맞춰지게 되는 '법계의 살림살이'였음을 이제는 분명히 알고 실천하도록 하자.

마지막으로 감사드리고 싶은 사람이 있다. 몇 년을 완성하지 못했던 이번 금강경 공부를 결정적으로 도와준 미쉘이라는 보디사트바다. 그의 눈을 보는 것만으로도 뭔가 신비한 일이 일어날 것 같은 순수한 눈을 가진 보살이다. 경기도 시흥시 대부도 붓다가야사에 부처님 진신사리를 모시는 새로운 적멸보궁이 완공될 때, 누구나 진짜 자기를 찾고 싶은 사람이라면, 나처럼 미쉘보살의 인도로 영흥도 앞 황해바다의 밀물과 썰물을 보며 하룻밤만 지낼 수 있다면 그 사람은 반드시 진정한 깨달음을 얻게 될 것이다. 관세음보살 보문품의 '묘음관세음 범음해조음 승피세간음 시고수상념'이 그 힌트임을 미리 밝혀둔다.

불안과 걱정을 잠재우고 평온한 마음으로 사는 법

금강경 인생수업

초판 1쇄 발행 2024년 7월 30일

지은이 우승택
펴낸이 최현준

편집 김정웅, 강서윤
디자인 홍민지

펴낸곳 빌리버튼
출판등록 제 2016-000166호
주소 서울시 마포구 월드컵로 10길 28, 201호
전화 02-338-9271 | **팩스** 02-338-9272
메일 contents@billybutton.co.kr

ISBN 979-11-92999-50-0 (03220)